KB170105

청년, 주부, 퇴직자를 위한

한 방으로 끝내는
부동산 소액 경매

Copyright ⓒ 2018, 김정규
이 책은 한국경제신문*i* 가 발행한 것으로
본사의 허락없이 이 책의 일부 또는 전체를 복사하거나 무단전재하는 행위를 금합니다.

청년, 주부, 퇴직자를 위한

한 방으로 끝내는

부동산
소액 경매

김정규 지음

한국경제신문 *i*

프롤로그

어떻게 사서 어떻게 팔 것인가

사람은 누구나 부자가 되고 싶어 한다. 그래서 다들 재테크에 관심이 많다. 또한 안정적이고 지속인 것을 좋아하는 본능도 지니고 있다. 이에 따라 부동산 경매 시장에 특히 관심이 많다. 그 시장에는 같은 조건의 물건을 저렴하게 살 수 있을 것이라는 기대감이 있고, 부동산에는 실체가 있어 시련은 있어도 물거품은 없다는 확신이 있기 때문이다.

부동산 경매 시장에는 많은 돈을 투자해서 큰 수익을 보는 사람도 있고, 적은 돈을 들여 적은 수익을 보는 사람도 있다. 한편 많은 돈을 들여 적은 수익을 보기도 하며, 적은 돈을 투자해서 큰 수익을 보기도 한다. 이 중 가장 바람직한 것은 적은 투자로 큰 수익을 얻는 것임은 말할 나위도 없다.

경매 물건 중에는 법정지상권 여지 있는 물건과 공유지분 매각물건이 있다. 이 물건들의 특징은 첫째, 경쟁자가 별로 없다. 물건의 복잡한 조건들을 해결해야 수익과 연결된다는 선입견이 있다. 따라서 해결할 수 있는 사람만 입찰할 수 있다고 생각하므로 입찰자의 폭이 넓지 않다. 둘째, 빠른 시간에 수익을 낼 수 있다. 이 물건들에는 특정 이해관계인이 있기 마련인데 낙찰을 받은 후 그가 먼저 매수할 것을 희망하는 경우가 많다. 따라서 불특정 다수를 상대로 판매하는 것보다 물건을 가능한 빨리 팔 수 있다. 셋째, 개인의 역량이 중요하다. 이해관계인을 상대로 어떻게 판매 전술을 펼치는지에 따라 수익이 달라지기 때문이다. 넷째, 바겐세일 물품이 많다. 복잡한 조건들 때문에 소유권 행사에 제한이 있음을 예견해서 법원에서는 감정가보다 적게는 20%에서 많게는 30%까지 물건 가격을 깎아서 시장에 내놓는다. 깎아서 등장한 물건인 데다가 물건의 특성 때문에 가격이 더 깎이게 되므로 매우 저렴한 물건들이 많다. 따라서 입찰가격 그대로 사서 그 자리에서 팔아도 수익이 남는다. 다섯째, 대체로 시세의 영향을 적게 받는다. 이해관계인에게 판다면 이해관계인이 어느 정도 물건을 필요로 하는지에 따라 매도가격이 달라지므로 시세는 크게 중요한 고려사항이 아니다. 마지막으로 쉽게 팔 수 있다. 소액 물건은 이를 필요로 하는 사람이 매수가격에 심리적 부담을 비교적 덜 느끼기 때문에 용이하게 팔 수 있다.

비교적 소액인 법정지상권 물건과 공유지분 물건의 이런 특징들은 투입 금액 대비 적지 않은 수익을 얻을 수 있다는 확신을 우리에게 안겨준다. 그러나 우리는 '고통 없이는 얻는 게 없다(No pain no gain)'라는 말을 굳이 끌어들이지 않더라도 그 수익을 쉽게 저절로 얻을 수 없다는 것을 알고 있다. 하지만 핵심 포인트를 정확히 파악한다면 넘어야 할 산은 생각처럼 높지 않을 것이다. 그 포인트란 입찰하기 전에 그 물건을 필요로 하는 사람이 누구인지 알아내는 것이고, 낙찰받은 후에 미리 알아낸 그 사람에게 물건을 어떻게 팔아야 하는지에 관한 것이다. 경매 입찰자는 소매상과 같다. 도매시장에서 물품을 사다가 또 다른 시장에 그걸 팔아서 수익을 얻는 장사꾼이다. 당연한 말이지만, 장사꾼은 가장 원하는 사람에게 물건을 팔 때 가장 큰 수익을 얻을 수 있으며, 주문을 미리 받아서 팔 때 효율적으로 수익을 올릴 수 있다. 포인트는 그것을 알았을 때는 빛과 같아서 어디에든 있는 당연한 것으로 보이지만, 그것을 몰랐을 때는 동굴 안에 있는 것과 다를 바 없다.

이 책은 그 포인트에 관한 것이다. 비교적 소액을 가지고 어떤 물건을 찾아서 어떻게 분석하고, 입찰해서 어떤 사람에게 어떻게 팔아 수익을 올리는지에 관해서 사례 중심으로 보여줄 것이다. 이를 위해 가상의 사례를 든다던지 경험하지도 않은 일을 꾸며서 나열하지 않았다. 소액의 물건을 낙찰받고 그 해결과정에서 일어났던 일들을 사건해결에 도움을 주는 단서를 중심으로 일화 형식으로 적어 놨다. 또한 낙찰자들이 어려움에 맞닥뜨렸을 때 참고할 수 있는 판례와 실제로 사용해서 승소했던 소장들도 될 수 있는 한 많이 넣어 도움을 주려고 했다.

앞으로의 내용은 비교적 소액인 법정지상권 물건 입찰과 그 물건의 해결·수익, 그리고 공유지분 매각물건의 입찰과 해법에 관해 다룰 것이다. 소액 물건들을 다뤘다고 해서 거액 물건 해결에는 도움을 주지 못한다고 생각할 수도 있다. 그러나 큰 물건이나 작은 물건이나 금액의 크기만 다를 뿐 얽힌 이해관계는 다를 바 없어 해결과정은 그리 큰 차이가 없다.

경매는 어려운 것인가

경매는 혼자 하면 어렵고 같이하면 어렵지 않다. 세상 모든 일은 사람들과의 관계 속에서 이뤄진다. 혼자서 할 수 있는 일은 아무것도 없다. 경매 투자자를 흔히 고독한 투사, 외로운 늑대, 하이에나에 비유하는 이들도 있다. 투자 자체가 외로운 싸움이라는 것을 강조하기 위해서 그런 말들이 나오지 않았나 싶다. 정보가 발달하지 않았던 예전에는 그럴 듯해 보였지만 이제 실력 있는 투자자들은 결코 고독한 투사, 외로운 늑대, 하이에나가 아니다. 분야별로 잘 아는 사람이 모여 경험을 공유해 일을 쉽게 처리하기도 하며, 자금이 부족하면 십시일반 해서 자금을 조성하고 큰 물건에 입찰해서 더 큰 수익을 내기도 한다. 백지장도 맞들면 낫다고 고개를 돌려 주위를 둘러보면 함께할 이들은 얼마든지 있다. 그리고 사회 어떤 분야든 그 길을 먼저 뚫고 들어가 이미 어느 정도 성과를 이뤄놓은 선구자들이 있다. 함께할 이들은 동료고 선구자들은 스승이다. 책 읽고 공부하며 이론을 쌓는 것도 중요하지만 동료와 함께 실전을 경험하고, 앞선 스승들의 노하우를 익히는 것도 중요하다. 그렇다면 어디서 동료들을 얻고 스승들을 만나서 실제 투자로 수익을 남기며 실력을 갈고닦을 것인가. 소송도 인터넷으로 하는 세상이다. 인터넷으로 소장을 접수하고 답변서를 제출한다. 정보화의 혜택을 마음껏 활용할 필요가 있다. 법원 경매에서는 특히 그렇다. 경매에 관해서 개설해놓은 인터넷 카페가 많이 있다. 대중적인 경매 물건을 공유하며 경험담을 나누는 카페도 있는 반면, 좀 더 깊은 전문 분야를 다루며 그들만의 리그를 즐기는 곳도 있다. 예를 들어 조재팔 경매 카페(http://cafe.daum.net/jae8)가 그렇다. 다양한 카페에 가입해서 경험담을 보고 들으며 인맥을 쌓아보자. 그리고 모르는 것과 막히는 것은 인맥을 통해서 해결해보자. 경매 투자자는 장사꾼이다. 장사꾼은 많이 팔수록 돈을 많이 번다. 많이 판다는 것은 많은 사람에게 판다는 것이다. 따라서 사람을 많이 알면 돈을 많이 벌 수 있다. 경매는 어려운 게 아니다. 사람을 많이 알면 알수록 더욱 쉬운 일이다.

책이 나오기까지 동료인 꽃대, 넙띠기, 율리 등 많은 분들의 도움이 있었다. 일일이 밝히지 못해 송구스럽게 생각한다. 무엇보다 스승이신 조재팔 님의 노고가 가장 컸다. 글의 전반적인 부분은 물론 세세한 부분까지 정성 어린 조언과 관심을 아끼지 않았다. 그런 조언과 관심이 없었다면 이 책은 나오지 못했을 것이다.

각별한 고마움의 인사를 전한다. 그리고 이 책을 출간할 수 있게 해준 두드림미디어 한성주 대표님과 모든 직원들께 깊은 감사를 드린다. 아무쪼록 이 책을 통해서 어렵고 막막하게만 느껴졌던 법정지상권과 공유지분 물건에 대한 확실한 해법을 터득하기 바라며 경매 투자 기법을 한 차원 높게 성장시키기를 진심으로 기원한다.

김정규

CONTENTS

CONTENTS

CONTENTS

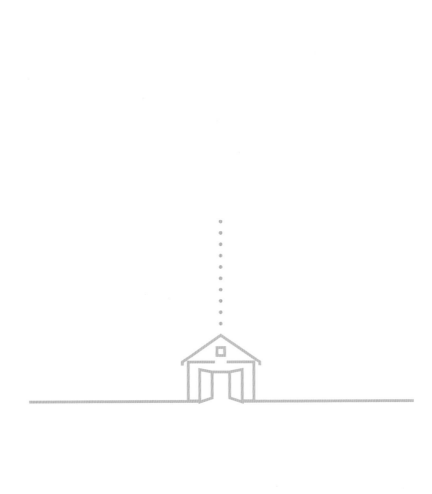

REAL ESTATE

소액 01

소액 투자의 대표선수,
법정지상권

1 법정 지상권이란 무엇일까

법원 경매 물건을 검색하다 보면 물건명세서에 '법정지상권 성립 여지 있음'이라는 일종의 경고문구를 붙여 놓은 것을 볼 수 있다. 더불어 빨간 글씨로 주의사항을 강조해서 경각심을 일깨우기도 한다.

점유자의 성 명	점유부분	정보출처 구 분	점유의 권 원	임대차기간 (점유기간)	보증금	차임	전입신고일자,사업 자등록 신청일자	확정일자	배당요구여부 (배당요구일자)

부동산의 점유자와 점유의 권원, 점유할 수 있는 기간, 차임 또는 보증금에 관한 관계인의 진술 및 임차인이 있는 경우 배당요구 여부와 그 일자, 전입신고일자 또는 사업자등록신청일자와 확정일자의 유무와 그 일자

조사된 임차내역없음

※ 최선순위 설정일자보다 대항요건을 먼저 갖춘 주택·상가건물 임차인의 임차보증금은 매수인에게 인수되는 경우가 발생 할 수 있고, 대항력과 우선변제권이 있는 주택·상가건물 임차인이 배당요구를 하였으나 보증금 전액에 관하여 배당을 받지 아니한 경우에는 배당받지 못한 잔액이 매수인에게 인수되게 됨을 주의하시기 바랍니다.

등기된 부동산에 관한 권리 또는 가처분으로 매각으로 그 효력이 소멸되지 아니하는 것

해당사항없음

매각에 따라 설정된 것으로 보는 지상권의 개요

해당사항없음

비고란

-지상 소재 소유자 미상의 신축중인 철근콘크리드 4층 건물 제외 법정지상권 성립 여지 있음

경 매 구 분	임의경매	채 권 자	㈜동해		
용 도	전	채무/소유자	권	매 각 기 일	17.04.06 (88,580,000원)
감 정 가	48,094,200 (16.11.15)	청 구 액	50,000,000	종 국 결 과	17.06.08 배당종결
최 저 가	48,094,200 (100%)	토지 면적	347.0 ㎡ (105.0평)	경매개시일	16.10.24
입찰보증금	10% (4,809,420)	건물 면적	0.0 ㎡ (0.0평)	배당종기일	17.01.16
주 의 사 항	· 법정지상권 · 맹지 · 입찰외 특수件분석신청				

법정지상권이 대체 무엇이기에 이렇게 호들갑을 떠는 것일까. 풀이하면 법이 정한 지상권 즉, 지상권을 법이 정했다고 한다. 그

렇다면 지상권은 무엇일까. 민법 제279조에는 지상권의 내용에 대해서 다음과 같이 규정한다.

민법 제279조(지상권의 내용)
지상권자는 타인의 토지에 건물 기타 공작물이나 수목을 소유하기 위하여 그 토지를 사용하는 권리가 있다.

지상권은 말 그대로 토지 위의 권리라는 것이고 토지에 권리를 붙이는 이유는 토지를 사용하기 위해서니 결국 토지 사용권이다. 사용권을 얻었으니 지상에 건물 등을 지을 수 있고, 땅을 파서 지하에 공간을 만들 수 있으며, 나무를 심을 수도 있다. 지상권이 있는 동안은 지상권자 이외에 다른 사람이 그 토지를 마음대로 사용할 수 없다. 사용하려면 지상권자의 동의를 얻어야 한다. 그 다른 사람 중에는 토지 소유자도 포함될 것이므로 지상권의 설정은 그 입장에서 그리 유쾌한 것만은 아니다. 그 지상권을 법이 정했다는 말은 일정한 요건을 충족하면 지상권의 성립을 인정한다는 의미일 것이다. 따라서 법정지상권이란 토지 소유자의 의지와는 별도로 어떤 사람이 일정한 요건을 갖추면 얻게 되는 토지를 마음대로 사용할 수 있는 권리인 셈이다.

대부분의 사람들은 법정지상권을 늘 주의하고 조심해야 하며 아예 쳐다보지도 말고, 혹시라도 입찰할 경우 법률전문가의 도움을 반드시 받으라는 말을 한다. 법정지상권의 의미를 해석하고 보니 그 말이 일리가 있다. 법정지상권이 성립하는 물건은 호환 마마보다 더 두려운 것이 될 수 있다. 그러나 거꾸로 생각해보자. 법정지상권이 성립하지 않으면 어떻게 될까. 토지 사용권이 없어져 토지 위에 고가의 건물을 없애야 한다면 말이다. 토지 사용권을 얻지 못해 큰 불이익을 맞게 될 피해 당사자는 그걸 얻기 위해 수단과 방법을 가리지 않을 것이다. 분석결과 법정지상권이 성립하지 않는 것 때문에 상당한 피해를 볼 사람이 있다면 입찰해도 괜찮지 않을까. 피해를 예방해주거나 불이익을 해소해주는 그 자체로 수익을 도모해보는 것이다. 간단히 말해 지상권이 성립하지 않는 건물 소유자에게 토지를 되팔아 수익을 얻는다는 말이다.

법원 경매에 등장하는 법정지상권 물건의 의의가 바로 여기에 있다. 그런 물건을 발견할 수 있고 발견할 능력을 갖춘다면 법정지상권 성립 여지 있는 물건은 더 이상 호환 마마와 같은 두려운 대상이 아니다. 호환은 날마다 문지방 아래에 사슴을 잡아다 놓는 은혜 갚는 호랑이로 변한다. 따라서 이를 위해서는 법정지상권의 성립 요건부터 알아야 하고 그와 관련된 다양한 지식들도 얻어야 한다.

법정지상권에 관해서 규정하고 있는 법조문은 민법 제366조(법정지상권), 민법 제305조(건물의 전세권과 법정지상권), 가등기담보 등에 관한 법률 제10조(법정지상권), 입목에 관한 법률 제6조(법정지상권)가 있고, 판례에 의해서 확립된 관습상 법정지상권이 있다. 여기에서 중요한 것은 민법 제366조의 법정지상권과 관습상 법정지상권이다. 대부분의 경매 물건은 이 두 가지와 관련돼 있다.

지상권과 법정지상권의 차이

법정지상권과 지상권은 대상과 기간 등 몇 가지 면에서 차이가 있다. 대상에 있어 지상권은 건물과 공작물, 수목에 대해서 성립하나 법정지상권은 건물과 수목에 대해서만 성립한다. 그리고 지상권은 지상물이 멸실해도 성립하지만, 법정지상권은 지상물이 멸실하면 소멸한다. 이 점이 중요한 이유는 건물과 수목이 아닌 공작물 등은 법정지상권이 성립하지 않아 지상에서 없애버릴 수 있다는 것이다. 또한 건물과 수목 등이 불에 타서 없어지거나 태풍 등으로 쓸려갈 경우 법정지상권은 사라진다는 데 있다.

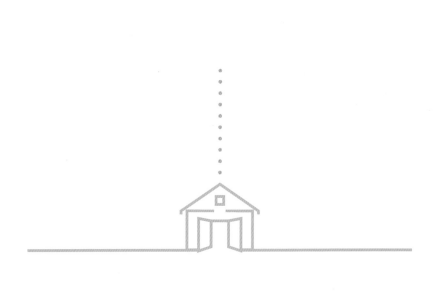

REAL ESTATE

소액 02

혜성처럼 떨어진
남의 건물

우리는 토지만 등기 이전할 수 있고 건물만 등기 이전할 수도 있다. 토지와 건물을 분리해서 소유권 대상으로 삼을 수 있기 때문이다.

어떤 토지 위에 토지 소유자가 아닌 사람이 느닷없이 건물을 짓는다면 토지 소유자는 토지를 뜻대로 사용할 수 없어 피해를 입는다. 토지 소유권을 바로 행사하려면 건물을 짓지 못하게 하거나 이미 지어진 건물을 철거해야 한다. 이것이 근대 민법의 3대 원칙의 하나인 사유재산 존중 원칙에 부합하는 일이다. 그런데 독립된 부동산으로서 토지만 따로 매입하거나 건물을 따로 매입할 수 있으므로 건물이 있는 상태에서 토지만 매입했을 때 사유재산 존중 원칙에 따르면 남의 토지에 느닷없이 건물을 지은 경우와 마찬가지로 철거를 해야 마땅할 것이다. 그러나 이는 건물 소유자의 재산권을 침해하는 결과가 돼 토지 소유자의 재산권과 건물 소유자의 재산권이 충돌한다. 그 충돌을 어떻게 해결할 것인가.

한편 나지(裸地, 맨땅)인 토지에 담보를 잡아 근저당권을 설정하고 돈을 빌려줄 때가 있을 것이고, 독립된 객체가 인정되므로 건물이 있는 상태에서 건물은 제외하고 토지만 담보 잡아 근저당권을 설정하고 돈을 빌려줄 때도 있을 것이다(근저당권설정은 담보 잡은 사실에 관한 등기부상의 기록). 그런데 토지 근저당권설정 이후에 토지 소유자나 그의 허락을 받은 제3자가 나지에 건물을 짓거나 나무를 심으면 그 용도로 밖에 사용할 수 없어 토지의 가치가 떨어진다. 가치가 떨어지기 전의 토지를 담보 삼아 돈을 빌려준 근저당권자는 이로 인해 불측의 손해를 입게 되는데, 그 근저당권자를 또 어떻게 보호해줄 것인가의 문제도 생긴다.

이에 대해서는 민법 제366조 법정지상권에 관한 규정이 있다. 이 규정이 정한 요건을 갖추지 못한 건물은 철거됨으로써 토지 소유자와 건물 소유자의 재산권 충돌 문제는 해결되고 근저당권자의 이익은 보호된다.

제366조(법정지상권)

저당물의 경매로 인하여 토지와 그 지상건물이 다른 소유자에 속한 경우에는 토지 소유자는 건물 소유자에 대하여 지상권을 설정한 것으로 본다. 그러나 지료는 당사자의 청구에 의하여 법원이 이를 정한다.

1 남의 건물도 보호해줄까, 법정지상권 성립 요건

민법 제366조를 기초로 한 법정지상권의 성립 요건은 ① 저당권설정 당시 건물이 존재할 것, ② 저당권설정 당시 토지와 건물 소유자가 동일할 것, ③ 토지와 건물 중 어느 하나 또는 전체에 저당권이 설정돼 있을 것, ④ 경매로 인해서 토지와 건물 소유자가 다르게 될 것 등이다. 이 요건을 충족하면 즉, 법정지상권이 성립하면 남의 건물이라도 보호가 된다. 이들 요건 중에서 법정지상권의 성립, 불성립과 관련해서 의미 있는 것은 '저당권설정 당시 건물이 존재할 것'과 '저당권설정 당시 토지와 건물 소유자가 동일할 것'이다.

2 돈을 빌릴 당시 건물이 존재하면 그 건물은 살아남는다

무엇을 건물로 볼 수 있는지가 중요하다. 일반적으로 건물은 사람이 들어가서 밥도 먹고 일도 보고 비바람도 막고 잠도 잘 수 있는 그런 집이나 빌딩 정도로 알고 있다. 그런데 법정지상권의 세계에서는 어떤 물체가 건물이 아니면 철거될 수 있고, 건물이면 보존된다. 무엇을 건물로 볼 것인지가 그래서 중요하다.

판례는 건물이 무엇인가에 대한 설명이 있는데, 법정지상권 성립 대상인 건물이 되기 위해서는 몇 가지 요건을 갖춰야 한다. 먼저 외형상 최소한의 기둥과 지붕, 주벽으로 이뤄져 있을 것을 요구한다. 그리고 시간상 요건으로 경매로 낙찰받은 낙찰자가 매각대금을 완납할 때까지 그 외형을 갖춰야 한다. 그런데 그 외형이라는 것의 판단 기준이 어떤 것인지에 대해 의문이 들 수 있다. 이에 법원은 그 기준에 대해서 사회 관념상 독립된 건물로 볼 수는 없다 해도 건물의 규모와 종류가 외형상 예상할 수 있는 정도까지 건축이 진척돼 있으면 건물로 인정하기에 충분하다고 판시하고 있다(판례 출처: 법제처 국가법령정보센터, 이하 동일).

건물 철거 및 토지 인도 등
[대법원 2004.6.11. 선고, 2004다13533, 판결]

【판시사항】

토지에 관한 저당권설정 당시 토지 소유자에 의해서 그 지상에 건물이 건축 중이었던 경우, 법정지상권이 인정되기 위한 건물의 요건 및 그 건물이 미등기이더라도 법정지상권이 성립하는지 여부(적극).

【판결요지】

민법 제366조의 법정지상권은 저당권설정 당시 동일인의 소유에 속하던 토지와 건물이 경매로 인해서 양자의 소유자가 다르게 된 때에 건물 소유자를 위해서 발생하는 것으로서, 토지에 관해서 저당권이 설정될 당시 토지 소유자에 의해서 그 지상에 건물을 건축 중이었던 경우 그것이

사회 관념상 독립된 건물로 볼 수 있는 정도에 이르지 않았다 하더라도 ① 건물의 규모·종류가 외형상 예상할 수 있는 정도까지 건축이 진전됐고, 그 후 ② 경매 절차에서 매수인이 매각대금을 다 낸 때까지, ③ 최소한의 기둥과 지붕 그리고 주벽이 이뤄지는 등 독립된 부동산으로서 건물의 요건을 갖추면 법정지상권이 성립하며, 그 건물이 미등기라 하더라도 법정지상권의 성립에는 아무런 지장이 없는 것이다.

지상권 설정등기절차이행 · 임료 등
[대법원 2003.5.30, 선고, 2002다21592, 판결]

【판시사항】
[1] 독립된 부동산으로서의 건물의 요건.
[2] 신축 중인 건물의 지상층 부분이 골조공사만 진행됐을 뿐이라고 하더라도 지하층 부분만으로도 독립된 건물로서의 요건을 갖췄다고 본 사례.

【판결요지】
[1] 독립된 부동산으로서의 건물이라고 하기 위해서는 최소한의 기둥과 지붕 그리고 주벽이 이뤄지면 된다.
[2] 신축 건물이 경락대금 납부 당시에 이미 지하 1층부터 지하 3층까지 기둥, 주벽 및 천장 슬라브 공사가 완료된 상태였을 뿐만 아니라 지하 1층

의 일부 점포가 일반에 분양되기까지 했다면, 비록 토지가 경락될 당시 신축 건물의 지상층 부분이 골조공사만 이뤄진 채 벽이나 지붕 등이 설치된 바가 없다 하더라도, 지하층 부분만으로도 구분 소유권의 대상이 될 수 있는 구조라는 점에서 신축 건물은 경락 당시 미완성 상태이기는 하지만 독립된 건물로서의 요건을 갖췄다고 본 사례.

건물 개념과 관련해서 대부분 문제가 되는 것은 물건 검색할 때 볼 수 있는 아래 사진과 같은 상태다. 이런 물건을 낙찰받아 건물이냐 아니냐를 두고 다투기도 한다.

판례에 따르면 위 물건을 건물로 볼 수 있는지와 관련해서 토지 근저당권설정 당시 위 사진 속 상태였고, 매각이 완료된 후 매각잔금을 다 낼 때까지 공사의 진행이 없으면 건물로 보지 않아

철거대상이 된다. 근저당권설정 당시 앞의 사진 상태였지만 공사를 계속 진행해서 어떤 건물이 들어설지 예측 가능하고 잔금 낼 때쯤 기둥과 지붕, 주벽이 있다면 철거할 수 없다.

그리고 근저당권설정 당시 구조물의 모양이 위 사진과 같다면 기둥과 지붕, 주벽이 다 갖춰졌으므로 건물로 볼 수 있다.

연료통에 법정지상권

건물로 인정받지 못하면 법정지상권이 성립하지 않아 철거가 된다. 이와 관련해서 몇 가지 살펴볼 것이 있다. 연료를 담아놓는 용도의 유류탱크나 가스저장탱크 등이 지상에 있는 토지만 매각물건이 종종 나오는데 이것은 건물로 보지 않아 철거대상이다. 등기를 하지 않은 미등기 건물이나 관청의 허가를 받지 못한 무허가건물은 일견 건물이 아닌 것처럼 보여 철거가 될 것 같지만, 법정지상권의 성립은 건물의 등기여부와 관련이 없으므로 건물의 요건을 갖추고 다른 요건도 충족하면 법정지상권이 성립한다. 그리고 등기여부와 관련 없다는 점에서 건물 등기부가 폐쇄되더라도 건물의 요건을 갖췄으면 마찬가지로 법정지상권은 성립한다.

3 돈을 빌린 후 지어진 건물의 운명, 근저당권설정 후 신축

법정지상권의 성립 요건과 관련해서 가장 중요한 것은 근저당권설정 이후 신축한 건물은 철거가 된다는 점이다. 어떤 사람이 토지를 담보물로 잡아 돈을 빌려줄 때는 토지가 그만큼의 값어치가 있음을 알고 하는 것이다. 그런데 토지에 불가항력의 변화 이외에 다른 변화가 생겨 토지의 가치가 하락한다면 돈을 빌려준 사람은 예상하지 못한 손해를 보게 된다. 멍하게 있다가 어디선가 날아온 돌에 맞는 셈이다. 그 다른 변화 중 하나는 그 토지 위에 건축 행위를 하는 것인데 만약 토지가 경매로 매각되는 경우를 생각해보자. 토지를 입찰하려는 사람은 그 위에 건축물이 있어 영원히 그 소유권 행사가 방해된다면 그 토지가 아무리 저렴해도 거들떠보지 않을 것이다. 그러나 낙찰받은 토지 소유자에게 근저당권설정 이후에 지어진 건축물을 철거할 수 있도록 해준다면, 시간과 비용은 투입되겠지만 결국은 이익을 볼 거라는 것을 알게 된 입찰자는 입찰을 마다하지 않는다. 원상복구가 가능한 토지는 더 이상 지상건물에 의해서 재산권행사가 방해받는 토지가 아니다. 그에 따라 토지가 적절한 가격에 팔리게 되면 저당권자는 빌려준 돈을 회수할 수 있어 불측의 손해를 입지 않는다.

이 논리의 반영이 '근저당권설정 당시 건물이 존재할 것'이라는 표현이다. 근저당권설정 당시 건물이 존재해야 법정지상권이 성립한다는 것은 시간상으로 그 설정 이전이나 이후에 건물이 존재하면 법정지상권은 성립하지 않는다는 말이 된다. 그런데 근저당권설정 이전에 건물이 있었다는 것은 그것을 허물지 않는 이상 설정 당시도 계속해서 있다는 것을 의미하므로 하나마나 한 이야기가 돼 논의의 실익이 없다. 실익 없는 부분을 빼버리면 결국 근저당권설정 이후에 건물이 존재하면 법정지상권은 성립하지 않는다는 것만 남는다. 따라서 근저당권설정 이후 건물을 신축하면 그 신축 건물에는 법정지상권이 성립하지 않아 철거 가능하다는 결론을 얻을 수 있다. 대법원의 판시사항도 그와 같다.

건물 철거 등
[대법원 1993.6.25. 선고, 92다20330, 판결]

【판시사항】

민법 제366조의 법정지상권이나 관습법상의 법정지상권은 저당권설정 당시부터 저당권의 목적되는 토지 위에 건물이 존재할 경우에 한해서 인정되는지 여부(적극).

【판결요지】

민법 제366조의 법정지상권은 저당권설정 당시부터 저당권의 목적되는 토지 위에 건물이 존재할 경우에 한해서 인정되며 건물 없는 토지에 대해서 저당권이 설정된 후 저당권설정자가 그 위에 건물을 건축했다가 임의 경매 절차에서 경매로 인해서 대지와 그 지상건물이 소유자를 달리했을 경우에는 위 법조 소정의 법정지상권이 인정되지 않을 뿐만 아니라 관습상의 법정지상권도 인정되지 아니한다.

4 돈을 빌려준 사람에게 인정받은 건물의 미래

근저당권설정 이후에 건물을 지으면 법정지상권은 성립하지 않는다는 것의 근거 가운데 하나인 '저당권자의 이익을 해치는 것을 방지하기 위함'에 착안해서 이렇게 생각할 수도 있다. '근저당권자가 건물의 건축에 동의하면 어떻게 할 것인가. 근저당권자가 허락했으니 그 이익은 보호할 필요가 없어 법정지상권은 성립하지 않을까.' 그러나 이 경우에도 법정지상권은 성립하지 않는다. 그 이유는 이런 사정은 주관적이고 또한 공시할 방법이 없어 제3자와 관련한 법적 안정성을 해치기 때문이다. 이와 관련한 판례도 있다.

건물 등 철거 등
[대법원 2003.9.5. 선고, 2003다26051, 판결]

【판시사항】
지상건물이 없는 토지에 관해서 근저당권설정 당시 근저당권자가 건물의 건축에 동의한 경우 민법 제366조의 법정지상권의 성립 여부(소극).

【판결요지】
민법 제366조의 법정지상권은 저당권설정 당시부터 저당권의 목적되는 토지 위에 건물이 존재할 경우에 한해서 인정되며, 토지에 관해서 저당

권이 설정될 당시 그 지상에 토지 소유자에 의한 건물의 건축이 개시되기 이전이었다면, 건물이 없는 토지에 관해서 저당권이 설정될 당시 근저당권자가 토지 소유자에 의한 건물의 건축에 동의했다고 하더라도 그러한 사정은 ① 주관적 사항이고, ② 공시할 수도 없는 것이어서 토지를 낙찰받는 제3자로서는 알 수 없는 것이므로 그와 같은 사정을 들어 법정지상권의 성립을 인정한다면 토지 소유권을 취득하려는 ③ 제3자의 법적 안정성을 해하는 등 법률관계가 매우 불명확하게 되므로 법정지상권이 성립되지 않는다.

5 그때는 모두 내 것이었지, 소유자의 동일성

민법 제366조의 '토지와 그 지상건물이 다른 소유자에 속한 경우'에 지상권을 설정한 것으로 본다는 것은 그 앞에 '토지와 그 지상건물이 동일인 소유였다가'가 생략된 것으로 볼 수 있다. 생략 부분을 붙이면 '토지와 지상건물이 동일인 소유였다가 다른 소유자에 속한 경우에는 지상권을 설정한 것으로 본다'가 된다. 따라서 법정지상권의 성립 요건 중에 하나는 '저당권설정 당시 토지와 건물 소유자가 동일할 것'이다.

부당이득금 등

[대법원 1999.11.23. 선고, 99다52602, 판결]

【판시사항】

토지에 저당권을 설정할 당시 그 지상에 건물이 존재했고 그 양자가 동일인의 소유였다가 그 후 저당권의 실행으로 토지가 낙찰되기 전에 건물이 제3자에게 양도된 경우, 건물을 양수한 제3자가 법정지상권을 취득하는지 여부(적극).

【판결요지】

토지에 저당권을 설정할 당시 토지의 지상에 건물이 존재하고 있었고 그 양자가 동일 소유자에게 속했다가 그 후 저당권의 실행으로 토지가 낙찰

되기 전에 건물이 제3자에게 양도된 경우, 민법 제366조 소정의 법정지상권을 인정하는 법의 취지가 저당물의 경매로 인해서 토지와 그 지상건물이 각 다른 사람의 소유에 속하게 된 경우에 건물이 철거되는 것과 같은 사회경제적 손실을 방지하려는 공익상 이유에 근거하는 점, 저당권자로서는 저당권설정 당시 법정지상권의 부담을 예상했을 것이고 또 저당권설정자는 저당권설정 당시의 담보가치가 저당권이 실행될 때도 최소한 그대로 유지돼 있으면 될 것이므로 위와 같은 경우 법정지상권을 인정하더라도 저당권자 또는 저당권설정자에게는 불측의 손해가 생기지 않는 반면, 법정지상권을 인정하지 않는다면 건물을 양수한 제3자는 건물을 철거해야 하는 손해를 입게 되는 점 등에 비춰 위와 같은 경우 건물을 양수한 제3자는 민법 제366조 소정의 법정지상권을 취득한다.

토지와 건물 소유자의 동일성은 저당권설정 당시 동일인에게 속하면 되고, 저당권설정 이후까지 동일한 것을 요구하는 것은 아니다. 따라서 후일 건물이 다른 사람 소유에 속하더라도 철거되지 않는다.

진짜 중요한 것은 뭐?

"당신의 진짜 실수는 대답을 못 찾은 게 아냐. 자꾸 틀린 질문만 하니까 맞는 대답이 나올 리가 없잖아. '왜 이우진은 오대수를 가뒀을까'가 아니라 '왜 풀어줬을까'란 말이야!"

오래된 영화 〈올드보이〉에서 나온 대사다. 답을 찾고 있는 오대수에게 이우진이 주는 힌트다. 이처럼 법정지상권 물건을 공격자로서 입찰하는 입찰자도 그 물건을 대할 때 '왜 법정지상권이 성립하는가'가 아니라 '왜 법정지상권이 성립하지 않는가'에 중점을 둬야 한다.

정리하자면 민법 제366조 법정지상권의 성립 요건이 중요한 것은 ① 그 요건을 벗어나는 건물에는 법정지상권이 인정되지 않아 철거대상이 된다는 점, ② 철거대상이 되는 요건은 첫째, 건물의 구성요건을 갖추지 못할 것, 둘째, 근저당권설정 이후에 신축한 건물일 것, 셋째, 근저당권설정 당시 토지 소유자와 건물 소유자가 다를 것이다.

REAL ESTATE

소액 03

관습이 건물을
보호해줄까

관습상 법정지상권은 민법 제366조(법정지상권)가 규정하고 있지 않은 사유로 건물이 철거되는 것을 막기 위해서 판례에 의해서 인정된 제도다. 관습상 법정지상권은 동일인 소유의 토지와 그 지상건물 중 하나가 매매 기타 적법한 원인에 의해서 다른 사람에게 귀속되고 당사자 사이에 대지사용권에 대한 합의도 없을 때 토지 소유자가 '건물 소유자에게 사용권원이 없음'을 이유로 건물을 철거할 수 있도록 한다면 사회·경제적 불이익을 당할 수 있으므로 이 불이익의 방지를 위해서 건물 소유자에게 인정되는 지상권이다.

관습상 법정지상권의 개념을 통해서 본 성립 요건은 ① 토지와 건물이 처분 당시 동일인 소유에 속할 것, ② 매매 기타 적법한 원인에 의해서 토지와 건물 소유자가 분리될 것, ③ 당사자 간 건물 철거에 관한 특약이 없을 것 등이다. 이 요건을 충족하지 않는 건물은 철거대상이 된다.

① 민법 제366조의 법정지상권은 '저당권설정 당시' 토지와 건물이 동일인 소유에 속할 것을 요건으로 하고 있으나 관습상 법정지상권은 '처분 당시'에 동일인 소유에 속할 것을 요한다. 소유자의 동일성은 처분 당시인 그 시점에만 갖추면 되고 그 이전부터 동일하거나 처음부터 동일할 필요는 없다. 소유권이 변동될 당시

토지와 건물 양자의 소유자가 동일하면 관습상 법정지상권은 성립한다. 소유자의 동일성 시점에 관해서 이처럼 처분 당시를 원칙으로 하고 있으나 최근 판례는 압류의 효력이 발생한 때가 기준이 된다(2010다 52140 판결).

② 토지와 건물 소유자가 분리되는 원인은 매매, 경매, 공매, 증여, 대물변제, 공유물분할 등이 있다. 매매나 기타 증여 등의 원인에 의해서 소유자가 분리되는 시점은 소유권 이전등기 시가 된다. 그러나 경매나 공매는 소유권 이전등기 시까지 기다리지 않고 매각대금을 납부한 때를 그 분리되는 시점으로 한다(단, 가압류에 의한 강제경매의 경우 분리되는 시점은 가압류 효력이 발생한 때다). 매매나 공매는 소유권 이전등기를 마치지 않고 잔대금 납부만으로도 소유권 이전 사실이 입증되기 때문이다.

③ 법률에 의한 법정지상권의 성립과 관련해서 철거에 관한 당사자 간의 특약은 인정되지 않는다. 그러나 관습상 법정지상권 성립 여부에 관해서는 당사자 사이의 대지사용권 등에 관한 합의 사항이 인정된다. 이에 따라 당사자 사이에 건물을 철거하겠다는 약정을 할 수도 있다. 철거에 관한 이런 약정이 있거나 토지 소유자는 건물 처분권까지 함께 취득한다는 등의 약정이 있으면 관습상 법정지상권은 성립하지 않게 되는 것이다. 이에 관해서는 2005다 41771 판결이 있다.

건물 철거 및 토지 인도 등 · 손해배상(기)
[대법원 2008.2.15. 선고, 2005다41771, 판결]

【판시사항】

[1] 동일인이 소유하던 토지와 그 지상건물이 매매 기타 원인으로 각각 소유자를 달리하게 됐으나 그 토지의 점유·사용에 관해서 당사자 사이에 약정이 있는 것으로 볼 수 있는 경우, 관습법상의 법정지상권이 성립하는지 여부(소극).

[2] 갑이 건물을 제외한 채 그 대지와 부근의 토지들을 함께 을에게 매도해서 건물과 대지가 소유자를 달리하게 됐더라도 갑이 위 대지 부분을 다시 매수하고 그 대신 을에게 위 토지와 인접한 다른 토지를 넘겨주기로 하는 특약을 맺었다면, 당사자 사이에 매수인으로 하여금 아무런 제한 없는 토지를 사용하게 하려는 의사가 있었다고 봐야 하므로, 위 특약이 매도인 측의 귀책사유로 이행 불능된 이상 매도인은 위 건물을 위한 관습상의 법정지상권을 주장하지 못하고 건물을 철거해서 매수인에게 아무런 제한 없는 토지를 인도할 의무가 있다고 한 사례.

【판결요지】

관습상의 법정지상권은 동일인의 소유이던 토지와 그 지상건물이 매매기타 원인으로 인해서 각각 소유자를 달리하게 됐으나 그 건물을 철거한다는 등의 특약이 없으면 건물 소유자로 하여금 토지를 계속 사용하게 하려는 것이 당사자의 의사라고 봐 인정되는 것이므로 이와 달리 토지의 점유·사용에 관해서 당사자 사이에 약정이 있는 것으로 볼 수 있는 경우에는 관습상의 법정지상권을 인정할 까닭이 없다(대법원 2002.6.20. 선고 2002다9660 전원합의체 판결 참조).

1 압류 당시 토지와 건물 소유자가 남남

매매나 증여 등 일반적인 거래에 있어서 토지와 건물 소유자가 동일한지는 처분 시를 기준으로 한다. 처분 당시 소유자가 동일하면 관습상 법정지상권은 성립해서 건물의 안녕은 보장되고, 처분 당시 동일하지 않으면 관습상 법정지상권이 성립하지 않는 건물이 된다. 그러나 가압류에 기한 경매의 경우에 판례는 압류의 효력이 발생한 때를 성립의 기준으로 삼는다.

토지 인도 등
[대법원 2012.10.18. 선고, 2010다52140, 전원합의체 판결]

【판시사항】
[1] 동일인의 소유에 속하고 있던 토지와 그 지상건물이 강제경매 등으로 소유자가 다르게 된 경우, 건물 소유를 위한 관습상 법정지상권이 성

립하기 위해서 토지와 그 지상건물이 원시적으로 동일인 소유에 속했을 것이 요구되는지 여부(소극).

[2] 강제경매의 목적이 된 토지 또는 그 지상건물의 소유권이 강제경매로 인해서 그 절차상 매수인에게 이전된 경우, 건물 소유를 위한 관습상 법정지상권의 성립 요건인 '토지와 그 지상건물이 동일인 소유에 속했는지'를 판단하는 기준 시기(=압류 또는 가압류의 효력 발생 시).

【판결요지】

[1] 동일인의 소유에 속하고 있던 토지와 그 지상건물이 강제경매 또는 국세징수법에 의한 공매 등으로 인해서 소유자가 다르게 된 경우에는 그 건물을 철거한다는 특약이 없는 한 건물 소유자는 토지 소유자에 대해서 그 건물의 소유를 위한 관습상 법정지상권을 취득한다. 원래 관습상 법정지상권이 성립하려면 토지와 그 지상건물이 애초부터 원시적으로 동일인의 소유에 속했을 필요는 없고, 그 소유권이 유효하게 변동될 당시 동일인이 토지와 그 지상건물을 소유했던 것으로 족하다.

[2] 강제경매의 목적이 된 토지 또는 그 지상건물의 소유권이 강제경매로 인해서 그 절차상의 매수인에게 이전된 경우에 건물의 소유를 위한 관습상 법정지상권이 성립하는가 하는 문제에 있어서는 그 매수인이 소유권을 취득하는 매각대금의 완납 시가 아니라 그 압류의 효력이 발생하는 때를 기준으로 해서 토지와 그 지상건물이 동일인에 속했는지가 판단돼야 한다. 강제경매 개시 결정의 기입등기가 이뤄져 압류의 효력이 발

생한 후에 경매 목적물의 소유권을 취득한 이른바 제3취득자는 그의 권리를 경매 절차상 매수인에게 대항하지 못하고, 나아가 그 명의로 경료된 소유권 이전등기는 매수인이 인수하지 아니하는 부동산의 부담에 관한 기입에 해당하므로(민사집행법 제144조 제1항 제2호 참조) 매각대금이 완납되면 직권으로 그 말소가 촉탁돼야 하는 것이어서, 결국 매각대금 완납 당시 소유자가 누구인지는 이 문제맥락에서 별다른 의미를 가질 수 없다는 점 등을 고려해서 보면 더욱 그러하다. 한편 강제경매 개시 결정 이전에 가압류가 있는 경우에는, 그 가압류가 강제경매 개시 결정으로 인해서 본압류로 이행돼 가압류집행이 본집행에 포섭됨으로써 당초부터 본집행이 있었던 것과 같은 효력이 있다. 따라서 경매의 목적이 된 부동산에 대해서 가압류가 있고 그것이 본압류로 이행돼 경매 절차가 진행된 경우에는, 애초 가압류가 효력을 발생하는 때를 기준으로 토지와 그 지상건물이 동일인에 속했는지를 판단해야 한다.

다음 경매 사건에 관한 소송에서 대법원이 전원합의체 판결을 한 것이다.

소 재 지	전남 해남군 ███ ███ ████	도로명주소			
경 매 구 분	강제경매	채 권 자	█ 농협		
용 도	근린시설	채무/소유자	박현█	매 각 기 일	06.05.22 (9,230,000원)
감 정 가	27,018,000	청 구 액	14,323,945	종 국 결 과	06.09.14 배당종결
최 저 가	5,666,000 (21%)	토 지 면 적	0.0 m² (0.0평)	경매개시일	04.09.17
입찰보증금	10% (566,600)	건 물 면 적	158.0 m² (47.8평)	배당종기일	05.01.10

토지는 매각에서 제외되고 건물만 매각된 사건으로 개요는 이렇다. 이상○과 고상○이 1989년 6월 12일에 토지를 공유로 매입한다. 이후 2003년 1월 3일에 박현○이 건물만 매입해서 지상건물에 소유권 이전등기를 마쳤는데, 2003년 10월 20일에 박현○의 채권자인 ○○농협이 박현○의 건물에 가압류등기를 한다. 그리고 2004년 9월 10일에 ○○농협의 건물만의 강제경매 신청에 의해서 강제경매 개시 결정이 떨어진다. 그런데 건물에 대한 강제경매 개시 결정 이후인 2005년 11월 30일 공유토지 전체가 유민○에게 이전되고, 건물에 대한 강제경매 개시 결정 기입등기가 있음에도 2005년 12월 12일에 유민○은 건물을 매입한다. 그리고 2006년 5월 22일 경매 절차에서 신동○이 건물만 낙찰받고, 2006년 6월 9일 매각대금을 완납해서 2006년 6월 15일 소유권 이전등기를 완료한다.

여기서 낙찰자인 신동○이 관습상 법정지상권을 취득하느냐 못하느냐가 쟁점인데, 기준 시점은 신동○이 매각대금을 완납한 2006년 6월 9일이 아니라 ○○농협의 가압류가 효력을 발생한 2003년 10월 20일이 돼야 한다는 것이 판결의 요점이다. 그때 토지와 건물이 동일인에게 속했는지에 따라 결과는 달라진다. 가압류의 효력 발생 당시의 건물 소유자는 박현○이고 토지 소유자는 이상○ 외 1인으로 건물과 토지 소유자는 서로 동일하지 않았으므로 신동○은 관습상 법정지상권을 취득하지 못한다는 것이다.

2 처분권한을 가진 사람이 건물을 지었다면

타인 소유의 토지에 건물을 지으면 관습상 법정지상권 성립 요건 중 토지와 건물 소유자의 동일성 요건을 충족하지 못해서 그 건물은 철거된다. 토지 소유자의 재산권행사에 걸림돌이 되기 때문이다. 그래서 이렇게 생각할 수도 있다. 토지에 대해서 사실상 처분권한을 가진 사람이 건물을 지으면 권리를 침해받는 사람이 없기 때문에 괜찮지 않을까 하는 생각이다. 이에 관해서도 판례가 있다.

건물 철거 등
[대법원 1994.4.12. 선고, 93다56053, 판결]

【판시사항】

토지를 매수해서 사실상 처분권한을 가지는 자가 그 지상에 건물을 신축한 후 그 건물이 강제경매된 경우 관습상의 법정지상권의 성립 여부.

【판결요지】

토지를 매수해서 사실상 처분권한을 가지는 자가 그 지상에 건물을 신축해서 건물의 소유권을 취득했다고 하더라도 토지에 관한 소유권을 취득하지 아니한 이상 토지와 건물이 동일한 소유자에게 속했다고 할 수는 없는 것이므로 이러한 상태의 건물에 관해서 강제경매 절차에 의해서 그

소유권자가 다르게 됐다고 해서 건물을 위한 관습상의 법정지상권이 성립하는 것은 아니다.

무조건은 아니지

건물 철거특약이 없는 이상 한 번 성립한 관습상 법정지상권은 토지나 건물이 경매로 팔리든 매매로 팔리든 건물의 요건을 갖추는 한 계속해서 유지된다. 관습상 법정지상권 성립 유무의 판단 시점은 경매나 매매 당시가 아닌 최초로 건물 소유자와 토지 소유자가 분리되는 때(처분 당시)를 기준으로 하기 때문이다. 따라서 경매로 매각 당시 토지 소유자와 건물 소유자가 달랐다고 해서 관습상 법정지상권이 성립하지 않는 것은 아니니 주의할 필요가 있다.

REAL ESTATE

소액 04

등기를 내지 못한
건물의 서러움

어떤 사람이 그 소유의 토지 위에 건물을 신축해서 법정지상권을 취득한 후 건물은 등기를 내지 않아 미등기 상태에서 토지만 다른 사람에게 매도해 타인 소유가 된 경우를 보자. 당사자 사이에 건물을 철거하겠다는 특약을 하는 등의 사정이 없는 한, 미등기 건물 소유자는 관습상 법정지상권을 취득한다. 건물의 요건을 갖춘 이상 건물의 등기 유무는 법정지상권 성립과 무관하고, 건물 소유자와 토지 소유자가 동일한 상태에서 소유권이 분리됐기 때문이다. 한편 우리 법은 민법 제187조에 등기를 해야 부동산 처분이 가능함을 정하고 있다.

제187조(등기를 요하지 아니하는 부동산물권취득)
상속, 공용징수, 판결, 경매 기타 법률의 규정에 의한 부동산에 관한 물권의 취득은 등기를 요하지 아니한다. 그러나 등기를 하지 아니하면 이를 처분하지 못한다.

따라서 미등기 건물을 사들인다 하더라도 법률상 또는 사실상 그 건물을 처분할 수 있는 지위는 얻을 수 있을지언정 등기를 하지 않는 이상 건물 소유권을 취득할 수 없다. 그 때문에 법정지상권의 성립 여부와 관련해서 여러 가지 문제가 발생한다.

1 미등기 건물을 토지와 함께 매입했을 때

하나의 소유자로부터 토지와 건물을 모두 사들이는 것이 일반적인 매매형태다. 그런데 건물은 미등기 상태라서 오직 토지만 소유권 이전등기를 하고, 건물은 소유권 이전등기를 하지 못하는 때가 있다. 그러면 건물은 이전 소유자의 명의로 남아 있어 형식적으로 토지와 건물의 소유 명의자를 달리하게 되는데 이때 토지의 점유·사용 문제는 매매계약 당사자 사이의 계약에 따라 해결할 수 있으므로 미등기 건물은 관습법상 법정지상권을 취득하지 못한다.

건물 철거 등
[대법원 1993.12.28. 선고, 93다26687. 판결]

【판시사항】

대지 및 지상건물이 함께 매도됐으나 대지에 관해서만 소유권 이전등기가 마쳐진 경우 관습상 법정지상권의 인정 여부.

【판결요지】

대지와 그 지상의 건물이 원래 갑의 소유였는데, 갑이 대지와 건물을 을에게 매도하고, 을은 건물에 관해서는 소유권 이전등기를 하지 아니하고 대지에 관해서만 그 이름으로 소유권 이전등기를 경료함으로써 건물의 소유 명의가 갑 명의로 남아 있게 돼 형식적으로 대지와 건물이 그 소유 명의자를 달리하게 된 것이라면 대지와 건물의 점유사용 문제는 그 매매계약 당사자 사이의 계약에 따라 해결할 수 있는 것이므로 갑과 을 사이에 있어서는 관습에 의한 법정지상권을 인정할 필요는 없다.

2 미등기 건물을 토지와 매입 후 토지만 저당 잡았을 경우

동일인 소유의 토지와 미등기 건물을 동시에 매입한 후 토지만 저당 잡아서 돈을 빌려 쓸 때가 있다. 이후 토지만 경매로 매각돼 어떤 사람이 낙찰을 받았을 때 미등기 건물 소유자는 낙찰자에게 법정지상권의 성립을 주장할 수 없다. 미등기 건물의 매수인은 사실상 소유자로서 미등기 건물을 처분할 수 있는 권리가 있지만 건물에 대한 소유권은 없기 때문이다. 미등기 건물의 소유권은 여전히 매입 전 매도인에게 남아 있고 그에 따라서 근저당권설정 당시 토지 소유자와 건물 소유자가 동일하지 않아 법정지상권은 성립하지 않는다.

건물 등 철거

[대법원 2002.6.20. 선고, 2002다9660, 전원합의체 판결]

【판시사항】

미등기 건물을 대지와 함께 매수했으나 대지에 관해서만 소유권 이전등기를 넘겨받고 대지에 대해서 저당권을 설정한 후 저당권이 실행된 경우, 민법 제366조 소정의 법정지상권이 성립하는지 여부(소극).

【판결요지】

민법 제366조의 법정지상권은 저당권설정 당시 동일인의 소유에 속하는 토지와 건물이 저당권의 실행에 의한 경매로 인해서 각기 다른 사람의 소유에 속하게 된 경우에 건물의 소유를 위해서 인정되는 것이므로, 미등기 건물을 그 대지와 함께 매수한 사람이 그 대지에 관해서만 소유권이전등기를 넘겨받고 건물에 대해서는 그 등기를 이전받지 못하고 있다가, 대지에 대해서 저당권을 설정하고 그 저당권의 실행으로 대지가 경매돼 다른 사람의 소유로 된 경우에는, 그 저당권의 설정 당시 이미 대지와 건물이 각각 다른 사람의 소유에 속하고 있었으므로 법정지상권이 성립될 여지가 없다.

3 미등기 건물만 매입 후 토지 저당권이 실행됐을 경우

토지는 매입하지 않고 토지 지상의 미등기 건물만 매입하는 경우도 있다. 매입을 하더라도 미등기 건물이므로 소유권 이전등기를 할 수 없어 그 소유권은 여전히 매도인에게 남아 있다. 그러던 중 토지 저당권이 실행돼 경매로 매각됐을 때 토지 낙찰자는 지상 건물의 철거를 요구할 수 없다. 저당권설정 당시 토지 소유자와 건물 소유자가 동일했기 때문이다.

건물 철거 등
[대법원 1991.5.28. 선고. 91다6658. 판결]

【판시사항】

동일인 소유의 토지와 지상건물 중 건물 양수인이 미등기 건물인 관계로 소유권 이전등기를 경료하지 못한 사이에 토지에 설정된 저당권이 실행돼 토지와 건물 소유자가 달라진 경우 양도인이 건물의 소유를 위한 법정지상권을 취득하는지 여부(적극).

【판결요지】

동일인의 소유에 속하던 토지와 지상건물 중 건물을 양수한 자가 미등기 건물인 관계로 소유권 이전등기를 경료하지 못했다면 그 소유권은 여전히 양도인에게 남아 있다고 할 것이고 그러는 사이에 토지 위에 설정된 저당권이 실행된 결과 토지와 건물 소유자가 달라진 경우에는 양도인이 건물의 소유를 위한 법정지상권을 취득한다.

REAL ESTATE

소액 05

이 세상에
공짜 토지는 없는 법

1 토지 사용료를 정하는 방법

지료는 당사자 사이에 정하는 것이 원칙이다. 그러나 당사자 사이에 정할 수 없는 경우, 민법 제366조의 '지료는 당사자의 청구에 의하여 법원이 이를 정한다'로 법원이 정함을 알 수 있다. 지료의 산정 공식은 다음과 같다.

$$월\ 지료 = [(기초가격 \times 연면적 \times 기대이율)] \div 12$$

법원이 정하는 기대이율은 당해 부동산이 입지한 지역적 상황과 임대차 관행, 부동산 경기추세, 국공채이율, 은행 장기대출 금리, 임대에 따른 수익률 등에 따라 그 비율을 달리하고 토지보상 평가지침 제49조 제4항을 참작해서 적용한다.

〈별표 7의2〉 〈신설 2003.2.14〉

기대이율적용기준율표〈제49조제4항 관련〉

토지 용도		실제이용상황		
		최유효이용	임시적이용	나지
상업 용지	업무·판매시설 등	7~10%	3~6%	3~4%
	근린생활시설(주택·상가겸용포함)	5~8%	2~5%	2~3%
주거 용지	아파트·연립주택·다세대주택	4~7%	2~4%	1~2%
	다중주택·다가구주택	3~6%	2~3%	1~2%
	일반단독주택	3~5%	1~3%	1~2%
공업 용지	아파트형 공장	4~7%	2~4%	1~2%
	기타 공장	3~5%	1~3%	1~2%
농지	경작여건이 좋고 수익성이 있는 순수농경지	3~4%	-	-
	도시근교 및 기타 농경지	2%이내	-	-
임지	조림지·유실수단지·죽림지	1.5%이내	-	-
	자연림지	1%이내	-	-

2 토지 사용료를 청구하는 방법

지료는 소유권을 취득했을 당시부터 청구할 수 있고, 경매로 인한 소유권의 취득은 잔금을 납부한 때이므로 잔금 납부한 때부터 청구할 수 있다. 지료는 건물 소유자에게 청구한다. 특히 법률상 원인 없이 축조돼 법정지상권이 성립하지 않는 건물에는 지료 상당의 부당이득금이 발생하는데, 부당이득반환 채무는 불가분채무이므로 각 채무자는 채무 전부를 이행할 의무가 있다. 따라서 토지 소유자는 건물 소유자 전부에게 부당이득금을 청구할 수도 있고 그 중 한 사람에게 청구할 수도 있다. 공유지분 형태로 소유하고 있는 건물 소유자들을 상대로 비율별로 나눠서 지급할 것을 청구할 수도 있지만, 그 중에서 가장 돈이 많아 보이는 사람에게 청구해서 받아낼 수도 있는 것이다.

부당이득금 반환

[대법원 2001.12.11. 선고, 2000다13948, 판결]

【판시사항】

공동의 점유·사용으로 인한 부당이득반환 채무의 성질(불가분 채무).

【판결요지】

여러 사람이 공동으로 법률상 원인 없이 타인의 재산을 사용한 경우의 부당이득반환 채무는 특별한 사정이 없는 한 불가분적 이득의 반환으로서 불가분 채무이고, 불가분 채무는 각 채무자가 채무 전부를 이행할 의무가 있으며, 1인의 채무이행으로 다른 채무자도 그 의무를 면하게 된다.

그리고 지료는 민법 제286조 지료증감청구권에 기해서 그 증감을 청구할 수 있다.

민법 제286조(지료증감청구권)

지료가 토지에 관한 조세 기타 부담의 증감이나 지가의 변동으로 인하여 상당하지 아니하게 된 때에는 당사자는 그 증감을 청구할 수 있다.

3 토지 사용료를 연체했을 때 생기는 일

민법 제287조에 따르면 지료를 2년 이상 연체하면 지상권의 소멸을 청구할 수 있다. 2년을 연체한다는 것이 20개월 정도 연체하다가 전체가 아닌 10개월분의 지료를 내면 다시 24개월을 연체해야 소멸청구하는 것인지 궁금할 수도 있을 것이다. 24개월은 연속적인 것이 아닌 합산의 개념이라서 20개월 연체 중 10개월분의 지료를 냈어도 연체 기산점이 새로 시작되는 것이 아니다. 10개월 연체 사실은 없어지지 않고 이후 합산 14개월을 더 연체하면 소멸청구를 할 수 있다. 지료 연체는 리셋이 안 된다.

4 토지 사용료 뒤에 숨은 얼굴

지료는 통상적으로 은행 이자보다 높게 책정되고, 누적된 지료를 근거로 건물 가압류를 한 이후 건물만의 경매를 신청할 수 있기도 해서 의미가 있다. 한편 그 지료와 경매 신청에 부담을 느낀 상대방이 협의를 제안해올 때도 있어서 특히 중요하다.

REAL ESTATE

소액 06

영원하지 않은
법정지상권

1 법정지상권은 언제 소멸할까

법정지상권의 존속기간은 당사자 사이에 정할 수 있다. 최장 기간을 어느 정도까지 정할 수 있는지에 관해서는 존속기간을 영구로 하는 것도 가능하다는 판례가 있다.

손해배상(기)

[대법원 2001.5.29, 선고, 99다66410, 판결]

【판시사항】

지상권의 존속기간을 영구로 약정할 수 있는지 여부(적극).

【판결요지】

민법상 지상권의 존속기간은 최단기만이 규정돼 있을 뿐 최장기에 관해서는 아무런 제한이 없으며, 존속기간이 영구인 지상권을 인정할 실제의 필요성도 있고, 이러한 지상권을 인정한다고 하더라도 지상권의 제한이 없는 토지 소유권을 회복할 방법이 있을 뿐만 아니라, 특히 구분지상권의 경우에는 존속기간이 영구라고 할지라도 대지의 소유권을 전면적으로 제한하지 아니한다는 점 등에 비춰 보면, 지상권의 존속기간을 영구로 약정하는 것도 허용된다.

그러나 존속기간을 약정할 때 민법 제280조에 정한 기간보다 짧게 정할 수는 없다.

제280조(존속기간을 약정한 지상권)

① 계약으로 지상권의 존속기간을 정하는 경우에는 그 기간은 다음 연한보다 단축하지 못한다.

1. 석조, 석회조, 연와조 또는 견고한 건물이나 수목의 소유를 목적으로 하는 때에는 30년.

2. 전호 이외의 건물의 소유를 목적으로 하는 때에는 15년.

3. 건물 이외의 공작물의 소유를 목적으로 하는 때에는 5년.

② 전항의 기간보다 단축한 기간을 정한 때에는 전항의 기간까지 연장한다.

존속기간을 당사자 사이에 정하지 않은 경우는 민법 제281조가 적용된다.

제281조(존속기간을 약정하지 아니한 지상권)

① 계약으로 지상권의 존속기간을 정하지 아니한 때에는 그 기간은 전조의 최단존속기간으로 한다.

② 지상권 설정 당시 공작물의 종류와 구조를 정하지 아니한 때에는 지상권은 건물의 소유를 목적으로 한 것으로 본다.

지료를 2년간 연체하면 지상권 소멸청구권을 행사할 수 있다. 그 청구권의 행사로 지상권은 소멸한다.

2 법정지상권의 특별한 소멸 사유

또한 관습상 법정지상권을 취득한 건물 소유자와 토지 소유자가 임대차계약을 체결하면 관습상 법정지상권을 포기한 것으로 본다.

토지 인도 등

[대법원 1992.10.27. 선고, 92다3984, 판결]

【판시사항】

관습상의 법정지상권이 성립했으나 건물 소유자가 토지 소유자와 사이에 건물의 소유를 목적으로 하는 토지 임대차계약을 체결한 경우 관습상의 법정지상권을 포기했다고 볼 것인지 여부(적극).

【판결요지】

동일인 소유의 토지와 그 토지상에 건립돼 있는 건물 중 어느 하나만이 타에 처분돼 토지와 건물 소유자를 각 달리하게 된 경우에는 관습상의 법정지상권이 성립한다고 할 것이나, 건물 소유자가 토지 소유자와 사

이에 건물의 소유를 목적으로 하는 토지 임대차계약을 체결한 경우에는 관습상의 법정지상권을 포기한 것으로 봄이 상당하다.

잊지 말아야 할 세 가지 실전 법칙

민법 제366조는 건물을 보호하기 위해서 요건을 갖춘 경우 지상권을 인정한다는 규정이다. 그러나 건물을 보호하기 위한 성립 요건의 분석도 만만치 않고 사안을 달리해서 누적된 판례도 적지 않다. 이 많은 것들을 다 알아야 할까. 물론 다다익선이라는 말 그대로 많이 알면 알수록 좋다.

법정지상권을 공부하는 부류 중 하나는 법학이라는 학문으로 접근하는 것이고, 다른 하나는 법정지상권 물건에 입찰하려는 목적으로 접근하는 것이겠다. 후자의 대부분은 법정지상권이라는 조금은 까다로운 세계에서 적은 경쟁자를 두고 그만큼의 수익을 올리려는 마음에서 접근하는 것이 아닐까 한다. 그렇다면 대체 어느 정도 알아야 수익을 올릴 수 있을 것인가. 일단 법정지상권 성립 여지 있는 물건 중 입찰대상 물건을 고를 수 있고 그것을 팔아 얼마만큼의 수익을 올릴 수 있을 것인지에 대한 감을 잡을 정도만 알면 될 것 같다. 먼저 법정지상권이 성립하지 않는 요건 세 가지를 아는 것부터 시작하면 된다. 첫째, 건물 소유자와 토지 소유자가 다르면 성립하지 않는다는 것. 둘째, 토지에 근저당권설정 이후 건물을 지으면 불성립한다는 것. 셋째, 토지와 미등기 건물을 함께 매입하면 성립하지 않는다는 것이다.

법정지상권 관련 법원 경매 물건의 90%는 이 세 가지 요건과 관련돼 있다. 특히 그 중에서도 근저당권설정 이후에 건물을 지으면 그 건물은 철거된다는 요건과 관련된 물건이 많고, 그와 관련된 물건의 분석은 명확하면서도 알기 쉽다. 사실 복잡하게 분석할 필요도 없다. 물건은 많기 때문이다. 경매 사건의 등기부와 건축물 대장과 관련 문건들에 이 세 가지 성립 요건을 대입해서 분석해보고 성립하지 않으면 그다음 단계의 분석으로 이어가면 된다. 성립 요건이 복잡해서 성립할지 안 할지 애매하다면 그 물건은 나쁜 물건이라고 보고 버리면 된다. 경매를 어렵게 할 것은 없다. 이 세 가지만 알아도 수익 전선에는 문제없다.

REAL ESTATE

소액 07

건물만 소유하는 것은 불편하다

이해관계가 걸린 당사자가 아닌 입찰자가 법정지상권 성립 여지 있는 토지를 낙찰받는 이유는 수익을 올리기 위해서다. 그리고 수익은 물건을 팔아야 발생한다. 그렇다면 누구에게 팔 것인가. 당연한 말이지만 그 물건을 사려는 누군가에게 팔 것이고, 그 중에서도 가장 필요로 하는 특정인에게 팔아야 수익이 높다. 법정지상권 성립 여지 있는 토지를 가장 필요로 하는 사람은 누구일까. 대부분의 경우 그 토지 위에 건물을 지어 점유한 건물 소유자다. 건물 소유자는 미래에 발생할 이익을 위해서 토지가 필요하다기보다는 발생할 피해를 막기 위해서 필요한 것이라 더욱 절실하다. 비유하자면 '불안한 발밑' 때문인데, 그것은 타인의 토지를 밟고 앉아 있는 건물의 존립이 토지 소유자의 결정과 의지에 달려 있다는 것에 기인한다. 즉, 건물을 부수라고 하면 부술 수밖에 없는 을의 처지로 떨어질 수 있는 것이다. 그 처지에서 벗어나려면 을은 무엇을 해야 할까.

관련물건번호	<	1 종결	2 종결		>

소 재 지	전북 무주군 [ ] 도로명주소		
경 매 구 분	강제경매	채 권 자	[ ]축산업협동조합	매 각 기 일	10.09.13 (4,123,000원)
용 도	전	채무/소유자	강영[ ]	종 국 결 과	11.04.06 배당종결
감 정 가	5,697,000 (10.02.03)	청 구 액	11,427,233	경매개시일	10.01.13
최 저 가	3,646,000 (64%)	토지 면적	211.0 ㎡ (63.8평)	배당종기일	10.04.14
입찰보증금	10% (364,600)	건 물 면 적	0.0 ㎡ (0.0평)		
주 의 사 항	· 법정지상권 · 농지취득자격증명 [특수特분석신청]		

조 회 수	· 금일조회 1 (0) · 금회차공고후조회 82 (4) · 누적조회 120 (4)	( )는 5분이상 열람 [조회통계]
	· 7일내 3일이상 열람자 0 · 14일내 6일이상 열람자 0	(기준일-2010.09.13 / 전국연회원전용)

■ 특수권리분석

· 농취증 매각결정기일까지 전주지방법원에 농취증을 제출하여야 매각허가를 받을 수 있습니다. 미제출시 입찰보증금이 몰수될 수 있으므로 유의 바랍니다. 본 물건은 면적이 211㎡로 주말체험영농 목적으로 농지소유가 가능하며, (단 본 건물 포함해 세대원 합산 1,000㎡ 미만인 경우) 농업경영계획서를 작성하지 않고 면사무소(☎ 063-[ ])에 발급 신청 할 수 있습니다.

농취증 발급 소요 기간은 법적으로 4일 이내이므로 사전에 방문(전화) 조사가 필수 입니다. 나반 현세 지목은 「」 이고 현황은 「잡종지」으로 지목과 현황이 다르므로 농취증 발급이 반려될 수 있고, 이로 인해 입찰보증금이 몰수될 수도 있으니, 사전에 농취증 발급유무를 확인 후 입찰하시기 바랍니다.

■ 본 물건에 대한 이해관계인 및 회원의 제보를 받습니다. [제보하기]

　　건물은 매각대상에서 제외된 63.8평의 토지만 매각물건이고 법정지상권 여지 있음이라는 특별매각조건이 붙어 있다. 경매 법원은 법정지상권 여지 있음이라는 일종의 경고문구만 올려놓을 뿐 그것의 성립 여부에 관해 결정을 내려 공시하지는 않는다. 판단은 오로지 입찰자의 몫이다. 따라서 먼저 법정지상권이 성립하는지에 관해 살펴볼 필요가 있다. 성립과 불성립이 중요한 이유는 불성립하는 건물은 철거대상이 되기 때문이다. 등기부등본 속의 단서를 찾아보는 것이 그 출발점이다.

【 갑 구 】 (소유권에 관한 사항)				
순위번호	등 기 목 적	접 수	등 기 원 인	권 리 자 및 기 타 사 항
1 (전 3)	소유권이전	1998년3월2일 제1286호	1998년2월20일 증여	소유자 강영ㅇ 600130-2****** 무주군 설ㅇㅇㅇ 동ㅇ리 1306-4
				부동산등기법 제177조의 6 제1항의 규정에 의하여 2001년 10월 29일 전산이기

갑구에 기재돼 있는 현재의 토지 소유자는 증여로 이전받은 강
영ㅇ다. 채무자이자 소유자로 물건명세서에 기록돼 있다. 법정지
상권 성립 여부와 관련해서 우선 확인해볼 것은 토지 근저당권설
정일이다. 근저당권설정일 이전에 건물이 지어져 있으면 성립하
고, 설정일 이후에 지어진 것이라면 불성립한다.

【 을 구 】 (소유권 이외의 권리에 관한 사항)				
순위번호	등 기 목 적	접 수	등 기 원 인	권 리 자 및 기 타 사 항
1 (전 1)	근저당권설정	1998년3월17일 제1949호	1998년3월15일 설정계약	채권최고액 금ㅇ천만원정 채무자 강영ㅇ 무주군 ㅇㅇㅇ ㅇ동ㅇ리 1306-4 근저당권자 이철ㅇ 580322-1****** 무주군 ㅇㅇ읍 ㅇ동ㅇ리 1267-3 공동담보목록 제9호
				부동산등기법 제177조의 6 제1항의 규정에 의하여 2001년 10월 29일 전산이기
2	1번근저당권설정등기말소	2005년11월15일 제9013호	2005년11월10일 해지	

등기부 을구의 확인 결과 근저당권설정은 한 건이 있었지만 이
후 그 근저당권설정등기는 말소가 됐다. 말소된 근저당권설정등기
는 법정지상권 성립 여부의 판단과 관련이 없으므로 근저당권설정
을 확인한 의미가 없다.

그렇다면 소유자 관계는 어떠할까. 현황조사서에 건물 소유자
에 대한 언급이 있다.

점유관계

소재지	1. 전라북도 무주군 ○○면 ○○리 ○○○○
점유관계	미상
기타	농지임
소재지	2. 전라북도 무주군 ○○면 ○○리 ○○○○-○
점유관계	미상
기타	현황 대지임. 제시외건물 있음. 건물 관계자 이광○에 문의한바 본건 지상의 제시외건물은 무주군의 지원을 받아 2007년경 ○○면 산머○ 작목반에서 건축한 건물로 작목반 소유이며 토지도 건축 전에 소유자에게 매수했다고 함.

건물 소유자는 작목반이다. 관습상 법정지상권의 성립 요건 중 하나는 '토지와 건물이 처분 당시 동일인 소유에 속할 것'이다.

건물 철거
[대법원 1980.7.8. 선고, 79다2000, 판결]

【판시사항】
관습상의 법정지상권의 성립 요건.

【판결요지】

토지와 건물이 동일한 소유자에게 속했다가 건물 또는 토지가 매매 기타의 원인으로 양자의 소유자가 다르게 될 때에 특히 그 건물을 철거한다

는 조건이 없는 이상 건물 소유자는 토지 소유자에 대해서 그 건물을 위한 관습상의 법정지상권을 취득하는 것이므로 타인 소유 대지 위에 건물을 신축한 경우에는 관습에 의한 법정지상권이 생기지 아니한다.

이 사안을 관습상 법정지상권성립 요건으로서 동일인 소유일 것을 요구하는 판례의 적시사항에 대입해서 보자면 토지 소유자는 강영O이고, 건물 소유자는 작목반으로서 원시적으로 소유자가 동일인이 아니었으므로 관습상 법정지상권은 성립하지 않는다.

2 건물만 소유한 사람의 잠 못 이루는 밤

예외는 있겠지만 건물만 소유한 사람은 일반적으로 토지만 경매로 매각대상이 되는 데 있어서 법률상 이해관계인은 아니다. 따라서 경매 사실의 송달도 없기 때문에 형식적으로는 그 사실을 알지 못한다. 그러나 실질적으로는 다른 누구보다도 토지의 미래에 관심이 많은 당사자다. 따라서 경매로 매각될 것이라는 사실도 잘 알고 있고, 매각 이후에 어떠한 일이 벌어질지도 여기저기 수소문해서 어느 정도는 알고 있다. 이에 이른바 '발밑'을 편안하게 하기 위해서 입찰에 참여하는 경우가 종종 있다.

이 사건도 작목반의 대표인 이장이 입찰에 참여했으나 낙찰받지 못했다. 낙찰받지 못한 이장이 선택할 수 있는 방안은 다음과 같다.

① 경매를 신청한 가압류권자인 ○○축협에 방문해서 채무자 대신 돈을 갚아주고 경매를 취하한다.

② 낙찰자에게 사례금 지불을 조건으로 후일 잔금 납부를 하지 말아 달라는 부탁을 한다(이는 잔금 납부를 하지 않으면 보증금이 몰수되고, 매각기일이 다시 지정돼 재경매 사건이 되기 때문이다. 재경매 사건이 되도록 하는 이유는 후일 물건이 다시 등장했을 때 이미 놓쳤던 낙찰의 기회를 다시 잡으려는 데 있다).

이 두 가지 선택지는 서로 다른 특징을 가지고 있다. 경매를 취하하는 시도는 빚을 갚은 후 경매를 취하한다고 하더라도 토지 소유권은 계속해서 현재의 채무자에게 있기 때문에 결국 돈만 낭비한 것이다. 설사 채무자와 협의해서 소유권을 이전받는 조건으로 취하한다고 하더라도 이 사건에 있어 법원의 감정가나 시세는 500여 만 원인 반면, 가압류 금액은 1,100만 원이 넘는다. 1,000여 만 원짜리 가압류를 푼다는 것은 실질적으로 시세의 두 배가 넘는 가격으로 토지를 사오게 되는 것인데 그것만큼 배 아픈 일이 또 있을까. 그러나 취하가 되면 모든 것이 끝이라 낙찰자와의 힘겨루기에서 이것만큼의 강수는 없다. 한편, 낙찰자에게 미납을 부탁하는 것은 토지에 대한 건물 소유자의 강한 집착을 그대로 드러내 보이는 것이다. 따라서 낙찰자에게 어쩔 수 없이 '을'이 될 수밖에 없고, 사례금을 지불한 후 미납을 약속받는다고 하더라도 미납한 낙찰자가 새로운 입찰자를 내세워 낙찰을 다시 받는다면 모든 것이 허사가 된다. 따라서 낙찰자와의 관계에서는 약자일 수밖에 없다.

3 낙찰자에게 미납을 종용하는 것은 좋은 물건의 징조

잔금 지급기일이 잡히기 전에 이장에게서 전화 연락이 왔다. 이는 허사가 될 가능성을 안고서라도 '낙찰자에게 미납 종용하기'를 선택했음을 알 수 있다. 이장은 자신이 어떤 사람인지를 설명한 후 왜 그 토지가 쓸모없는지를 이해시키려 했다. 더불어 선심을 베풀듯 상당량의 사례금 약속도 했다. 사례금에 이끌려 미납을 약속할 수도 있었지만 거절의 뜻을 부드럽게 전달했다(강하게 거절할 경우 상대방이 무리하게 취하절차를 밟을 수 있기 때문이다). 거절을 한 이유는 다음과 같다.

① 어떤 행동을 취하기도 전에 상대방에게서 먼저 연락이 온다는 것은 이 물건의 필요성에 대한 그의 강력한 주장과 다를 바 없다. 따라서 이후 상대방에게 매각을 할 때 매도가의 협의를 부드럽게 이어갈 수 있다.

② 미납을 한다고 하더라도 상대방의 의도대로 다음 기일에 그

가 반드시 낙찰받는다는 보장도 없다. 더군다나 미납을 종용할 정도로 좋은 물건을 다른 사람이 낙찰받는다는 것은 반갑지 않다. 특히 낙찰 보장을 설득 도구로 삼아 상대방에게 설명하면 십중팔구는 자연스럽게 이해하며, 잔금 지급기일 전까지 취하하기를 시도한다던가 하는 무리수를 두지 않는다.

잔금 지급기일까지 주목할 만한 걸림돌은 없었으므로 잔금 지급명령에 따라 잔금을 납입할 수 있었다. 경매 절차에서는 소유권 이전등기를 따로 하지 않아도 잔금을 납입함과 동시에 소유권을 취득한다.

조선 초기 유능한 책사로 한명회가 있는데 그를 대표하는 것은 '내 손안에 있소이다'라는 문구다. 물건에 대한 소유권을 취득한 후에는 건물 소유자에겐 다소 미안한 말이지만 그는 내 손안에 있는 것이나 다름없다. 잔금을 치루기 전 그는 이 물건이 반드시 필요함을 간절히 내비쳤다. 또한 취하절차라는 탈출 가능성이 남아 있었지만 시도하지 않았다. 즉, 궁지에 몰린 상대방은 낙찰자가 하자는 대로 할 수밖에 없다. 따라서 400만 원이 약간 넘는 가격에 낙찰받았지만 그에게는 1,000만 원을 요구했다.

그 이유는 다음과 같다.

공	부 (의 뢰)		사	정	경 가 가 액	
	종 별	면 적(㎡)	종 별	면 적(㎡)	단 가	금 액
평 가 내 용	토지	442	토지	442	--	8,469,000
	제시외건물	(168)	제시외건물	168	250,000	42,000,000
		이	하	여	백	
합 계						₩50,469,000

① 비록 토지 감정가가 500여 만 원에 지나지 않더라도 감정평가서상 건물 가액은 4,200만 원이다. 따라서 건물 소유자가 느끼는 토지 가치는 건물 가격 기준으로 판단할 것이기 때문에 그 정도 금액을 요구하는 것은 이해할 것이라고 생각했다.

② 건물 자체는 이장 혼자만의 소유가 아니라 마을 공동 소유라서 그 정도의 금액은 십시일반 해도 충분히 조달할 수 있어 가혹한 것이 아니다.

③ 최악의 경우 요구사항을 들어주지 않을 시에는 법정지상권이 성립하지 않는 건물을 철거할 수 있기 때문에 그 점을 들어 설득한다면 더 이상 큰 반발은 없을 것으로 봤기 때문이다.

4 불편함이 동기를 부여해주기도 한다

'한 손에는 코란을, 다른 한 손에는 칼을'이라는 말이 있다. 이 말은 《코란》을 따르지 않으면 칼을 휘두르겠다는 뉘앙스를 풍겨서 이슬람교의 전파과정이 무력을 통한 강압에 의한 것처럼 인식되게 했다. 그러나 기독교가 세계적으로 전파된 원인을 '로마시대의 기독교 박해'에서 찾는 심리학자들의 견해에 비춰 보면 무력에 의한 강압이 과연 이슬람의 전파과정에서 그 효과를 발휘했을까 하는 의구심이 들기도 한다. 실제로 무슬림들은 정복한 지역의 종교와 문화를 잘 보호했지만, 이슬람교로 개종하지 않는 사람들에게는 세금을 더 많이 낼 것을 요구했다. 결국 시간이 지날수록 세금을 더 내기 싫은 많은 사람들이 개종을 했다고 한다. 그래서 전파과정이 자연스러웠다는 말이다. 이를 통해 결국 사람은 불편함을 해소하기 위해서 종교적 신념까지 바꿀 수 있다는 결론에 다다른다.

토지가 다른 사람의 소유로 돼 있어 언제 어떻게 될지 알 수 없는 건물을 소유한 사람은 개종을 하지 않아서 세금을 더 내야 했던 사람들이 느꼈던 불편함을 그대로 느낄 것이다. 비유하자면 세금은 불편함이고, 개종은 그 물건을 낙찰자가 원하는 가격에 사들이는 것이 아닐까 한다. 불편함을 확실히 각인시켜주는 것이 '매각 당시 토지 소유자와 건물 소유자가 다른 경우' 법정지상권이 성립하지 않는다는 논리다. 그 사실을 인지하고 있는 이 사건 건물 소유자는 앞으로 벌어질 불편함의 예방을 위해서 낙찰받으려 했고, 낙찰받지 못하자 낙찰자에게 '잔금 미납 부탁'까지 했다. 모든 것이 수포로 돌아갔을 때의 대안은 이른바 '개종'밖에 없을 터였다. 실제로 작목반 대표인 이장은 이에 대해 얼마나 불편함을 느꼈던지, 입찰일 이후 보름 만에 서둘러 토지를 매수해서 이 사건을 단시간에 종결지었다.

REAL ESTATE

소액 08

잘 닦은 **내용증명** 한 장,
열 통화 안 부럽다

법정지상권 성립 여지 있는 토지를 낙찰받았을 때, 이해관계 당사자인 건물 소유자로부터 물건을 사겠다는 제의가 먼저 들어와 '손 안 대고 코 풀기'로 손쉽게 팔아넘길 때도 있으나 늘 그런 것만은 아니다. 제의가 없는 이유는 낙찰 사실을 알았지만 ① 먼저 제의하는 것은 고개를 숙이고 들어가는 것과 같다는 생각의 발로, ② 그 사실의 심각성을 모르거나 알고 있다고 하더라도 '나는 잘 될 거야' 하는 낙관적인 생각, ③ 낙찰됐다는 사실을 아예 모르거나 전혀 관심이 없는 것에서 찾을 수 있다. 어떤 이유든 움직이지 않는 상대방이 생각을 바꾸거나 저절로 심각성을 깨닫게 된다거나 낙찰 사실을 일순간 알게 돼 적극적으로 나서기를 바라는 것은 감나무 밑에 누워서 감이 입으로 떨어지기를 기대하는 것과 같다. 그러면 상대방이 생각을 바꿀 수 있도록 한다거나 문제의 심각성을 알게 하거나 몰랐던 사실을 알 수 있도록 하려면 어떻게 해야 할까. 이런 목적으로 쉽고 간편하게 활용할 수 있는 방법이 내용증명서 발송이다.

소 재 지	경북 영양군 ▒▒▒ ▒▒▒ ▒▒ 도로명주소		
경 매 구 분	강제경매	채 권 자	농업협동조합중앙회(농림수산업자신용보증기금업무수탁기관)
용 도	전	채무/소유자	최명▒	매 각 기 일	11.01.28 (11,173,000원)
감 정 가	7,406,000 (10.11.24)	청 구 액	129,480,491	종 국 결 과	11.03.30 배당종결
최 저 가	7,406,000 (100%)	토 지 면 적	1,058.0 ㎡ (320.0평)	경매개시일	10.07.01
입찰보증금	10% (740,600)	건 물 면 적	0.0 ㎡ (0.0평)	배당종기일	10.09.24
주 의 사 항	· 법정지상권 · 입찰외 특수件분석신청		
조 회 수	· 금일조회 1 (0) · 금회차공고후조회 60 (0) · 누적조회 61 (0) · 7일내 3일이상 열람자 0 · 14일내 6일이상 열람자 0		( )는 5분이상 열람 조회통계 (기준일-2011.01.28 / 전국연회원전용)

■ 본 물건에 대한 이해관계인 및 회원의 제보를 받습니다. 제보하기

　　지목이 전으로 돼 있는 토지 320평이 등장했다. 그 토지 위에 블록조 단층 슬라브 지붕인 주택이 서 있다. 비록 단층이기는 하지만 비교적 최근의 건축 자재를 사용했고 견고한 모양새로 봐 적지 않은 건축비가 투입됐을 것으로 보인다. 투입된 건축비에 비례해서 건물 소유자에게 떠넘길 땅값도 자연스럽게 커질 것을 기대할 수 있으므로 구미가 당기는 물건이다.

　　법정지상권 성립 여지 있는 물건으로서 견고한 건물은 매각에서 제외되고 토지만 매각대상이다. 토지만 매각대상인 물건은 토지 지상의 건물이 법정지상권으로 보호가 되는지 여부가 중요하다. 보호되지 못하면 철거대상이 되고, 철거대상이 되면 토지 소유자는 철거를 빌미 삼아 목소리 높여 자기주장을 펼칠 수 있다.

1 아버지 토지에 아들 건물, 관습상 법정지상권이 성립할까

법정지상권의 성립 여부는 등기부를 통해 판단해볼 수 있다. 토지등기부에서 우선 살펴봐야 할 것은 근저당권설정일이다. 그런데 이 사건에서는 근저당권설정의 사실을 찾아볼 수 없으므로 이것을 판단 근거로 삼을 수 없고 다른 단서를 가지고 성립 여부를 판단해야 한다. 토지 소유자와 건물 소유자가 동일한지 여부가 그중 한가지다. 소유권에 관한 사항을 기재한 토지등기부 갑구에 나타난 소유자는 '최명O'이다.

【 갑 구 】		(소유권에 관한 사항)		
순위번호	등 기 목 적	접 수	등 기 원 인	권 리 자 및 기 타 사 항
1 (전 2)	소유권이전	1998년9월30일 제4572호	1998년9월19일 매매	소유자 최명○ 480301-1****** 영양군 ○○○○ ○○○ 380 부동산등기법 제177조의 6 제1항의 규정에 의하여 2001년 09월 14일 전산이기

그리고 건물 소유자는 건축물 대장이나 건물 등기부등본을 확인해보면 알 수 있다. 건물 등기부등본에 기재돼 있는 건물 소유자는 '최충O'이다. 결국 토지 소유자는 최명O이고 건물 소유자는 최충O로 서로 다름을 알 수 있는데, 이렇게 동일하지 못하면 법정지상권이 성립하지 않아 건물은 철거된다.

그런데 이 둘의 성씨가 최 씨로 동일한 점에 주목할 필요가 있다. 답사를 통해 알아보니 그 둘은 부자관계였다. 아버지의 토지 위에 아들이 집을 지은 경우인데 직관적으로 보면 법정지상권의 문제가 없지 않나 하는 의문이 들 수도 있다. 법정지상권이 문제 되는 것은 건물이 철거 가능한가와 관련된 것인데, 아버지의 토지 에 아들 소유의 건물이 있다고 해서 아버지가 아들의 건물을 철거 하라고 할 것 같지는 않기 때문이다. 그러나 아버지와 아들은 법 률상 독립된 인격체로 보고 있으므로 타인의 토지 위에 건물을 지 었다는 사실에는 변함이 없어 아들의 건물은 법정지상권이 성립되 지 않는다.

한편, 아버지의 토지 위에 아들의 건물이 들어서 있는 상태와 관련해서 다음과 같은 판례의 요지를 접목해서 판단한다면 법정지 상권이 성립할 가능성이 있어 주의를 요한다.

소유권보존등기말소 등
[대법원 2006.5.12, 선고, 2005다68783, 판결]

【판시사항】
건축 공사가 중단돼 있으며, 아직 사회통념상 독립한 건물이라고 볼 수 있는 정도의 형태와 구조를 갖추지 않은 미완성 건물을 인도받아 나머지 공사를 한 경우, 그 건물의 원시취득자.

【판결요지】
자기의 비용과 노력으로 건물을 신축한 자는 그 건축 허가가 타인의 명

의로 된 여부에 관계없이 그 소유권을 원시취득하게 된다. 따라서 건축
주의 사정으로 건축 공사가 중단된 미완성의 건물을 인도받아 나머지 공
사를 하게 된 경우에는 그 공사의 중단 시점에 이미 사회통념상 독립한
건물이라고 볼 수 있는 정도의 형태와 구조를 갖춘 경우가 아닌 한 이를
인도받아 자기의 비용과 노력으로 완공한 자가 그 건물의 원시취득자가
된다.

판결의 요지는 건축 허가가 타인의 명의로 돼 있다고 하더라도
자기의 비용과 노력으로 건물을 완공했다면 그 완공한 사람이 그
건물의 원시취득자가 된다는 것이다(원시취득은 어떤 권리를 승계받지
않고 처음부터 취득하는 것을 일컫는다). 즉 아버지가 토지를 가지고 있
는데 어떤 연유에서든 아들 명의로 그 토지 위에 집을 지을 경우,
아버지가 처음부터 끝까지 비용을 들이고 건축과 관련한 모든 사
항에 관여해서 완공했다면 그 건축물의 소유권은 아버지에게 있다
는 말이 된다. 그렇게 되면 토지는 아버지의 소유이고 건물 역시
그 원시취득자인 아버지의 소유로서 '토지 소유자와 건물 소유자
의 동일성' 요건을 충족하므로 법정지상권은 성립한다(물론 아버지
의 비용과 노력이 투입됐다는 아버지의 입증이 있어야겠지만 말이다).

2 내용증명 양식과 작성요령

낙찰이 있은 후 법원은 물건의 매각을 허가할 것인지 불허가할 것인지를 일주일 동안 심사한 후 매각허가 또는 불허가결정을 한다. 그 결정에 대해서 이의가 있는 사람에게 기회를 주기 위해서 다시 일주일의 항고기간을 거친 후 매각대금을 지불하라는 명령을 내린다.

그 절차와 명령에 따라 잔금을 내고 소유권 이전등기를 마친 후 상대방의 반응을 기다려 봤으나 몇 주가 지나도록 특별한 것은 없었다. 상대방의 반응이 없을 때 취할 수 있는 방법은 ① 받은 대로 돌려준다는 의미로 같이 무반응으로 일관하거나, ② 일관하지 못하겠으면 슬쩍 건드려 보는 것이다. 무반응으로 일관하는 것은 시간을 두고 묵혀 둬 상황이 변화할 때까지 하염없이 기다리겠다는 것인데, 기다리다가 누가 먼저 죽을지는 알 수 없는 일이다. 그래서 반응을 떠보는 것이 필요한데 그 방법으로 전화 걸기와 집으로 방문하기 등이 있다. 그런데 그 두 가지 방법은 아무래도 좀 무거운 느낌이 있다. 느닷없이 전화 걸어서 내가 싸게 줄 테니 큰일 나기 전에 얼른 사 가라고 하기는 애매하고, 행여 상대방이 전화를 계속 받지 않다가 느닷없이 차단이라도 해버리면 그야말로 낭패를 볼 수도 있다. 그렇다고 직접 찾아가는 것은 시간낭비도 심하고 왠지 모르게 상대방에게 매달리는 것 같은 이미지를 줄 것 같아 추천할 만한 것이 못 된다.

그래서 사용해볼 수 있는 것이 편지다. 하고 싶은 말도 정리해서 보낼 수 있고 시간과 비용도 그리 많이 들지 않는다. 그리고 낙찰받은 물건의 해결이 내 맘 같지 않을 때 그 상황의 타파를 위해서 법원에 소송을 제기할 수 있는데, 그렇게 되기 전에 피고와의 원만한 해결을 시도했다는 걸 보여주는 자료로도 활용할 수 있다. 그 노력의 사실은 우체국이 증명해주는데, 그 편지를 이른바 '내용증명'이라고 부르는 것도 그 측면에서는 나름 이유가 있지 않을까.

내용증명서를 다음과 같이 작성해서 보냈다. 내용증명서는 온라인으로 인터넷 우체국을 통해서 보낼 수도 있고 오프라인 우체국으로 가서 보낼 수도 있다. 오프라인으로 보낼 때는 세 장을 출력해서 가지고 간다. 한 장은 편지 받을 사람한테 보낼 것이고, 또 한 장은 보낸 사실을 증명하는 용도로 우체국이 보관할 것이고, 나머지는 보낸 사람이 가지고 있어야 해서 필요하다.

통고서

수신인 : 최 ○ ○

　　　　경북 영양군 ○○면 ○리 ○○○

발신인 : ○ ○ ○

　　　　경기도 성남시 분당구

부동산의 표시 : 경북 영양군 ○○면 ○리 ○○○ 전 1,058㎡

1. 본인은 대구지방법원 영덕 지원 부동산 강제경매 사건에 관해서 위 표시 부동산을 2011. 1. 28 낙찰받고 2011. 2. 25 잔대금을 납부해서 소유권을 취득했습니다.

2. 귀하는 아무런 권원 없이 임의대로 위 토지에 주택을 축조해서 불법으로 사용하고 있으므로 본인이 위 토지를 사용하지 못하고 있는바 만약 그 토지를 제3자에게 임대했을 경우, 법원의 낙찰 금액 금 11,173,000원을 기준으로 해서 연 10%의 수익을 얻을 수 있는바 이를 월 금액으로 환산하면 그 임대료로 매월 금 100,000원의 수익을 얻을 수 있는데 이를 귀하가 사용함으로 인해서 귀하는 위 금원에 해당하는 부당이득을 취하고 있다 할 것입니다.

3. 그렇다면 귀하는 이 서면이 도달된 후 조속히 위 토지상에 본인의 동

의 없이 불법으로 건축한 주택을 철거해서 위 토지를 인도하고, 인도할 때까지의 부당이득금을 매월 금 100,000원씩 지급해주시기 바랍니다.

만약 위 사항을 이행하지 않을 시에는 법에 따라 처리할 것이며 이로 인해 발생하는 모든 비용의 청구도 법에 따라 청구할 것이니 유념하시기 바랍니다.

2011년 3월 7일

발신인 : ○ ○ ○ (010-○○○○-○○○○)

통고서에서 들어가 있는 중요사항은 세 가지로서 ① 상대방이 부당이득을 취하고 있으므로 부당이득금을 반환하라는 것, ② 건물을 철거하라는 것, ③ 앞의 두 가지를 주장할 수 있는 마땅한 근거로서 소유권이 누구에게 있는가이다. 부당이득금의 청구는 내 토지를 상대방이 아무 이유 없이 사용하고 있기 때문에 내가 얻을 이익을 상대방이 얻고 있어 그것을 물어 달라는 것이다. 그리고 철거의 주장에서 주의할 점은 그 근거에 관해서 구체적이면서 자세하게 하나하나 적어놓을 필요가 없다는 점이다. 광범위하게 '불법적으로'라는 정도로 충분하다.

많은 사람이 읽어서 그 내용이 잘 알려진 《삼국지》의 한 장면에 이런 것이 나온다. 사도 왕윤은 동탁을 칠 일을 의논하기 위해

생일을 핑계로 사람들을 모아놨으나 방법도 안 떠오르고 그런 상황이 너무 괴로워 눈물로 시간을 보냈다. 그러자 구석에 앉아 있던 사람이 경박하지만 날카롭게 좌중을 비웃었다. 그 웃음의 주인공은 조조였다. 비웃음에 흥분한 좌중은 조조를 향해 앞뒤 없이 꾸짖지만 그것 하나로 이미 조조는 모두의 관심을 사로잡아 자기가 하고 싶은 말을 거침없이 할 수 있었다.

통고서의 내용 중 '10%'와 '철거'라는 문구가 아마 가장 먼저 눈에 들어올 것이다. 어차피 상대방을 끌어내기 위해서 보내는 편지다. 자극을 받지 않으면 상대방은 움직이지 않는다. 1%나 2%를 청구했다고 하면 정직하고 친절하다는 인상을 줄지언정 상대방은 그 숫자에 흥분하지 않을 것이다. 또한 그 뒤 따라오는 철거라는 문구 역시 별로 쇼킹하게 와닿을 것 같지 않다. 반면 10%라는 문구는 당연히 억지일 수밖에 없지만 상대방 입장에서는 조조의 비웃음과 같은 역할을 하기 때문에 반박하고 싶은 생각이 강력히 들 것이다. 또한 말이 통하지 않는 사람이라는 인상을 충분히 줘서 상대방에게 건물이 당장이라도 철거당할 것 같은 두려움을 준다.

3 내용증명을 보내는 이유와 그 결과에 따른 효과

내용증명을 보내는 첫 번째 목적은 움직이지 않는 상대방을 자극해서 어떤 식으로든 움직이게 하는 것이고, 두 번째는 떠보는 것이다. 그리고 소송과 관련해서 명분을 만들어 놓겠다는 것 등 여러 가지가 있다. 주목적은 반응의 유도에 있으므로 상대방에게서 어떤 반응이 오면 내용증명의 목적은 어느 정도 달성한 것이라고 봐도 무리는 없다.

그런데 운 좋은 경우 내용증명만 보냈을 뿐인데 바로 수익으로 연결되기도 한다. 이 사건이 그런 운 좋은 경우에 속했다. 특히 10%의 문구가 그 역할을 톡톡히 해냈다. 상대방은 이 문구에 얼마나 집착했는지 2~3분의 전화 통화에서 10%라는 숫자가 서너 차례 등장할 정도였다. 내용증명은 상대방에게 10% 집착증을 안겨 줬는데, 그 집착증만 해결해주면 그것이 바로 수익으로 연결될 일이었다. 그 점에 착안해서 이렇게 제안을 했다.

"10%의 수익이 가혹하다면 해결을 위한 한 가지 방법은 있습니다. 파격적으로 그 숫자를 줄여 드리겠습니다. 은행 이자만 내세요. 대신 제가 원하는 땅값을 주시면 됩니다."

결국 땅을 넘겨줄 테니 그것을 가지고 은행으로 달려가 돈을 빌려 나에게 땅값을 지불하고 저렴한 은행 이자만 내면서 마음 편히 지내라는 내용이었다. 10%라는 숫자에 몰두한 상대방은 그 수치를 줄일 수 있다는 말에만 집중했을 뿐 땅값의 크기에는 큰 관심이 없는 듯했다. 따라서 별다른 흥정과정 없이 계약과 매도를 끝낼 수 있었다.

내용증명 속의 함정과 함정의 유도

변호사들은 종종 이런 불만을 토로한다. 의뢰인이 스스로 다 망쳐놓고 살려놓을 방법이 없는 사건을 들고 와서 살려 달라고 한다는 것이다. 즉 날아온 내용증명에 대한 답변을 이상하게 해서 망쳐놓는 경우가 많다는 말이다. 내용증명서를 받은 당사자는 냉정을 찾으려고 해도 그 안의 문구가 아름답지 못하므로 흥분을 참지 못한다. 결국 전화기를 집어 들어 상대방에게 화풀이를 하거나 답답함을 해소하기 위해 우체국으로 달려가 답변하곤 하는데 여기서 꼭 탈이 난다는 것이다. 상대방이 알지 못했고 알아서는 안 되는 사실을 그대로 말해버리는 경우가 종종 있는 것이다.

어린 시절 선배들의 가르침 중에 이런 것이 있었다. 시위 도중 붙잡히면 경찰은 학생에게 돌을 한 개 던졌는지 여러 개 던졌는지를 묻는다. 정답은 '던지지 않았다'가 돼야 한다. 여러 개보다는 한 개를 던진 것이 죄가 약한 것 같아 한 개라고 대답하는 것은 어리석은 것이다. 한 개를 던지든 여러 개를 던지든 결국은 돌을 던졌다는 것을 스스로 자백하는 꼴이 되기 때문이다. 그래서 법정지상권 성립 여부와 관련해서 애매한 것이 있으면 내용증명서를 보내서 확인해보는 것도 하나의 요령이 될 수 있다. 때로 불법으로 지었기 때문에 철거해야 한다는 문구에 발끈해서 토지주의 허락을 받고 지었기 때문에 합법이라는 답변이 날아오기도 한다. 토지주의 허락을 얻었다는 것은 허락의 주체, 즉 허락의 당사자는 타인일 수밖에 없다는 측면에서 그 말은 남의 토지에 집을 지었다는 것과 다름이 없다. 남의 토지에 집을 지으면 법정지상권이 성립하지 않는데, 결국 불법이라는 말 한마디로 법정지상권이 성립하지 않는다는 상대방의 자백을 이끌어낼 수도 있는 것이다.

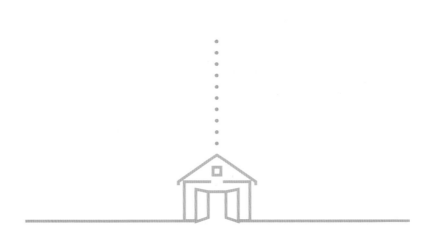

REAL ESTATE

소액 09

건물 등 철거 및
토지 인도 청구의 소를
통한 수익 달성

법정지상권이 성립하지 않는 물건의 경우, 그 지상건물 소유자는 최악의 순간에 건물이 어떻게 될지 미리 알았거나 그 결과에 대해서 심각하게 여길 때, 스스로 낙찰자를 찾아가서 문제를 해결하려고 한다. 그리고 자발적으로 해결하려고 하지 않더라도 토지가 없어졌다는 불안감은 어느 정도 지니고 있다. 그런 상황에서 토지 낙찰자의 내용증명서를 받게 된다면 불안감이 증폭돼 문제를 해결하려는 노력을 보이기도 한다. 그런데 그 법정지상권이 성립하지 않아 건물이 철거될 위기에 처해 있다는 것을 알더라도 그 심각성에 대해서 크게 인식하지 못하거나 철거 실현 가능성에 대해서 의심을 품고 있어 이른바 약발이 통하지 않는 상대방도 있다. 그런 상대방에게는 어쩔 수 없이 '건물 등 철거 및 토지 인도 청구의 소'라는 긴 이름의 소장을 법원에 제출해서 문제의 심각성이나 처한 현실이 어떤지를 확실히 보여줄 필요도 있다.

소 재 지	충남 보령시 ▨▨ ▨▨▨ ▨▨ ▨ 도로명주소				
경매구분	임의경매	채 권 자	▨▨농업협동조합		
용 도	답	채무/소유자	구옥▨	매 각 기 일	14.04.22 (21,580,000원)
감 정 가	**30,630,000** (13.02.12)	청 구 액	52,969,813	종 국 결 과	14.06.18 배당종결
최 저 가	15,009,000 (49%)	토 지 면 적	2,042.0 ㎡ (617.7평)	경매개시일	13.01.22
입찰보증금	10% (1,500,900)	건 물 면 적	0.0 ㎡ (0.0평)	배당종기일	13.04.08
주 의 사 항	· 법정지상권 · 입찰외 · 농지취득자격증명 **특수件분석신청**				
조 회 수	· 금일조회 1 (○) · 금회차공고후조회 194 (⋈) · 누적조회 396 (44) · 7일내 3일이상 열람자 9 · 14일내 6일이상 열람자 7			( )는 5분이상 열람 **조회통계** (기준일-2014.04.22 / 전국연회원전용)	

■특수권리분석 ※ 이해관계자 제보 등을 반영한 지지옥션의 주관적 분석 의견임

· 법정지상권
- 분석 : 본건은 건물을 제외한 토지만의 임의경매사건입니다. 이 경우 토지에 최초 근저당권 설정 당시 건물이 소재하고 있었는지 여부와 토지와 건물 소유자가 동일인인가 아닌가에 따라서 법정지상권 성립여부를 판단합니다. 그런데 입찰외 건물에 대하여 건축물대장 등 공부(公簿)가 없고, 현황조사내역 등 법원 기록에도 건물 소유자를 확인할 수 없습니다. 그러므로 우선 동소 점유자와 신청채권자 등 이해관계인을 만나보

· 농취증 매각결정기일까지 홍성지원에 농취증을 제출하여야 매각허가를 받을 수 있습니다. 미제출시 입찰보증금이 몰수될 수 있으므로 유의 바랍니다. 본 물건은 면적이 2,042㎡로 주말,체험영농 목적으로 농지소유가 불가능하며, 농업경영계획서를

고, 심층적인 탐문조사를 통하여 동소 지상 건물이 언제부터 소재하고 있었는지와 건물 소유자가 누구인지 확인하는 것이 선행되어야 합니다.
다만, 법정지상권 성립 여부를 떠나서 토지의 최저매각가격(약 2,140만원)에 비하여 입찰외 건물의 감정평가금액(약1억7,080만원)으로 상대적으로 고액인 점을 감안하면, 입찰할만한 실익이 있을지 의문입니다. 이해관계인 외의 입찰은 신중하게 재고해볼 것을 권하고 싶습니다.(13.09.02)

첨부하여 ▨▨면사무소(☎ 041-▨▨▨)에 발급신청을 하여야 합니다. 농취증 발급 소요 기간은 법적으로 4일 이내이므로 사전에 방문(전화) 조사가 필수 입니다.

　전체 토지는 617.7평이고 사진으로 보면 건물인지 무엇인지 알 수 없는 것이 입찰 외 물건으로 잡혀 있다. 우사나 돈사로 보기에는 너무 깔끔하고, 비닐하우스 같지만 정확히 일반 비닐하우스인지 분명하지 않다. 법원이 제공하는 물건명세서를 더 열어 확인해보니 '온실'이라는 간단한 명칭으로 설명되는 물체가 이 토지 위에 자리 잡고 있었다. 굳이 용어를 붙이자면 특수 비닐 온실인 모

양이었다. 보통 비닐하우스보다는 넓고 천정도 높은데다 또한 견고한 철골로 뼈대를 삼은 후 두껍고 질긴 특수한 비닐로 지붕과 벽을 붙인 구조물이다.

그런데 구조물의 감정가액은 놀랍게도 무려 1억 7,000여 만 원에 달했다. 토지 최저가는 간당간당하게 1,500만 원이지만 그 위에 올라간 구조물의 가액은 그 열 배가 넘었다. 이 정도면 대박 물건이었다. 법정지상권 여지 있는 물건과 관련해서 토지와 입찰 외 건물의 차이가 세 배 정도 되는 것을 소박, 다섯 배 이상은 중박, 열 배 이상은 대박이라고 할 수 있다. 그리고 열 배 이상 차이 나는 이런 물건은 일 년에 한 번 볼까 말까한 것이다.

1 수익의 출발, 등기부에서 흘러나온 단서 포착

【 갑 구 】 (소유권에 관한 사항)				
순위번호	등 기 목 적	접 수	등 기 원 인	권 리 자 및 기 타 사 항
1	소유권이전	1988년6월22일	1987년11월4일	소유자 구옥ㅇ 440503-2*****

토지 소유자는 1980년대부터 현재까지 구옥ㅇ로 돼 있고 소유권을 이전한 지 30년이 지나서 농협에 근저당권을 설정해주고 돈을 빌려 썼다. 근저당권을 설정할 당시 지상권도 설정해줬다. 이후 추가로 개인 근저당권이 있다. 그리고 최초로 근저당권을 설정한 농협이 임의 경매를 신청했다.

【 을 구 】			(소유권 이외의 권리에 관한 사항)	
순위번호	등 기 목 적	접 수	등 기 원 인	권 리 자 및 기 타 사 항
1	근저당권설정	2005년10월18일 제25659호	2005년10월17일 설정계약	채권최고액 금19,500,000원 채무자 유유유 서울 성북구 █████ 근저당권자 ███농업협동조합 134536-0000131 보령시 ████████ 공동담보 토지 경상남도 보령시 ████████ 토지 경상남도 보령시 ████████
1-1	1번근저당권중일부말소소멸			토지 경상남도 보령시 ████████에 대한 근저당권말소등기로 인하여 2008년4월29일 부기
2	근저당권설정	2010년7월29일 제15235호	2010년7월29일 설정계약	채권최고액 금65,000,000원 채무자 유유유

| 3 | 지상권설정 | 2010년7월29일
제15236호 | 2010년7월29일
설정계약 | 목 적 건물기타공작물이나수목의소유
범 위 토지의전부
존속기간 2010년 7월 29일부터 만30년
지 료 없음
지상권자 ███농업협동조합 134536-0000272
경기도 안산시 ████ █████
(당수지점) |

순위번호	등 기 목 적	접 수	등 기 원 인	권 리 자 및 기 타 사 항
3	(1)임의경매개시결정	2013년1월22일 제1430호	2013년1월22일 대전지방법원 ●월(의 경매개시 결정(2013타경████)	채권자 ███농업협동조합 134536-0000272 경기도 안산시 ████ █████
3	(2)임의경매개시결정	2013년1월22일 제1430호	2013년1월22일 대전지방법원 ●월(의 경매개시 결정(2013타경████)	채권자 전●● 610827-2●●●●●● 서울특별시 관악구 ████ ███ ███

　　법정지상권의 성립 여부는 근저당권설정일에 달려 있다. 근저
당권설정일 이후에 신축이 있으면 불성립, 이전에 건축이 있으면
성립한다. 그렇다면 이 온실이 언제 지어졌는지를 확인할 필요가
있다. 그러나 설립시기 판단의 기준 근거가 되는 건축물 대장도
없고 건물 등기부등본도 찾을 수 없다. 이럴 때는 위성지도를 열
어서 확인해본다.

　　다음 장에 나오는 사진은 2008년도에 발행한 위성지도인데 그
당시도 비닐하우스가 있다. 이는 근저당권설정일 이전에도 건축물

은 있었다는 의미가 된다. 근저당권설정 당시 건물이 있었는지를 기준으로 해서 법정지상권 성립 여부를 판단하자면 설정 당시 건축물이 있었으므로 법정지상권은 성립한다. 그러나 법정지상권 성립 요건으로 근저당권설정 당시 건축물이 존재할 것의 요건 하나만 있는 것은 아니다. 근저당권설정 당시 건물 소유자와 토지 소유자가 동일인인지 등의 다른 요건도 있다.

저당권설정 당시 토지 소유자와 건물 소유자가 동일인인가를 판단할 수 있는 근거가 되는 단서는 대략 두 가지 정도다. 하나는 근저당권설정 당시의 소유자 구옥ㅇ는 일흔이 다 된 나이였고 주소지가 오랫동안 서울로 돼 있었으며, 그 이후 몇 번의 주소지 변

동이 있었으나 서울을 벗어나지 않았다는 점이다. 또 하나는 위성 지도로 살펴봤을 때 이 물건 옆에 경매 대상에 포함되지는 않았지만 동일한 모양의 온실이 자리 잡고 있다는 점이다.

서울 이외의 곳으로 주소지 변동이 없었다는 점에서 구옥ㅇ는 예외는 있을 수 있지만 농사짓는 일을 하지 않았다는 것을 알 수 있다. 농사도 짓지 않는 사람에게 시설비가 1억 7,000만 원 정도 들어가는 온실이 필요할 것 같지는 않다. 그렇다면 이 온실은 누구에게 필요한 것이었을까. 깊게 생각할 것도 없다. 옆 필지 동일한 모양의 온실 소유자가 그 주인공이다. 옆 필지의 토지등기부등본을 열람해본 결과 옆 필지 소유자는 나ㅇ교였다. 그의 주소는 이 토지 인근으로 돼 있고 오랜 시간 그 주소지의 변동이 없었으며 나이는 오십 대 초반으로 농촌에 거주하는 사람치고는 상당히 젊은 축에 속했다. 그리고 경매 대상 필지 아래쪽 나지 상태인 논의 등기부등본도 열어 봤는데 그 소유자 역시 나ㅇ교로 동일인이었다.

2 답사에 버금가는 통화 활용법

이장의 이름을 확인해보기 위해 관할 면사무소로 전화를 걸었다. 농촌에서는 나ㅇ교와 같이 젊은 축에 속하고 토지를 많이 가지고 있는 사람이 이장직을 맡을 확률이 높다. 더 볼 것도 없이 동네 이장이 맞았다. 나ㅇ교가 이장인지가 중요한 이유는 물건지 지상에 그 정도 크기의 온실을 지을 수 있는 사람은 이장밖에 없을 것으로 봤기 때문이다. 이장이 나ㅇ교라면 온실 소유자도 나ㅇ교가 된다.

추측해보면 이장은 땅을 아주 많이 가지고 있고 돈도 좀 있어서 온실을 하나 지어 그 안에다 특수작물을 재배하고 싶었을 것이다. 마침 그런 특수목적에 뜻이 있어 시설을 갖출 경우 정부에서는 설치보조금을 넉넉하게 지원해주기도 한다. 그 상황을 틈타 본인 토지 위에 온실을 하나 짓고, 또 마침 그 옆에 서울에 있는 땅임자가 관리하지 않아 놀고 있는 땅도 있어 땅주인의 허락을 받고 그 위에도 하나 지었을 듯했다. 정부보조금도 받고 놀고 있는 땅도 활용하고 아마 이장한테는 꿩 먹고 알 먹기가 아니었을까. 놀고 있는 구옥ㅇ 소유의 토지등기부를 확인해봐도 빚을 얻어 쓴 적 없어 더욱 안심하기도 했을 것이다.

이런 추측을 근거로 적용하자면 법정지상권은 성립하지 않는다. 왜냐하면 구옥ㅇ의 토지 위에 특별한 권원 없이 이장인 나ㅇ교가 건축물을 지어 구옥ㅇ 소유의 토지 가치를 잠재적으로 훼손했고, 또 그 토지가 경매 등을 원인으로 넘어갔을 때는 그 물건 낙찰자에게 불측의 손해를 입힐 가능성이 있기 때문이다. 그리고 보니 근저당권설정 당시도 토지 소유자와 건물 소유자가 달랐을 뿐 아니라 그 이전부터 그 둘은 달랐다는 것을 알 수 있다.

민법 제366조에서는 법정지상권이 성립하기 위해서 토지 소유자와 건물 소유자가 동일인일 것을 밝히고 있는데, 이 사안의 경우 처음부터 각 소유자가 동일하지 않으므로 법정지상권이 성립할 수 없다. 토지 가액과 건물 가액이 열 배 이상 차이나는 데다 법정지상권까지 불성립해서 낙찰자 입장에서는 시도해볼 것이 많은 물건이다. 게다가 이 물건은 이장이 반드시 사들일 가능성도 농후해 보인다. 고가 비닐하우스를 유지하기 위해서는 이 토지가 반드시 필요하기 때문이다.

토지를 낙찰받은 후 등기를 마칠 때까지 어떤 움직임도 없어 내용증명을 발송하려고 했다. 그러나 누구에게 보낼 것인지가 문제였다. 온실이 나ㅇ교 소유일 것이라는 건 입찰하기 전에 있었던 추측의 산물에 불과했고, 비록 그 추측이 맞아 떨어질지라도 추측만으로 보낼 수는 없었다. 또한 주소도 알아야 하는 등의 이유로 정확한 확인이 필요했다.

현장답사를 통해 탐문한 결과 그 추측이 틀리지 않았다는 것을 알 수 있었고, 면사무소에 문의해서 이장인 나ㅇ교의 주소까지 알아낸 후 부당이득금의 청구와 시설물의 철거를 요구하는 내용증명을 발송했다.

여보세요, 귀농하려 합니다

농촌지역 토지와 관련해서 시세 파악이나 법정지상권 성립 여지 있는 물건의 현황 파악을 위해서 직접 현장으로 가서 알아보는 것도 중요하다. 그러나 지역이 멀거나 입찰 금액이 비교적 소액일 경우 항상 답사를 다니면서 조사한다는 것은 비용과 시간 측면에서 바람직하지 않다. 그럼 어떻게 할 것인가. 종종 한 지역 물건을 다수 모아서 한꺼번에 답사 다니는 것을 고려할 수도 있지만 그 역시 만만한 일은 아니다. 따라서 면사무소 등에 전화를 걸어 동네 이장이나 부녀회장을 수소문해 그 사람들과 통화하는 것으로 조사나 답사를 대신해보자. 전화 걸기가 부담스럽다는 사람들을 위해 귀띔하자면 귀농 구실을 대면 의외로 고급 정보를 얻을 수 있다. 혹시 정보를 얻기 위해 일을 꾸민다는 생각도 할 수 있겠으나 물건을 낙찰받으면 그 동네에 토지나 집을 소유하게 되므로 완전히 없는 말은 아니니 크게 부담스러울 이유는 없다고 본다.

내용증명서를 보내고 우체국 우편조회를 통해서 누가 받았는지 확인한 결과 이장이 직접 받았음을 알 수 있었다.

발송인/수취인 정보		❶ 제한표시에 대한 근거
발송인	김*규	마스킹(*) 해제 조회
수취인	나*교	

조회결과

등기번호	우편물종류	취급구분	배달결과	
	통상	익일특급	2014.05.30	배달완료

　이후 이장에게서 전화가 걸려왔다. 정확히 말하자면 이장의 대변인이라고 하는 사람에게서 왔다. 그 사람이 주장하는 요지는 정부보조금을 받아서 이장이 직접 지었기 때문에 불법 건물은 아니라서 철거할 수 없고, 지료는 그 동네 토지가 일 년에 쌀 한 가마니라서 월 만 원밖에 줄 수 없다는 것이었다.

　어디서든 목소리 크고 남 일에 간섭하며 발 벗고 나서는 사람들이 있다. 특히 법률이나 행정적으로 꼬인 상황이 있으면 어김없이 나타나서 해결을 자처하기도 한다. 이 사건의 대변인도 그런 사람이었다. 그런데 이런 사람들의 문제는 아는 것은 많을 수 있지만 정확히 알지는 못한다는 점이다. 이 사람은 불법이라는 말에 집중해서 왜 불법인지를 강력히 항변하기 위해 정부보조금을 받았다는 사실을 끌어들였다. 그리고 정부보조금을 받았기 때문에 국가가 하는 일이고 따라서 철거가 되지 않는다는 생각이 저변에 깔려 있었다. 그러나 개인적인 용도든 마을 공동의 이익을 위해서든 어떤 시설의 설치를 위한 보조금을 지급할 때 반드시 그 소유자 명의의 토지 위에 설치할 것을 요건으로 정하지는 않는다. 그리고 이장이 보조금을 받아 지었다는 것은 온실은 이장의 소유이고, 토지는 구옥○의 소유로 토지 소유자와 건물 소유자가 일치하지 않아 법정지상권이 성립하지 않음을 스스로 뒷받침하는 것이나 다를 바 없다.

내용증명은 민법상의 불법을 말했던 것이지 행정이나 형법상의 불법을 말하지는 않았는데, 이 사람은 그 포인트를 잘 맞추지 못했다. 물론 그 맞추지 못한 포인트 덕에 법정지상권이 성립하지 않는다는 근거를 더 단단히 할 수 있어 반갑기는 했지만 내용증명 답변을 들을 때 안타깝다는 생각이 드는 건 어쩔 수 없었다. 대화는 계속해서 제3자를 통해서 이뤄졌고 주장의 폭은 시간이 지나도 줄어들지 않았다. 제3자를 제외한 당사자 간의 대화도 필요하고, 더 이상 발전이 없는 상태에서 머무는 것은 시간낭비만 더해질 뿐이므로 법원에 소를 제기했다. 소의 종류는 '건물 등 철거 및 토지 인도 청구의 소'다.

3 건물 등 철거 및 토지 인도 청구의 소장 작성과 제출

소장은 다음과 같이 작성했다. 법원에 직접 방문해서 문서를 제출할 수도 있겠지만 전자소송 사이트(http://ecfs.scourt.go.kr)를 이용해서 제출할 수도 있다. 몇 가지 제출 절차를 익혀서 사용한다면 전자소송 사이트를 이용하는 것이 여러모로 편리하다.

소장

원고 : ○○○(주민등록번호 :　　　　　　 －　　　　　)

경기도 성남시 분당구

(휴대전화 : 010-○○○○-○○○○, 이메일 :　　　　　)

피고 : 나○교

충남 보령시 ○○면 ○○리

건물 등 철거 및 토지 인도 청구의 소

청구취지

1. 피고는 원고에게 별지목록 기재 토지의 별지도면상의 1, 2, 3, 4, 1 각 점을 순차직선으로 연결한 선내 (가)부분의 온실 약 1,314㎡를 철거하고 2014년 5월 ○○일부터 위 토지의 인도 완료 시까지 매월 금 129,327원을 지급하라.

2. 소송비용은 피고의 부담으로 한다.

3. 제1항은 가집행 할 수 있다.

라는 판결을 구합니다.

청구원인

1. 원고는 충청남도 보령시 ○○면 ○○리 32-5 답 2,042㎡를 2014. ○.○ 귀 원 2013타경○○○○호 부동산 임의 경매 사건 매각절차에서

낙찰받아 2014. ○. ○. 잔금을 납부하고 대전지방법원 보령등기소 접수 번호 제 ○○○○호로 소유권 이전등기를 경료함으로써 소유권을 취득했습니다(갑제1호증 - 토지등기부등본).

2. 피고는 아무런 법적 권원 없이 원고의 소유인 별지기재 토지 약 2,042㎡를 점유해서 그 중 별지도면 상의 1, 2, 3, 4, 1 각 점을 순차직 선으로 연결한 선내(가) 부분의 온실 약 1,314㎡를 사용·수익하고 있습니다(갑제2호증 - 감정평가서).

3. 피고는 현재 별지기재 토지에 관해서 아무런 권리를 가지고 있지 않습니다. 피고가 위 온실이 있는 부분 및 토지를 점유하고 있으므로 원고는 피고의 점유에 의해서 소유권을 침탈당하고 있습니다.

4. 원고는 피고가 원고의 승낙 없이 원고 소유 토지상에 온실을 축조해서 위 토지를 불법으로 사용함으로써 별지기재 토지를 사용하지 못하고 있는바 원고가 위 토지를 제3자에게 임대했을 경우 그 임대료로 매월 금 129,327원의 수익을 얻을 수 있는데 이를 피고가 사용함으로 인해 피고는 매월 위 금원에 해당하는 부당이득을 취하고 있다 할 것입니다. 부당이득금의 산출근거는 위 토지는 현재 답으로 사용하고 있고 인근 답의 감정지가는 ㎡당 19,000원이고 면적 2,042㎡를 감안하면 금 38,798,000원입니다. 지료를 산정하기 위한 기준으로 감정평가협회에서 감정사들이 참고로 하는 자료인 '토지보상평가지침'의 별표 7의 2 기대이율 적용기준율 표에 따르면 이 건은 '농지'로서 경작여건이 좋은 수익성 농지로 사용되므로 연 4%를 적용할 수 있는바, 토지의 가격은 38,798,000원이며, 앞에서 살펴본 토지보상평가지침상 기대이율 4%

를 적용하면, 지료는 연 1,551,920원이며 매월 금 129,327(38,798,000×4%/12)원이 됩니다. 자세한 금액은 추후 감정신청을 통해서 감정결과를 토대로 재신청하도록 하겠습니다.

5. 그렇다면 피고는 원고에게 별지기재 토지상에 있는 온실을 철거해서 위 토지를 인도하고, 부당이득금 월 금 129,327원을 반환할 의무가 있다 할 것인데 원고가 수차 그 이행의 요구를 위해 연락을 취했으나 이에 응하지 않으므로 원고는 청구취지 기재와 같은 판결을 구하기 위해서 이건 소의 제기에 이른 것입니다. 끝으로 원고는 가급적 원·피고 간에 원만한 합의가 이뤄지기를 원하며 빠른 시간 내에 본 사건이 종결되기를 원합니다.

입증방법

1. 갑제1호증 – 토지등기부등본
2. 갑제2호증 – 감정평가서

첨부서류

1. 토지대장등본

2014. ○ ○. ○ ○
원고 ○ ○ ○

성남지원 귀중

별지목록

충청남도 보령시 ○○면 ○○리 32-5 2,042㎡

별지도면

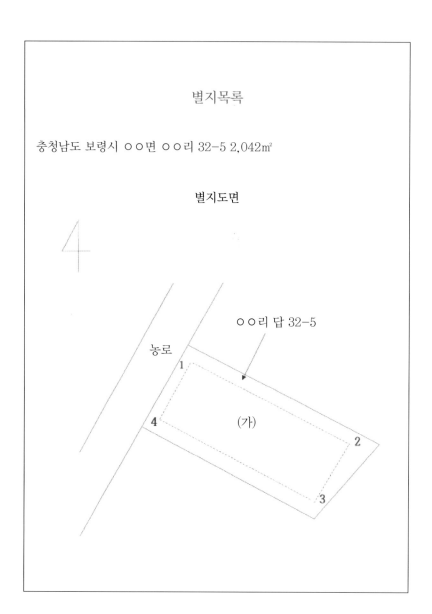

민사소송법 제249조는 소장의 기재사항에 관한 조문인데 그 ①항에는 '소장에는 당사자와 법정대리인, 청구의 취지와 원인을 적어야 한다'라고 규정하고 있다. 당사자는 원고와 피고이므로 주소를 포함해서 소장의 제일 앞머리에 기재했다.

청구취지는 어떠한 재판을 구할 것이며 재판을 통해 얻으려는 목적이 무엇인지를 밝혀주는 것이다. 이 소송을 통해서 얻으려는 것은 토지 위에 자리 잡고 있는 건물 등의 철거와 그때까지 그 건물 때문에 상대방이 얻은 이득의 반환이므로 그에 대한 사항을 간략하게 적어둔다. 그리고 철거와 관련한 대상의 특정이 중요한데 건물의 각 꼭짓점을 연결한 숫자로 정해준다. 사각형 건물이므로 그 숫자는 1, 2, 3, 4, 1과 같이 적어둔다. 주의할 것은 건물 꼭짓점이 네 개라고 해서 끝부분의 1을 생략해서 1, 2, 3, 4까지만 기재해서 마무리하면 안 된다는 점이다. 네 귀퉁이의 벽면 중 한 벽면이 없는 디귿자 건물도 1, 2, 3, 4로 지정할 수 있어 벽면의 세 부분만 철거해 달라는 것인지 네 부분 모두 철거해 달라는 것인지를 알 수 없기 때문이다. 숫자의 끝을 달아 줘야 한다는 말이다.

피고 때문에 소송을 제기했고 돈도 들어갔으므로 소송비용은 피고 부담으로 한다는 것도 구하고, 가집행을 할 수 있다는 것도 구한다. 가집행을 구하는 것이 특히 중요한 이유는 판결만 있고 이행을 하지 않을 시 강제할 수 있는 후속 조치가 없으면 판결은 휴지조각이 될 우려가 있기 때문이다.

청구원인은 법원에 소를 청구하게 된 원인을 밝혀주는 것이다. 왜 철거를 구하게 됐는지 그 근거와 그를 뒷받침하는 사실이 무엇인지 설명하고 상대방이 부당이득금을 왜 지급해야 하는지에 대한 근거도 언급한다. 법원이 청구취지만 근거로 판단 내려줄 것을 기대하기는 어렵기 때문이다. 이를 바탕으로 작성한 청구원인은 원고의 소유권 취득경위를 토지등기부등본을 근거 삼아 밝히고 있고, 피고가 어떻게 원고의 소유권을 침해하는지 적시한 후에 부당이득금의 산출근거 및 철거 당위성에 대해서 말하고 있다. 그리고 마지막에 피고와 원만한 합의를 원한다는 내용이 있다. 소송이 아니면 해결할 수 없어 부득이 이 단계까지 왔지만 이 일이 원인이 돼 피고와 원수지간이 될 필요는 없기 때문이다.

첨부서류는 토지대장을 제출한다. 토지대장이 필요한 이유는 토지대장 끝 부분에 토지 개별공시지가가 들어 있기 때문이다. 개별공시지가는 소가를 계산할 때 필요하다.

청구취지에는 별지라는 문구가 많이 등장한다. 별지목록과 별지도면 등이 그것이다. 마지막에 별지가 무엇인지 밝혀준다. 별지는 부동산 소재지와 면적, 철거대상의 지정에 관한 것이다. 소재지와 면적은 별지목록에 작성하고, 철거대상의 지정은 별지도면에 그려서 작성한다. 전자소송 사이트를 이용해서 제출할 때 순서에 입각해서 하나씩 기입해야 되고, 그렇게 기입한 결과는 앞에서와 같이 같이 정리돼 나온다. 따라서 작성내용만 중요할 뿐 그 껍데기인 형식 자체는 그리 신경 쓸 필요가 없다. 그러나 법원에 직접 방문해서 접수할 경우에는 어떤 형식으로 가야 할지 헷갈리기도 한다. 그럴 때는 전자소송 사이트가 깔끔히 정리해준 앞의 형식을 참고해서 작성하면 된다.

필승소장

철거소송 관련해서 제출한 이 소장을 우리는 '필승소장'이라고 부른다. 당사자와 일이 꼬였을 때 이 소장을 당사자와 부동산 소재지, 면적 등 그때그때 사건에 적용시킬 간단한 사항만 바꿔 계속해서 사용했다. 누가 봐도 간결하고 쟁점을 알기 쉽게 써놨기 때문이다. 그리고 서울중앙지방법원에서 소장 작성 지침을 제시한 적 있는데 그 중에는 소장 내용이 3쪽을 넘어가지 않을 것을 권고하는 내용도 있다. 필승소장은 아무리 길게 써봐야 2쪽을 넘지 않아 그 기준에서 보면 상당히 모범적이다. 그래서 그런지 이 소장을 가지고 가서 한 번도 져 본 적 없다. 행여 사건 한두 개 이긴 것을 가지고 자랑한다는 말을 들을까 봐 하는 말인데, 이 소장을 가지고 승소한 사건은 대충 떠오르는 것만 해도 40개가 넘는다.

4 멀리 있는 피고는 피곤하다, 관련재판적

원고는 경기도 분당에 주소지를 두고 있고 철거대상 건물은 충남 보령에 있다. 이와 관련해서 알아둬야 할 것은 관련재판적이다. 관련재판적은 민사소송법 제25조에 규정돼 있다.

제25조 (관련재판적)

① 하나의 소로 여러 개의 청구를 하는 경우에는 제2조 내지 제24조의 규정에 따라 그 여러 개 가운데 하나의 청구에 대한 관할권이 있는 법원에 소를 제기할 수 있다.

② 소송 목적이 되는 권리나 의무가 여러 사람에게 공통되거나 사실상 또는 법률상 같은 원인으로 말미암아 그 여러 사람이 공동소송인으로서 당사자가 되는 경우에는 제1항의 규정을 준용한다.

간단히 정리하면 하나의 사건에 여러 개의 청구가 있을 때 하나의 청구는 피고의 관할이고, 또 하나의 청구는 원고의 관할일 때, 원고는 자신이 사는 곳을 관할하는 법원에 그 사건을 청구할 수 있다는 것이다. 건물 철거에 관한 하나의 사건에 건물 철거만을 구하는 하나의 청구만 있다면 재판의 관할은 홍성법원이 될 것이다. 한편 금전 청구사건의 관할은 금전 청구를 구하는 원고의 주소지로 지정할 수 있다. 이는 '지참채무의 원칙' 때문이다. 지참채무의 원칙은 채무자는 돈을 가지고 채권자에게 가서 갚아야 한다는 것이다. 이에 따라 금전의 청구는 분당 관할 법원인 성남법원에 제기할 수 있다.

이 두 가지의 청구, 즉 건물 철거와 금전 청구를 합해서 하나의 사건으로 소를 제기한다면 관할 법원은 어디로 될 것인가. 관련재판적의 규정상 성남법원 관할로 할 수 있다는 결론을 내릴 수 있다. 물건지인 홍성법원으로 하지 않고 성남법원을 관할로 하는 것은 여러 가지 이점이 있는데 그 중 가장 큰 이점은 충남 보령에 있는 피고가 자신을 변호하러 경기도 성남까지 와야 하기 때문에 조금이나마 심리적 부담감을 안게 되는 것이다. 간혹 먼 거리 때문에 재판기일에 불출석해서 원고의 주장대로 판결이 확정되는 것도 노려볼 수 있다.

물론 관할은 판사의 재량사항이다. 제25조 ①항에 '할 수 있다'라는 문구가 그것을 말해준다. 재량사항이므로 성남법원에 소를 제기했다고 할지라도 판사의 판단에 따라 이 사건을 홍성법원에 이송해버릴 수도 있다. 그렇다고 해도 제출법원은 원고가 사는 주소지인 성남법원으로 정하는 것이 좋다.

청구소장을 제출한 뒤 성남법원에서 휴대전화로 조정기일을 알리는 안내 메시지가 왔다. 전자소송으로 소를 제기하면 이렇게 변동사항이 있을 때마다 휴대전화 메시지가 온다. 물론 메시지뿐만 아니라 동일 내용을 우편물과 이메일로도 받아볼 수 있다.

그런데 재판기일이 있을 것으로 예상했는데 조정기일이 잡혀서 의외였다. 소장 마지막에 원만한 해결을 위한 합의를 제안했는데 그것 때문인지 알 수 없는 일이지만 법원은 조정기일을 먼저 잡았던 것이다. 조정이 결렬되면 다시 재판기일을 잡게 될지도 모를 일이었다. 성남법원에서의 조정은 피고의 불참으로 결렬됐다. 조정이 결렬된 다음 홍성지방법원으로의 관할 이관이 있었다. 관할은 판사의 재량이라는 조항을 충실히 이행한 셈이지만, 조정은 자신들의 몫으로 하고 그것이 결렬되자 홍성법원으로 던지듯 이관한 것은 왠지 모르게 기분이 그랬다. 물론 조정은 상대적으로 간단한 것이고 재판은 절차상 손이 많이 가기 때문에 일이 많은 법원의 어쩔 수 없는 선택이고, 조정의 기회를 줬다는 것만 해도 고마운 일이기는 하지만 말이다.

이후 참여한 홍성의 법정에서 판사는 원고에게 대상 토지 위에 건물이 한 채인지 두 채인지 정확한 구분이 되지 않는다고 말했다. 당사자가 봐도 헷갈리던 참이었는데 판사는 그 점을 예리하게 짚었다. 두 채처럼 보이는 한 채라고 발언하자 판사는 측량감정을 신청하라고 했다. 한 채를 철거하라는 결정을 내려야 할지 두 채를 철거하라는 결정을 내려야 할지 헷갈린다는 이유였다. 결국 철거는 해줄 테니 면적을 특정하라는 의미였다.

측량감정을 신청하겠다는 말과 덧붙여 판사에게 조정에 회부해줄 것을 다시 한 번 부탁했다. 성남법원에서는 피고가 불참해서 조정이 결렬됐지만 이번에 참여한 피고의 태도로 볼 때 다시 잡은 조정기일에는 참여할 수 있을 것으로 봤기 때문이다. 그리고 조정이 성사되면 측량감정을 안 해도 되기 때문에 비용을 절감할 수도 있다. 판사는 그 말을 받아 피고에게 조정의향을 물어봤다. 그러나 피고는 조정을 거부했다. 조정 제의를 거절하면서 주장한 사유는 ① 2억 원 넘는 건물의 철거는 사회적 낭비이며, ② 정부보조금을 받아서 지었으므로 합법 건물이고, ③ 토지 소유자에게 건축 허락을 받았으니 철거불가라는 거였다.

5 감정신청서의 작성양식과 접수방법

감정신청은 법원에 비치돼 있는 신청서의 빈칸을 채워서 접수해도 되고 전자소송 사이트를 이용해서 접수해도 된다. 접수한 감정신청서는 다음과 같다(첨부서류로 별지가 있는데, 그 별지는 소장을 제출할 당시의 별지도면과 동일하다).

감정신청서

사 건 : 2014가단○○○건물 등 철거 [담당재판부: 민사2단독]

원 고 : ○○○

피 고 : 나○교

　　　위 사건에 관해서 원고는 다음과 같이 감정을 신청합니다.

감정의 목적

철거대상 목적물의 특정.

감정의 목적물

충남 보령시 ○○면 ○○리 32-5 답 2,042㎡

감정사항

별지목록 기재 토지의 별지도면상의 1, 2, 3, 4, 1 각 점을 순차직선으로
연결한 선내 (가)부분의 유리온실의 면적 및 유리온실의 갯수에 대한 측
량감정.

첨부서류

1. 별지.

2014. 11. 10
원고 ○○○

대전지방법원 홍성지원 귀중

측량을 마친 며칠 후 재판기일이 다시 잡혔다. 피고에 대해 답
변할 내용과 판사가 물어볼 가능성이 있는 질문에 대해 예상 답안
지를 적어 놓고 꼼꼼히 체크하며 준비를 했다. 그러나 피고는 불
참했다. 피고의 불참에 따라 판사는 이 사건을 종결한다는 말과
함께 선고기일을 지정했다.

6 건물 철거소송의 판결문

선고기일에 당사자는 참석해도 좋고 안 해도 상관은 없다. 선고기일을 지정하면서 판사는 그날 참석하지 않아도 된다는 말을 전해준다. 선고결과는 대법원 홈페이지에 접속해서 대국민서비스 항목의 사건검색을 열면 볼 수 있는 나의 사건검색을 확인하면 된다(http://www.scourt.go.kr).

기본내용			청사배치
사건번호	2014가단	사건명	[전자] 건물등철거
원고	김 규	피고	나 교
재판부	민사2단독		
접수일	2014.09.15	종국결과	2015.02.11 원고일부승
원고소가	3,001,740	피고소가	
수리구분	수이송	병합구분	없음
상소인		상소일	
상소각하일		보존여부	기록보존됨

결과는 원고 일부 승이었다. 일부 승인 이유는 부당이득금에 관해서 법원이 인정하지 않았기 때문이다. 부당이득금을 산정하려면 법원에 따로 임료감정신청을 해야 하는데, 측량감정을 요구하는 법원의 태도에서 철거판결이 나올 것을 예상했고, 실질적으로 받아야 할 부당이득금보다 감정신청비가 더 나올 것 같아서 신청을 포기했다. 부당이득금 산정 근거가 없으니 그 부분은 기각시킨 것이다. 판결문은 다음과 같다(측량감정 결과 점유 부분은 1,314㎡에서 1,353㎡임이 밝혀짐).

대전지방법원 홍성지원
판결

사건 : 2014가단○○○건물 등 철거

원고 : ○○○

경기도 성남시 분당구

피고 : 나○교

충남 보령시 ○○면 ○○리

변론 종결 : 2015. 1. 28

판결 선고 : 2015. 2. 11

주문

1. 피고는 원고에게 충남 보령시 ○○면 ○○리 32-5 답 2,042㎡ 중 별지도면 표시 1, 2, 3, 4, 1의 각 점을 순차로 연결한 선내 (가)부분 1,353㎡ 지상의 온실을 철거하라.

2. 원고의 나머지 청구를 기각한다.

3. 소송비용 중 1/2은 원고가, 나머지는 피고가 각 부담한다.

4. 제1항은 가집행할 수 있다.

청구취지

주문 제1항 및 피고는 원고에게 2014. 5. 27부터 주문 제1항 기재 토지 인도 시까지 월 129,327원의 비율에 의한 금원을 지급하라.

이유

1. 청구원인에 관한 판단

원고가 충남 보령시 ○○면 ○○리 32-5 답 2,042㎡(이하 '이 사건 토지'라 한다)에 관한 대전지방법원 홍성지원 2013타경9○○, 9○○호 부동산 임의 경매 절차에서 2014. 5. 22 이 사건 토지를 경락받은 사실, 피고가 이 사건 토지 중 별지도면 표시 1, 2, 3, 4, 1의 각 점을 순차로 연결한 선내 (가)부분 1,353㎡ 지상에 온실(이하 '이 사건 온실'이라 한다)을 설치한 사실은 당사자 사이에 다툼이 없거나 갑제1호증, 이 법원의 대한지적공사 대전·충남본부 보령시지사에 대한 측량감정촉탁 결과에 변론 전체의 취지를 종합해서 인정할 수 있으므로, 피고는 특별한 사정이 없는 한 이 사건 토지의 소유자인 원고에게 이 사건 온실을 철거할 의무가 있다.

한편, 원고는 2014. 5. 27부터 피고가 이 사건 토지를 원고에게 인도할 때까지 월 129,327원의 비율에 의한 금원을 부당이득반환으로 구하나, 갑제2호증의 기재만으로는 피고가 이 사건 토지 중 이 사건 온실의 대지 부분을 점유해서 얻은 차임 상당의 부당이득이 월 129,327원이라는 점을 인정하기에 부족하고, 달리 이를 인정할 증거가 없으므로, 원고의 이 부분 주장은 이유 없다.

2. 피고의 주장에 관한 판단

피고는 이 사건 토지의 전 소유자로부터 이 사건 토지에 관한 영구사용 승인을 받았을 뿐만 아니라, 원고의 이 사건 온실 철거청구는 권리남용에 해당하므로, 원고의 주장은 배척돼야 한다고 주장한다.

살피건대, 피고의 주장과 같이 피고가 이 사건 토지의 전 소유자로부터 이 사건 토지에 관해서 영구사용승인을 받았다는 점을 인정할 증거가 없고, 가사 영구사용승인을 받았다고 하더라도 이를 이유로 이 사건 토지의 새로운 소유자인 원고에게 당연히 대항할 수 있다고 보기에도 어려우며, 한편 원고의 철거청구가 오직 피고에게 고통을 주고 손해를 입히려는 데 있을 뿐 원고에게 아무런 이익이 없고, 그 권리행사가 사회질서에 반한다는 점을 인정할 증거가 없으므로, 피고의 위 주장은 이유 없다.

3. 결론

그렇다면 피고는 원고에게 이 사건 온실을 철거할 의무가 있으므로, 원고의 이 사건 청구는 위 인정 범위 내에서 이유 있어 이를 인용하고, 나머지 청구는 이유 없어 이를 기각한다.

판사 안○○

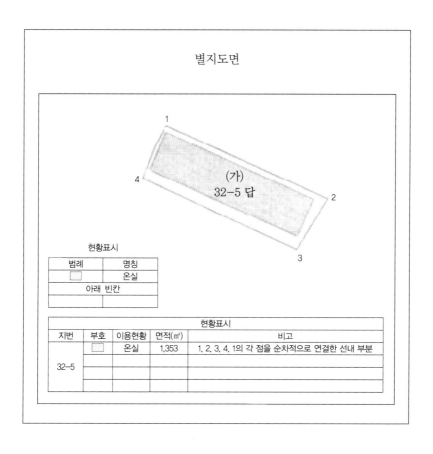

별지도면

현황표시

범례	명칭
☐	온실
아래 빈칸	

현황표시

지번	부호	이용현황	면적(㎡)	비고
32-5	☐	온실	1,353	1, 2, 3, 4, 1의 각 점을 순차적으로 연결한 선내 부분

　피고는 왜 철거가 돼 마땅한지를 판결문을 통해서 알게 됐고, 철거되지 않기 위해서는 그동안 펼쳤던 강한 주장을 꺾을 수밖에 없었다. 법무사 사무실에서 원고와 피고가 서로 만나서 계약을 하는 것으로 이 사건은 종결됐다.

REAL ESTATE

소액 10

건물을 저렴하게 사들여
수익을 얻는 방법

토지와 건물이 동일인 소유에 속했다가 둘 중 하나가 매매 등으로 소유자가 갈렸을 때, 건물 소유자는 지상권을 획득하고 그에 따라 건물은 철거되지 않는다. 판례가 인정하는 관습상 법정지상권의 논리다. 이에 착안해서 제시외건물 소유자인 피고는 건물 철거를 피하기 위해서 본인 소유의 건물이 아니고 토지의 전 소유자가 직접 지은 건물이라고 주장할 때가 있다. 토지와 건물 소유자가 동일하면 철거되지 않기 때문이다. 법원 현황조사서나 기타 정황증거들이 원시적 건물 소유자는 피고가 맞다고 하는데도 말이다. 정황증거만으로 올바른 판결을 얻어낼 수 없으니 참으로 답답할 노릇이다. 이런 주장에 대해서는 어떻게 대응해야 할 것인가.

1 입지조건은 다홍치마

누가 사갈 것이고 누구에게 팔 것인지가 대부분 정해져 있어 법정지상권 성립 여지 있는 물건의 입지조건은 크게 중요하지는 않다. 그러나 이왕이면 다홍치마라는 말이 있듯 입지조건까지 좋으면 구미가 당기지 않을 수 없다. 비록 지방의 작은 읍내지만 농공단지와 인접해 있고 바로 앞에 고속도로 관련 시설이 있으며 지방도로가 잘 뚫려 있는 그런 곳에 토지만 매각물건이 나왔다.

　한눈에 보기에도 뭔가 변화가 생길 것만 같은 곳에 자리 잡고 있다. 게다가 계획관리지역이다.

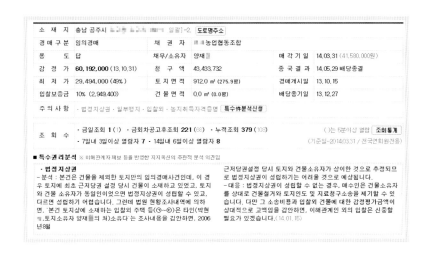

소 재 지	충남 공주시 [　　　　] 일괄]-2. 도로명주소				
경매구분	임의경매	채 권 자	■■ 농업협동조합		
용　　도	답	채무/소유자	양재■	매 각 기 일	14.03.31 (41,580,000원)
감 정 가	60,192,000 (13.10.31)	청 구 액	43,433,732	종 국 결 과	14.05.29 배당종결
최 저 가	29,494,000 (49%)	토 지 면 적	912.0 ㎡ (275.9평)	경매개시일	13.10.15
입찰보증금	10% (2,949,400)	건 물 면 적	0.0 ㎡ (0.0평)	배당종기일	13.12.27
주 의 사 항	·법정지상권 ·일부맹지 ·입찰외 ·농지취득자격증명 특수#분석신청				
조 회 수	·금일조회 1 (1) ·금회차공고후조회 221 (88) ·누적조회 379 (103)		( )는 5분이상 열람 조회통계		
	·7일내 3일이상 열람자 7 ·14일내 6일이상 열람자 8		(기준일-2014.03.31 / 전국연회원전용)		

■ 특수권리분석 ※ 이해관계자 제보 등을 반영한 지지옥션의 주관적 분석 의견임

· **법정지상권**
- 분석 : 본건은 건물을 제외한 토지만의 임의경매사건인데, 이 경우 토지에 최초 근저당권 설정 당시 건물이 소재하고 있었고, 토지와 건물 소유자가 동일인이었으면 법정지상권이 성립할 수 있고, 다르면 성립하기 어렵습니다. 그런데 법원 현황조사내역에 의하면, '본건 토지상에 소재하는 입찰외 주택 등(ⓑ~ⓒ)은 타인(박현■ ■ 토지소유자 양재■ 의 처)소유다'는 조사내용을 김안하면, 2006년 8월

근저당권설정 당시 토지와 건물소유자가 상이한 것으로 추정되므로 법정지상권이 성립하기는 어려울 것으로 예상됩니다.
- 대응 : 법정지상권이 성립할 수 없는 경우, 매수인은 건물소유자를 상대로 건물철거와 토지인도 및 지료청구소송을 제기할 수 있습니다. 다만 그 소송비용과 입찰외 건물에 대한 감정평가금액이 상대적으로 고액임을 감안하면, 이해관계인 외의 입찰은 신중할 필요가 있겠습니다.(14.01.15)

　912㎡의 감정가는 6,000여 만 원(지상건물 때문에 제한받는 토지의 가치를 감안해서 평가한 제시외감안 가격임. 감안 이전 평가액은 8,000여 만 원)으로 평당 가격으로 환산하면 218,000원 정도다. 그림으로 보는 것보다는 그 감정가가 그다지 높지 않다. 그리고 최저가는 높지 않은 감정가에서도 한참 떨어져 3,000만 원도 안 된다. 지상의 허름한 건물 때문에 떨어졌을지도 모를 일이다. 오를 것만 같은 지역의 토지가 저렴한 것도 감지덕지한 마당에 어떤 이유에서인지 그에 덧붙여 반 토막까지 났으니 더 좋아 보일 수밖에 없다. 이런 토지는 지상건물주에게 팔 수도 있지만 그게 내 마음과 같지 않을 때 건물을 깨끗이 없애버린 후 감정가 또는 그 이상의 가격에 내놔도 누군가는 가져간다. 해볼 것이 많은 물건인 것이다. 건물을 깨끗이 밀기 위해서는 명분이 필요한데, 확실한 명분은 법정지상권이 성립하지 않는다는 것에서 찾을 수 있다. 그렇다면 이 같은 미래의 계획을 위해서나 또는 일어날지도 모를 분쟁에 대해서 미리 준비하자는 차원에서 법정지상권 성립 여부 판단은 지나칠 수 없는 일이다.

| 4 | 근저당권설정 | 2006년5월11일
제26911호 | 2006년5월11일
설정계약 | 채권최고액 금40,000,000원
채무자 양재ㅇ
공주시 ㅇㅇㅇ
근저당권자 ㅇㅇ농업협동조합 161236-ㅇㅇㅇㅇㅇ
공주시 ㅇㅇㅇ ㅇㅇㅇ |

토지등기부등본에서 농협의 2006년 근저당권설정을 찾아볼
수 있다. 근저당권설정 당시 건물이 있었는지에 따라 법정지상권
성립 여부는 달라진다. 건물의 건축년도를 살피려 했지만 토지등
기부등본은 물론 건축물 대장조차 찾아볼 수 없었다. 위성사진은
2008년도부터 다음이나 네이버를 통해서 제공했으므로 2006년에
건물이 있었는지 없었는지 알 수도 없다. 다만 한 가지 기대할 것
은 법원이 제공하는 현황조사서다.

부동산 현황

목록 1, 2번 – 2필지 일단지의 토지로서 공부상 지목은 답이나 현황은 주택
및 공장(종합씽크) 건부지로 이용하고 있음.

3. 기타 현황

　1) 목록 1, 2번 양지상에 박현ㅇ 소유의 제시외.
　　㉠ 경량철골조 판넬지붕 주택.
　　㉡ 경량철골조 판넬지붕 공장 및 창고.
　　㉢ 경량철골조 썬라이트지붕 비가림시설 건물 있음.
　2) 위 제시외건물 소유자 박현ㅇ은 토지 소유자 양재ㅇ의 처임.

제시외건물 소유자는 박현ㅇ이라는 문구가 있다. 토지 소유자는 경매 당하는 양재ㅇ인 반면 건물 소유자는 박현ㅇ인데 이대로라면 토지 소유자와 건물 소유자가 다른 경우에 속해서 법정지상권은 성립하지 않는다.

토지 바겐세일

지상에 건물이 단단히 서 있는 게 뻔히 보이는 상태에서 건물은 빼고 토지만 가져가라고 한다면 그 사람 뺨을 때릴 일이다. 건물이 없어지지 않는 한 토지를 정상적으로 사용할 수 없고 그만큼 가치가 떨어지기 때문이다. 말하자면 서울 한복판에 있든 시골구석 깊숙이 있든 그 자체로는 쓸모없는 땅이라는 것이다. 이에 법원은 그러한 사안을 감안해서 토지만 나온 물건이 있을 때 이른바 '제시외감안평가'라는 것을 해서 토지의 가격을 깎아 내린 후 경매 시장에 내놓는다. 건물 때문에 바겐세일을 하는 셈이다. 세일 폭은 법원마다 다르지만 30%까지 깎아서 내놓기도 한다. 이게 바로 경매, 특히 법정지상권의 매력이다. 바겐세일 해서 30% 깎인 가격에 첫 등장을 하지만 거기에 덧붙여 49%까지 유찰되는 물건도 있기 때문이다. 제대로 요리를 한다면 크게 남길 수 있는 물건들이다.

2 주소를 모를 때 활용하는 사실조회신청서 작성요령

세상에 내놓고 팔 것까지 내다봤으므로 재빠른 처리가 필요했다. 법원에서 잔금 납부 명령서가 오는 즉시 잔금을 납부하고 등기 촉탁 신청까지 완료한 후 건물주인 박현○에게 내용증명을 발송했다. 발송한 내용증명은 폐문부재가 돼 돌아왔고 몇 차례 보낸 것도 다를 바 없었다. 이에 건물 철거와 부당이득금을 청구하는 소장을 작성해서 법원에 제출했다.

피고 박현○이 내용증명을 계속 받지 않았으므로 피고의 특정과 관련된 문제가 생길 것이 염려돼 박현○이 건물 소유자라는 것을 언급한 법원의 현황조사서를 증거자료로 넣었다. 이 사건은 온라인 전자소송으로 접수했지만 오프라인 제출 소장은 다음과 같은 형식으로 작성한다. 특이점은 소장부본도 제출 서류 중에 들어간다는 것이다.

소장

원고 : ○○○

　　　서울 서초구 방배로

피고 : 박현○

　　　충남 공주시 ○○읍 ○○리 ○○○-○

건물 등 철거 및 토지 인도 청구의 소

청구취지

1. 피고는 원고에게 별지목록 기재 토지의 별지도면상의 10, 11, 12, 7, 6, 8, 9, 10 각 점을 순차직선으로 연결한 선내 (가)부분의 경량철골구조 판넬지붕 단층주택 약 120㎡, 7, 4, 5, 6, 7 각 점을 순차직선으로 연결한 선내 (나)부분의 경량철골구조 썬라이트지붕 단층 비가림시설 약 27㎡, 1, 2, 3, 4, 7, 12, 13, 1 각 점을 순차직선으로 연결한 선내 (다) 부분의 경량철골구조 판넬지붕 단층 창고 겸 공장 약 144㎡를 철거하고 2014년 4월 18일부터 위 토지의 인도 완료 시까지 매월 금 361,000원을 지급하라.

2. 소송비용은 피고의 부담으로 한다.

3. 제1항은 가집행할 수 있다.

　라는 판결을 구합니다.

청구원인

1. 원고는 별지목록 기재 토지를 2014. 3. 31. 귀 원 2013타경 ○○○○호 부동산 임의 경매 사건 매각절차에서 낙찰받아 2014. 4. 18. 잔금을 납부하고 대전지방법원 공주지원 등기소 접수번호 제○○○○호로 소유권 이전등기를 경료함으로써 소유권을 취득했습니다(갑제1호증의 1 내지 2-각 토지등기사항전부증명서).

2. 피고는 아무런 법적 권원 없이 원고의 소유인 별지기재 토지 약 912㎡를 점유해서 그 중 별지도면상의 10, 11, 12, 7, 6, 8, 9, 10 각 점을 순차직선으로 연결한 선내 (가)부분의 경량철골구조 판넬지붕 단층주택 약 120㎡와 7, 4, 5, 6, 7 각 점을 순차직선으로 연결한 선내 (나)부분의 경량철골구조 썬라이트지붕 단층 비가림시설 약 27㎡와 1, 2, 3, 4, 7, 12, 13, 1 각 점을 순차직선으로 연결한 선내 (다)부분의 경량철골구조 판넬지붕 단층 창고 겸 공장 약 144㎡를 현재까지 거주하면서 사용, 수익하고 있습니다(갑제2호증 - 사진, 갑제3호증 - 현황조사서).

3. 피고는 현재 별지기재 토지에 관해서 아무런 권리를 가지고 있지 않습니다. 피고가 위 주택과 비가림시설, 창고 겸 공장이 있는 부분 및 토지를 점유하고 있으므로 원고는 피고의 점유에 의해서 소유권을 침탈당하고 있습니다.

4. 피고가 원고의 승낙 없이 원고 소유 토지상에 주택과 비가림시설, 창고 겸 공장을 건축해서 위 토지를 불법으로 사용함으로써 별지기재 토지를 사용하지 못하고 있는바 원고가 위 토지를 제3자에게 임대했을 경우 그 임대료로 매월 금 361,000원의 수익을 얻을 수 있는데 이를 피고가 사용함으로 인해서 피고는 매월 위 금원에 해당하는 부당이득을 취하고 있다고 할 것입니다. 부당이득금의 산출근거는 귀 원 2013타경 ㅇㅇㅇㅇ호 부동산 임의 경매 사건 절차에서 ㈜ㅇㅇ감정평가법인 대전충청지사에서 평가한 감정평가서(감정평가서번호 : ㅇㅇ 1310-41-2ㅇㅇㅇㅇ호)의 법원 경매 감정가액을 기준으로 하면 금 86,640,000원입니다. 지료

를 산정하기 위한 기준으로 감정평가협회에서 감정사들이 참고로 하는 자료인 '토지보상평가지침'을 참고했습니다. 지침의 별표 7의 2 기대이율 적용기준율 표에 따르면 이 건은 인근 비교지를 감안해서 향후 '주택'과 '공장'으로서 사용될 예정이므로 연 5%의 기대이율이 적용돼 토지의 가격은 금 86,640,000원이며, 지료는 매월 금 (86,640,000 × 5%/12) = 361,000원이 됩니다. 자세한 금액은 추후 감정신청을 통해서 감정결과를 토대로 재신청하도록 하겠습니다(갑제4호증 - 감정평가서 사본).

5. 그렇다면 피고는 원고에게 별지기재 토지상에 있는 주택과 비가림시설, 창고 겸 공장을 철거해서 위 토지를 인도하고, 부당이득금으로 매월 금 361,000원을 반환할 의무가 있다 할 것인데 원고가 수차 그 이행의 요구를 위해서 연락을 취했으나 이에 응하지 않으므로 원고는 청구취지 기재와 같은 판결을 구하기 위해서 이 건 소의 제기에 이른 것입니다. 끝으로 원고는 가급적 원·피고 간에 원만한 합의가 이뤄지기를 원하며 빠른 시간 내에 본 사건이 종결되기를 원합니다.

입증방법

1. 갑제1호증 1 내지 2   각 토지등기사항전부증명서.
1. 갑제2호증   사진.
1. 갑제3호증   현황조사서.
1. 갑제4호증   감정평가서 사본.

기타 추후 제출하겠습니다.

첨부서류

1. 소장부본 1통.

1. 납부서 1통.

2014. 7. 10 .

위 원고 ○ ○ ○

서울중앙지방법원 귀중

별지부록

피고의 특정은 문제없이 넘어갔으나 다음과 같은 보정명령이 날아왔다. 내용은 예상한대로 주소를 보정하라는 것이었다(보정명령 중 발췌).

소장에 기재된 피고 박현ㅇ에 대해서 소장부본이 송달되지 않습니다.
[피고 박현ㅇ, 송달불능사유: 수취인불명]

주민번호 :
송달주소 : 충남 공주시 ㅇㅇ읍 ㅇㅇㅇㅇ길 27-1(ㅇㅇ리 ㅇㅇㅇ-3)

원고는 이 보정명령을 받은 날로부터 7일 안에 아래와 같은 요령으로 주소보정을 하시기 바랍니다. 송달료의 추가납부가 필요한 경우에는 주소보정과 함께 그 금액을 납부해야 합니다.
위 기한 안에 주소보정을 아니하면 소장이 각하될 수 있습니다(민사소송법 제255조 제2항 참조)

송달불능사유는 수취인불명이었다. 다시 보내면 받을 가능성이 있을지도 몰라 재송달 신청으로 주소보정해서 접수했다. 전자소송으로 진행한 사건이라 사이트에 접속해서 해결했다. 오프라인 소송도 빈칸 채우기는 마찬가지다. 보정양식은 따로 구해서 우편으로 법원에 부치거나 직접 방문해서 접수해야 하므로 온라인보다는 번거롭다.

소송서류정보 입력

주민등록표상 직권거주불명등록이전으로 표시된 경우는 그 직전 주소를 입력하시기 바랍니다.

서류명	주소보정서	
보정대상 구분	피고	예) 피고
보정대상 성명	박현○	예) 홍길동
주소변동여부	● 주소변동 없음	기존 송달 주소와 동일함
		우편번호찾기
	○ 주소변동 있음	※ 상세주소 표기 방법 : 동 호수 등 +(동명, 아파트/건물명) □ 주민정보요청동의 _____ 실명확인 _____ (안전행정부 주민정보망에 주소 조회가 요청됩니다.)
송달신청	☑ 재송달신청	기존 송달 주소와 동일한 주소로 다시 송달 (송달료) : 4,500 원
	□ 특별송달신청	□ 주간송달 □ 야간송달 □ 휴일송달 (특별송달료) : _____ 원 □ 기존 송달 주소와 동일한 주소로 다시 송달 □ 새로운 주소로 송달
	□ 공시송달신청	주소를 알 수 없으므로 공시송달을 신청함

정기적인 배편이 없는 일부 도서지역의 경우, 사선(私船)을 이용해서하여 송달료를 미리 확정할 수 없어 송달료 금액이 0원으로 표시됩니다. 금액이 확정된 후 송달료 추납요청이 있을 수 있으니 참고하시기 바랍니다.

　　재송달 신청에서도 역시 수취인불명을 사유로 해서 송달이 안됐으니 주소를 보정하라는 명령이 다시 떨어졌다. 몇 차례의 통고서도 폐문부재 등으로 송달이 되지 않았고 두 차례의 법원의 시도에도 송달이 되지 않은 상태로 봐 내릴 수 있는 결론은 하나밖에 없었다. 박현○은 이제 그곳에 살고 있지 않다는 것이었다. 답사를 갔을 때만 해도 사람은 만날 수 없었지만, 건물에 딸린 작업장 안에는 정리된 물품들이 보이고 작업의 흔적들이 남아 있어서 빈집은 아니었다. 그러나 경매로 매각이 된 전후에 어떤 사유에서든 이사를 갔던 것이다. 빈집에 100만 장의 소장을 보낸들 무슨 소용이 있을까. 주소변동을 사유로 해서 다시 한 번 주소보정서를 제출했다.

주소보정서

사건 : 2014가단5○○○ 건물 등 철거 [담당재판부: 민사2단독]

원고 : ○ ○ ○

피고 : 박현○

위 사건에 관해서 아래와 같이 피고 박현○의 주소를 보정합니다.

주소 변동 유무	☐ 주소변동 없음	종전에 적어낸 주소에 그대로 거주하고 있음		
	☑ 주소변동 있음	☐ 주민정보 요청 동의 : ○○○○○○-○○○○○○○ (행정안전부 주민정보망에 주소가 조회요청됩니다.)		
송달 신청	☐ 재송달신청	종전에 적어낸 주소로 다시 송달		
	☐ 특별송달신청	☐ 주간송달 ☐ 야간송달 ☐ 휴일송달		
		☐ 종전에 적어낸 주소로 송달 ☐ 새로운 주소로 송달		
	☐ 공시송달신청	주소를 알 수 없으므로 공시송달을 신청함		

2○○○. ○○. ○○

원고 ○ ○ ○

위와 같이 작성해서 제출하면 행정안전부 주민정보망에 주소가 조회요청된다는 말대로 현재까지 피고의 주소변동내역이 모두 적힌 주소보정서가 법원으로 전달된다. 법원은 이를 근거 삼아 새로운 주소로 송달한다. 그런데 심각한 문제가 발생했다. 피고의 주민등록번호를 알아야 이 단계를 거칠 수 있는 것이다. 대체 박현○의 주민등록번호를 어디 가서 찾는단 말인가.

소장에 쓸 수 있는 정확한 근거는 없지만 건물이 박현○의 소유임은 법원의 현황조사서에 기재된 것으로 봐서 틀림없었다. 책임 있는 기관인 법원이 지나가는 사람을 붙잡고 물어봤더니 건물 소유자가 박현○이라고 해서 그 말을 그대로 믿고 현황조사서에 올리지는 않았을 것이다. 어딘가에 법원만이 찾은 근거는 있을 터였다.

그러다가 재산세 납부에서 힌트를 얻었다. 등기가 돼 있지 않은 건물도 재산세는 낸다. 그렇다면 이 건물들에 대해서도 재산세가 부과되고 있을 것이고 누군가는 그 재산세를 내고 있을 것이다. 그 누군가는 박현○이 틀림없을 것이고, 공주시청은 재산세 납부자의 주민등록번호를 알고 있을 것이라는 결론에 이르렀다. 이에 법원을 통해서 공주시청 세무과에 사실조회신청을 했다. 법원 공문을 보내면 공주시청은 협조를 해줄 것으로 봤기 때문이다.

사실조회신청서는 취지와 목적 그리고 사실조회사항을 아래와 같이 기입해서 제출하면 된다.

사실조회신청서

사건 : 2014가단 5ㅇㅇㅇㅇ 건물 등 철거 [담당재판부: 민사2단독]

원고 : ㅇㅇㅇ

피고 : 박현ㅇ

위 사건에 관해서 주장사실을 입증하기 위해서 다음과 같이 사실조회를 신청합니다.

사실조회촉탁의 목적

피고 박현ㅇ의 주소가 불명해서 우편물 송달이 이뤄지지 않는바, 정확한 주소를 알기 위해서는 피고의 주민등록번호가 필요합니다. 공주시청은 박현ㅇ 소유의 이 사건 건물에 대해서 재산세를 부과하고 있을 것이므로 피고의 인적사항에 대한 자료를 보관하고 있을 것입니다.

목적: 피고의 현주소 파악을 통한 송달.

사실조회기관의 명칭 및 주소

명칭: 공주시청 세무과.

주소: (32552) 공주시 봉황로 1(봉황동, 공주시청).

사실조회사항

피고 박현○의 주소.

2014. ○○. ○○

신청인 ○○○

서울중앙법원 귀중

사실조회신청에 따라 공주시청 세무과에서 사실조회결과가 우편으로 왔다.

수신 : 수원지방법원 성남지원장(민사단독2과장)
(경유)
제목 : 사실조회신청 회신

1. 사건번호 2014가단5○○○○○(건물 등 철거)호와 관련입니다.
2. 재산세 납세자 박현○에 대해서 다음과 같이 회신합니다.

납세자	물건지	주민등록번호
박현○	○○읍 ○○리 ○○○-2	5○○○○○-2○○○○○

끝.

3 건물 소유자가 아니라는 피고의 주장에 관한 대처법

주소보정에 따라 소장부본이 피고에게 도달했다. 피고는 소장에 대해서 다음과 같은 답변서로 대응했다(피고 답변서 일부 발췌).

청구원인에 대한 답변

1. 원고의 권리부인
피고가 현재 소유하고 있는 이 사건 건물은 원고의 소유가 아니며 원고의 권리와 무관하므로 원고의 이 사건 건물 철거청구는 기각돼야 합니다.

2. 관습상 법정지상권에 기한 점유
피고는 위 건물을 1996년 소외 양재○으로부터 증여로 취득해서 그때부터 지금까지 공장 및 피고의 살림집으로 사용하고 있습니다.
따라서 피고의 대지 점유는 관습상법정지상권에 기한 당연한 권리이므로 원고의 철거청구는 기각돼 마땅한 것입니다(참조판례 대법원 96다 40080 판결 외 다수).

첫 번째 답변의 취지는 원고 소유의 건물이 아니니 원고가 철거 주장을 해서는 안 된다는 것이었다. 두 번째 답변은 토지 소유자 양재○으로부터 건물을 증여받았다는 내용인데, 이 주장대로라면 건물을 증여받기 이전에는 토지 소유자와 건물 소유자가 양재○으로 동일했다는 것이 된다. 그렇게 되면 피고는 관습상 법정지상권을 획득한다.

법원 현황조사서에 건물 소유자가 박현○이라는 것을 보고 입찰한 토지였다. 토지 소유자와 건물 소유자가 경매로 매각할 당시 다름을 주장해서 철거판결을 이끌 수 있겠다는 정도로 가볍게 봤던 물건이다. 철거요구에 대해서 피고가 관습상 법정지상권의 성립을 들고 나올 것이라는 생각은 전혀 하지 않았다. 예상하지 못한 반응이었다.

이에 대해서 일차적으로 공주시청의 회신과 법원 현황조사서를 근거로 원시적 건물 소유자는 박현○임을 주장해야겠다고 마음먹었다. 피고는 증여받았다는 주장만 할 뿐 근거자료를 내지 않았기 때문이다. 두 가지 자료를 들어 피고의 원시적 소유를 주장할 때 피고가 그에 대해서 확실한 반박자료를 들어 뒤집지 못하면 증여 주장은 있으나 마나 한 것이 된다(원시적 소유는 소유권을 승계받지 않고 처음부터 소유한 것을 말한다).

그리고 이에 덧붙여 근저당권설정 당시 토지 소유자와 건물 소유자가 다름을 주장할 것도 고려했다. 건물의 원시적 소유 여부는 원·피고 양자 간에 입증 정도가 뚜렷하지 않다고 법원이 판단해서 모두 채택하지 않을 수도 있기 때문이다. 2006년도 근저당권설정 당시 건물 소유자가 박현○이었다는 것은 농협의 대출자료에 있기 때문에 근저당권설정 당시 건물 소유자와 토지 소유자가 달랐다는 것은 충분히 입증할 수 있다(1996년 증여받았음을 주장한 피고의 답변을 통해서도 알 수 있다).

4 피고의 답변서에 따른 원고의 준비서면 작성양식과 제출

앞서 말한 취지의 준비서면을 다음과 같이 작성해서 제출했다.

준비서면

사건 : 2014가단 5○○○○호 건물 등 철거
원고 : ○ ○ ○
피고 : 박현○

피고의 2014. 11.05. 답변서에 따르면 이 사건 건물은 관습상 법정지상
권이 성립한다고 주장을 하고 있습니다. 이에 원고는 다음과 같이 변론
을 준비합니다.

1. 사실관계의 확정
본 사건 건물은 등기가 없는 미등기 건물로서 신축 당시부터 피고의 소
유로서 이는 대전지방법원 공주지원 2013타경 4○○○ 부동산 임의 경
매 사건의 경매 기록의 현황조사서와 공주시청의 사실조회 회신에 따르
면 재산세 납부당사자가 피고로 나와 있습니다. 피고의 답변서 내용과
현황조사서 그리고 공주시청의 사실조회서 회신에 따르면 본 사건 건물
은 피고의 소유임에는 원·피고는 다툼이 없습니다.
(갑제4호증 - 사실조회 회신), (갑제5호증 - 현황조사서).

---

2. 법리상의 검토

피고는 토지의 전 소유자 양재○을 내세워 관습법상 지상권을 주장하고 있으나 재판을 유리하게 이끌기 위한 술수일 뿐입니다. 본 사건 건물은 신축 당시부터 피고의 소유로서 원시적으로 토지 소유자와 건물 소유자가 동일인이 아니었습니다. 민법 제366조의 법정지상권이 성립하기 위해서는 저당권을 설정할 당시 토지와 건물이 동일 소유자의 것이어야 하는데 본 사건은 2006. 8. 11 ○○농협의 저당권설정 당시 토지 소유자는 소외 양재○이며 건물 소유자는 피고입니다. 이후 ○○농협의 저당권실행으로 토지 소유자와 건물 소유자가 달라졌다면 법정지상권은 성립할 여지가 없다 할 것입니다.

3. 맺는말

그렇다면 피고는 본건 토지 지상의 건물을 철거하고 토지를 인도해야 할 것이고 철거 완료 시까지 부당이득금을 지불하는 것이 마땅하나 이를 이행하지 않기 위해서 억지 주장만 나열하고 있습니다. 특히 원고는 피고와 원만한 합의를 위해서 노력하려 했으나 아직까지 아무런 연락이 없는 바 존경하는 판사님께서 본 사안을 잘 살피셔서 현명하고 공정한 판결을 기대하며 준비서면을 제출합니다.

2014. ○○. ○○.

위 원고 ○○○

서울중앙지방법원 귀중

5 부당이득금 관련 감정평가신청서 작성 및 청구취지 변경

준비서면 제출 이후 한 차례의 변론기일이 있었고 몇 번의 조정시도까지 있었다. 그러나 의견의 차이는 좁혀지지 않았고, 다시 한 번 출석한 변론에서 판사는 "조정의 기회를 세 번이나 줘 해결을 위한 충분한 시간을 줬지만 피고가 여전히 돈이 없다는 이유로 여기까지 오게 돼 안타깝다"라고 하며 지료 감정신청하기를 권고했다. 그 말은 지료 감정평가서의 제출이 있은 후에 최종판결을 하겠다는 의미로 해석됐다. 감정평가신청은 전자소송 사이트를 통해서 작성 제출했다. 감정신청서는 다음과 같다.

감정신청서

사건 : 2014가단 5○○○○

원고 : ○○○

피고 : 박현○

위 사건에 관해서 원고는 다음과 같이 감정을 신청합니다.

감정의 목적

원고 청구의 임대료 확정.

감정의 목적물

충청남도 공주시 ○○읍 ○○리 ○○○-2 답 402㎡

충청남도 공주시 ○○읍 ○○리 ○○○-3 답 510㎡

감정사항

위 감정목적물 지상에 소재하는 건물 및 부속 토지 그리고 앞마당과 주
차장 및 진입로 등으로 사용하는 대지 부분에 대한 2014. 4. 18부터 현
재까지 연간 또는 월간 임대료의 산정.

원고 ○○○

서울중앙지방법원 귀중

감정신청에 따라 다음과 같이 기간별 임료와 월 임료가 산정
됐다. 월 지료가 월 평균 256,650원에 달하고 누적될 지료는 월
266,000원에 달하는데 이는 소장에서 청구한 360,000원의 금액
보다는 적지만 낙찰가가 4,158만 원이었던 것에 비하면 상당한 금
액이라고 할 수 있다.

(임료)감정평가명세표

기호	소재지	지번	지목	면적(㎡)	임료산정기간	기간별 임료(원)	월 임료(원)
1	충청남도 공주시 ○○읍 ○○리	○○○-2	답	402.0	2014.04.18~ 2015.04.17	1,308,510	109,043
					2015.04.18~ 2015.10.12	686,153	117,250
2		○○○-3	답	510.0	2014.04.18~ 2015.04.17	1,660,050	138,338
					2015.04.18~ 2015.10.12	870,493	148,750

　　지료의 평가가 낙찰가를 기준으로 하는 것이 아니라 시세 및 객관적인 토지의 평가액을 기준으로 했기 때문에 이런 결과가 나온 것인데, 이것은 경매로 매입하지 않았으면 얻을 수 없는 것이라 경매의 매력을 다시금 느낄 수 있게 한다.

　　법원은 감정평가 결과를 스스로 감지하고 반영해서 판결을 내려주지는 않는다. 따라서 원고가 감정평가 결과를 반영해서 직접 청구취지를 변경해 제출해야 한다. 감정평가서를 근거로 해서 다음과 같이 청구취지 및 청구원인변경신청을 했다(별지목록과 별지도면은 소장과 동일).

청구취지 및 청구원인변경신청서

사건 : 2014가단5○○○○ 건물 등 철거[담당재판부 : 민사2단독]

원고 : ○ ○ ○

피고 : 박현○

위 사건에 관해서 최근 귀 원을 통한 이 사건 토지에 대한 임료감정이 완료됐는바, 이에 따라 원고는 아래와 같이 청구취지 및 청구원인을 다음과 같이 변경합니다.

변경된 청구취지

1. 피고는 원고에게 별지목록 기재 토지의 별지도면상의 10, 11, 7, 6, 8, 9, 10 각 점을 순차직선으로 연결한 선내 (가)부분의 경량철골구조 판넬지붕 단층주택 약 120㎡, 7, 4, 5, 6, 7 각 점을 순차직선으로 연결한 선내 (나)부분의 경량철골구조 썬라이트지붕 단층 비가림시설 약 27㎡, 1, 2, 3, 4, 7, 11, 12, 13, 1 각 점을 순차직선으로 연결한 선내 (다)부분의 경량철골구조 판넬지붕 단층 창고 겸 공장 약 144㎡를 철거하고 2014. 4. 18부터 2015. 4. 17까지는 매월 247,381원을 지불하고 2015.4.18부터 위 토지의 인도 완료 시까지는 매월 266,000원을 지급한다.

2. 소송비용은 피고의 부담으로 한다.
3. 제1항은 가집행할 수 있다.

라는 판결을 구합니다.

변경된 청구원인

1. 취득경위와 철거할 목적물.

종전 소장을 원용합니다.

2. 임료청구금액과 관련해서

원고는 피고가 원고의 승낙 없이 원고 소유 토지상에 건물을 건축해서 이 사건 토지 대부분을 불법으로 사용함으로써 별지기재 토지를 사용하지 못하고 있는바 원고는 위 토지에 관해서 재판부에 제출된 ○○감정평가사무소의 임료감정평가보고서와 같이 차임으로 2014.4.18부터 2015.4.17까지는 매월 금 247,381원 그리고 2015.4.18부터 위 토지의 인도 완료 시까지는 매월 금 266,000원의 수익을 얻을 수 있는데 이를 피고가 사용함으로 인해서 피고는 위 금원에 해당하는 임료 상당액에 해당하는 부당이득을 취하고 있다 할 것입니다. 그러므로 피고는 본 건물을 철거하고 토지를 인도할 때까지 매월 위 금원을 지급해야 할 것입니다.

2015. ○○. ○○

원고 ○○○

서울중앙지방법원 귀중

6 건물 철거를 위한 대체집행신청서 양식

결과는 원고 승이었다. 법원은 박현○ 소유의 건물을 철거하고 철거할 때까지 돈을 지급하라는 판결을 했다. 증여에 관한 피고의 주장은 받아들이지 않고, 원고의 주장인 근저당권설정 당시 토지 소유자와 건물 소유자가 다르다는 것을 받아들였던 것이다. 그에 관한 부분은 아래의 판결문 중 '나. 피고의 항변'에 기재돼 있다(별지목록과 별지도면은 소장과 동일).

서울중앙지방법원
판결

사건 : 2014가단 5○○○○ 건물 등 철거

원고 : ○○○

    서울 서초구 방배로

피고 : 박현○

    충남 공주시 ○○읍 ○○리

변론 종결 : 2015. 11. 19

판결 선고 : 2015. 12. 17

---

1. 피고는 원고에게

가. 별지목록 기재 각 토지 중 별지도면 표시 10, 11, 7, 6, 8, 9, 10의 각 점을 순차로 연결한 선내 (가)부분 경량철골구조 판넬지붕 단층 주택 120㎡, 같은 도면 표시 7, 4, 5, 6, 7의 각 점을 순차로 연결한 선내 (나)부분 경량철골구조 썬라이트지붕 단층 비가림시설 27㎡ 및 같은 도면 표시 1, 2, 3, 4, 7, 11, 12, 13, 1의 각 점을 순차로 연결한 선내 (다)부분 경량철골구조 판넬지붕 단층 창고 겸 공장 약 144㎡를 철거하고,

나. 2014. 4. 18부터 2015. 4. 17까지는 월 247,381원의 비율로 계산한 돈을, 2015. 4. 18부터 위 (가), (나), (다) 부분 토지의 인도 완료 시까지는 매월 266,000원의 비율로 계산한 돈을 각 지급하라.

2. 소송비용은 피고가 부담한다.

3. 제1항은 가집행할 수 있다.

청구취지

주문과 같다.

이유

1. 인정사실

가. 원고는 양재○의 소유이던 별지목록 기재 각 토지(이하 '이 사건 각 토지')에 관해서 대전지방법원 공주지원 2013타경 ○○○○ 임의 경매 절

차에서 낙찰받아 2014. 4. 18 소유권 이전등기를 마쳤다.

나. 피고는 이 사건 각 토지 지상에 별지도면 표시 10, 11, 7, 6, 8, 9, 10의 각 점을 순차로 연결한 선내 (가)부분 경량철골구조 판넬지붕 단층 주택 120㎡, 같은 도면 표시 7, 4, 5, 6, 7의 각 점을 순차로 연결한 선내 (나)부분 경량철골구조 썬라이트지붕 단층 비가림시설 27㎡ 및 같은 도면 표시 1, 2, 3, 4, 7, 11, 12, 13, 1의 각 점을 순차로 연결한 선내 (다)부분 경량철골구조 판넬지붕 단층 창고 겸 공장 약 144㎡를 소유하면서 점유하고 있다.

다. 이 사건 각 토지에 관해서는 최선순위로 2006. 8. 11 근저당권자를 ○○농업협동조합으로 하는 근저당권설정등기가 마쳐져 있었는데 ○○농업협동조합의 신청으로 위와 같이 임의 경매 절차가 진행됐다.

[인정근거] 다툼 없는 사실, 갑제1 내지 제6호증, 변론 전체의 취지.

2. 청구원인에 대한 판단

가. 위 인정사실에 의하면, 원고는 이 사건 각 토지의 소유자로서 위 (가), (나), (다)부분 건물 등(이하 '이 사건 건물')을 소유 및 점유하고 있는 피고에게 방해배제를 구할 수 있으므로, 특별한 사정이 없는 한 피고는 원고에게 이를 철거할 의무와 아울러 원고의 소유권 취득일 이후 피고가 정당한 권원 없이 이 사건 건물의 부지(이하 '이 사건 부지')를 점유, 사용함으로써 얻은 이익을 반환할 의무가 있고, 또한 피고가 이 사건 변론종결일까지 이 사건 부지를 사용·수익하면서도 그에 따른 부당이득반환의무를 다투고 있는 이상 원고로서는 이 사건 부지에 관한 피고의 점유상

실일까지의 이행기가 도래하지 아니한 부당이득에 관해서도 미리 청구할 필요성도 있다.

나. 피고의 항변

피고는 이 사건 건물을 1996년도에 양재○으로부터 증여받아 그때부터 공장 및 살림집으로 사용하고 있으므로 그 부지에 대해서는 관습상의 법정지상권이 성립됐다는 취지로 주장한다. 살피건대 관습상의 법정지상권이란 동일인 소유이던 토지와 그 지상건물이 매매 기타 원인으로 인해서 각각 소유자를 달리하게 됐더라도 그 건물을 철거한다는 등의 특약이 없는 경우에 당연히 건물 소유자에게 인정되는 지상권을 말하는데, 피고의 주장에 의하더라도 2006. 8. 11 양재○이 ○○농업협동조합에게 위와 같이 이 사건 각 토지에 근저당권을 설정해준 당시 이미 이 사건 각 토지와 이 사건 건물이 동일인의 소유가 아니었음이 명백하므로, 달리 다른 점에 관해서 살피지 아니하더라도 위 주장은 이유 없다.

다. 부당이득반환의 범위

이 사건 부지의 점유·사용으로 인한 이득액은 그 임료 상당액이라 할 것이고, 이 법원의 감정인 한승○에 대한 임료감정촉탁결과에 의하면, 이 사건 부지에 관한 2014. 4. 18부터 2015. 4. 17까지는 별지목록 1 기재 토지의 임료가 월 109,043원, 별지목록 2기재 토지의 임료가 월 138,338원으로 합계 247,381원이다. 2015. 4. 18 이후는 별지목록 1 기재 토지의 임료가 월 117,250원, 별지목록 2기재 토지의 임료가 월 148,750원으로 합계 266,000원인 사실을 인정할 수 있으므로, 이에 따르면 피고는 원고에게 부당이득으로 원고의 이 사건 각 토지에 대한 소유권 취득일인 2014. 4. 18부터 2015. 4. 17까지는 월 247,381원의 비율로 계산한 금원을, 2015. 4. 18 이후 이 사건 각 부지의 인도 완료일까지는 월 266,000원의 비율로 계산한 금원을 지급할 의무가 있다.

3. 결론
그렇다면 원고의 청고는 이유 있어 이를 인용하기로 해서 주문과 같이 판결한다.

판사 김○○

위와 같은 철거판결에 따라 대체집행을 신청했다. 철거집행문을 받은 이후에야 피고가 어떤 움직임을 보일 것 같기도 하고, 집행신청을 해놓고 결정을 받아야 매물로 내놓기도 편할 것 같았기 때문이다. 민법 제389조는 강제이행에 관해서 다음과 같이 규정하고 있다.

제389조(강제이행)
① 채무자가 임의로 채무를 이행하지 아니한 때에는 채권자는 그 강제이행을 법원에 청구할 수 있다. 그러나 채무의 성질이 강제이행을 하지 못할 것인 때에는 그러하지 아니하다.

② 전항의 채무가 법률행위를 목적으로 한 때에는 채무자의 의사표시에 갈음할 재판을 청구할 수 있고 채무자의 일신에 전속하지 아니한 작위를 목적으로 한 때에는 채무자의 비용으로 제삼자에게 이를 하게 할 것을 법원에 청구할 수 있다.

대체집행은 이 조문 ②항에 의해서 인정되는 것이다. 사안에 따라 채권자는 채무자에게 어떤 행위를 하도록 직접적으로 강제할 수 없는 것이 있다. 법원의 철거판결은 원고가 직접 철거할 것을 명령하는 것이 아니고 피고가 스스로 철거할 것을 명하는 것을 내용으로 한다. 이에 따라 원고는 판결문대로 이행할 것을 촉구할 수는 있어도 철거업자를 데리고 와서 직접 철거할 수는 없다. 촉구의 문제점은 단단한 줄에 묶인 개와 다를 바 없어 짖기만 할 뿐 물지는 못한다는 것에 있다. 그 문제점을 해결하기 위해 도입한 것이 대체집행이다. 채무자가 철거라는 의무를 이행하지 않을 때 채권자는 법원에 청구해서 법원의 판단에 따라 채권자나 다른 제3자에게 그 의무를 이행하게 할 수 있다. 그리고 그때 발생하는 비용은 채무자의 몫으로 한다. 그렇게 하면 실질적으로 채무자가 이행한 것과 같다.

정리하자면 채권자의 돈을 받아 법원이 용역을 시켜 건물을 대신 철거한 후 그때 쓴 돈은 채무자에게 청구할 수 있도록 하는 것이 대체집행이다. 이러한 대체집행을 법원에 청구하는 양식이 대체집행신청서다.

대체집행신청은 집행력 있는 판결 정본, 집행문, 확정증명원, 송달증명서 등 몇 가지 서류를 첨부해서 신청서와 함께 제출하면 된다. 다음은 대체집행신청서 양식이다.

대체집행신청서

채권자 : ○ ○ ○

　　　　서울 서초구 방배로

채무자 : 박현○

　　　　충남 공주시 ○ ○ 읍 ○ ○ 리

신청취지

채권자가 위임하는 집행관으로 하여금 별지목록 기재 건물을 채무자의 비용으로 각 철거할 수 있다.

라는 명령을 구합니다.

신청이유

채권자와 채무자 간의 서울중앙지방법원 2014가단 5○○○○호 청구사건에 관해서 채무자는 채권자에 대해서 신청취지 기재의 건물을 철거하라는 취지의 판결에 기한 집행문 부여를 받았는바 채무자는 채권자의 수차에 걸친 독촉에도 이를 이행하지 아니하고 있으므로 신청취지와 같은

재판을 구하기 위해서 이 건 신청에 이른 것입니다.

첨부서류

1. 집행력 있는 판결 정본 1통.

1. 집행문 1통.

1. 확정증명원 1통.

1. 송달증명서 1통.

2015. ○○. ○○.

위 신청인 (채권자) ○○○

7 상대방의 이익은 나의 이익이다

대체집행으로 발생하는 비용은 대체집행신청취지에 있는 말 그대로 채무자인 박현○의 몫이다. 박현○ 입장에서 철거비용은 만만한 금액이 아니다. 하지만 철거하지 않으면 지료는 계속 쌓이고 법원 판결이 있으므로 그 쌓이는 것을 피해갈 수도 없는 노릇이다. 철거하려 하나 그동안 쌓인 지료에 덧붙여 막대한 집행비용까지 물어줘야 할 판이고, 철거하지 않는다고 해도 언제까지 그 지료를 내며 있을 수는 없는 일이다. 어떤 결정을 내리지 않으면 개미지옥에 빠진 개미 꼴이 된다. 게다가 그곳에 살고 있지 않아 건물이 당장 필요한 것도 아니다.

그 같은 피고의 사정을 토대로 피고에게 할 수 있는 제안 중 하나는 건물을 넘겨 달라는 것이다. 건물을 포기하면 지료가 쌓이는 것은 더 이상 없으므로 지료의 압박에서 해방되고 철거비용도 당연히 없어 피고는 여러 면에서 이익이다. 원고 입장에서도 철거 등의 번거로운 절차를 밟지 않아도 되고 건물을 싸게 가지고 올 수 있다면 그럭저럭 수리를 해서 세를 놓을 수도 있고, 누군가에게 건물과 땅값을 제대로 받고 팔 수도 있다.

결국 원고에게 건물 이전은 서로에게 좋은 일이어서 피고에게 그 같은 제안을 했다. 하지만 그 말을 들은 피고가 곧바로 응할 것이라고 보지는 않았다. 감정가 7,000여 만 원인 건물을 사용하지 않는다고 해서 쉽게 포기할 수는 없기 때문이다. 그러나 시간이 흐를수록 빚만 늘어가고 결국에는 건물도 없어질 것이라는 걸 실감하게 됐는지 그동안 쌓인 지료를 내지 않는 조건으로 건물을 넘겨줬다.

사건을 종합하면 ① 건물의 증여를 이유로 관습상 법정지상권을 주장한 피고에 대해서 근저당권설정 당시 소유자가 동일하지 않음을 들어 철거판결을 받아냈고, ② 주변의 입지조건이 나쁘지 않아 철거 후 토지를 활용하려고 대체집행을 신청해서 철거하려고 했으나, ③ 건물을 싸게 사들인다면 그것도 이익일 듯해서 그동안 쌓인 지료를 감면하는 조건으로 건물을 넘겨받았는데, ④ 그게 가능했던 것은 사용하지 않는 건물 때문에 새로이 늘어갈 빚과 철거비용 부담 때문이었다.

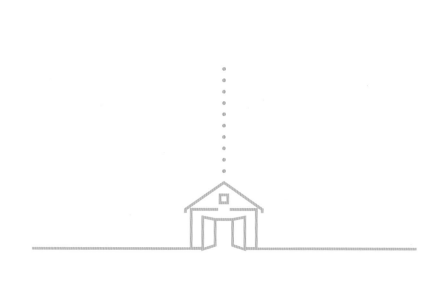

REAL ESTATE

소액 11

팔리지 않는 토지를
비용 부담 없이
파는 방법

경매 물건을 열심히 분석해서 미래에 있을 수 있는 사안까지 검토한 후 입찰에 참여하는 것은 당연한 일이다. 그러나 그러한 검토에도 예기치 못한 변수가 생겨 일이 뜻대로 풀리지 않는 경우도 있다. 건물 철거판결을 받는 목적 중 하나는 건물 철거에 부담을 느낀 건물 소유자가 토지를 다시 사갈 것이라는 기대감도 있는데, 간혹 건물 소유자가 그 판결문대로 건물을 철거해버려 당혹스러울 때도 있다. 이런 변수에 대응하는 것은 쉽지 않다. 자주 있는 사안이 아니기 때문이다. 만일 이런 경우가 생기면 어떻게 할 것인가. 경기도 파주에 다음과 같은 물건이 등장했다. 건물은 매각에서 제외돼 있는 입찰 외 물건이고 법정지상권 성립 여지가 있다. 그리고 한 가지 특이한 것은 공유물분할을 위한 형식적 경매라는 점이다.

소 재 지	경기 파주시 ▓▓▓ ▓▓▓ ▓ 도로명주소				
경매구분	형식경매(공유물분할)	채 권 자	이순▓		
용　　도	대지	채무/소유자	이민▓ 외3	매 각 기 일	13.06.05 (82,500,000원)
감 정 가	177,000,000 (12.10.17)	청 구 액	0	종 국 결 과	13.07.26 배당종결
최 저 가	60,711,000 (34%)	토지면적	354.0 ㎡ (107.1평)	경매개시일	12.09.27
입찰보증금	10% (6,071,100)	건물면적	0.0 ㎡ (0.0평)	배당종기일	12.12.28
주의사항	· 법정지상권 · 입찰외　 특수件분석신청				
조 회 수	· 금일조회 1 (0) · 금회차공고후조회 228 (24) · 누적조회 408 (27) · 7일내 3일이상 열람자 8 · 14일내 6일이상 열람자 5			( )는 5분이상 열람 조회통계 (기준일-2013.06.05 / 전국연회원전용)	

■ 특수권리분석 ※ 이해관계자 제보 등을 반영한 지지옥션의 주관적 분석 의견임

· 법정지상권
본건은 '공유물분할을 위한 경매사건'인데, 지상에 입찰외 건물(주택)이 소재하고 있어 (관습법상)법정지상권 성립여부가 문제되는데, 건축물대장상 소유자는 '최원 (1987년)'이고, 토지소유자는 '이기 (소유권보존)'에서 '황정 외3'으로 상속된 점을 감안하면, 토지와 건물 소

유자가 일치하지 않아 법정지상권 성립은 어려울 것으로 예상됩니다.
따라서, 토지 매수인(낙찰자)은 건물소유자를 상대로 건물철거와 토지인도 및 지료청구소송을 제기할 필요가 있고, 소송을 진행하면서 지상 건물을 매수하는 협상까지 병행하는 것이 합리적인 대응방안이라 사료됩니다.(13.03.25)

■ 본 물건에 대한 이해관계인 및 회원의 제보를 받습니다. 제보하기

<< 가지고 계신 물건 사진을 등록하면 사이버머니 지급 또는 광고를 게재해 드립니다 >> 회원답사사진등록

형식적 경매란 무엇인가

공유물이란 여러 사람이 소유하는 하나의 물건을 말하며, 여러 사람의 소유형태를 지분 소유라고 한다. 공유물분할은 지분 소유를 해소하려는 시도이고 현물분할과 현금분할 등이 있다. 우리 법은 현물분할원칙을 취한다. 현물분할이 불가할 경우 예외적으로 현금분할을 인정하는데 그를 위한 경매를 형식적 경매라고 한다.

법정지상권이 성립하는지를 살펴보기 위해서는 등기부의 분석이 필수적이다.

순위번호	등 기 목 적	접 수	등 기 원 인	권 리 자 및 기 타 사 항
		제26110호	호주상속	지분 3분의 3 황정○ 350706-2****** 　서울특별시 강진구 ○○동 ○○-, ○○○○○○○ 　도 274 지분 3분의 2 이민○ 670501-2****** 　경기도 성남시 분당구 ○○동 ○ ○○○ ○○-○○○ 지분 3분의 2 이원○ 600424-1****** 　서울특별시 강진구 ○○동 ○ ○○ ○○○○○○○ 　○ ○○○ 지분 3분의 2 이승○ 710212-1****** 　서울특별시 강진구 ○○동 ○○○ ○○○○○○ ○○-○○○
3	2번이원○지분전부이전	2017년2월7일 제9051호	2012년1월5일 매매	공유자 지분 3분의 2 이승○ 680824-1****** 　경기도 의정부시 ○○동 ○○ ○○○○ 　○○○○ ○○동 ○○ ○○○○-○ ○○○○○○○○ 거래가액 금40,000,000원
4	임의경매개시결정	2012년9월28일 제73774호	2012년9월27일 의정부지방법원 고양지원의 임의경매개시결정(2012 타경○○○)	채권자 이승○ 680824-1****** 　서울 금천구 ○동○ ○○-○○

호주상속에 의해서 네 명의 소유자가 있는 공유물이 됐다. 1959년 상속 이전의 소유자는 이기○이고, 건축물 대장을 통해서 알 수 있는 1987년 건물 소유자는 최원○다.

구분	층별	건 축 물 현 황 구조	용도	면적(㎡)	성명(명칭) 주민(법인)등록번호 (부동산등기용등록번호)	소 유 자 현 황 주소	소유권 지분	변동일자 변동원인
주1	1층	목조 - 이하여백 -	주택	53.2	최원○	경기도 파주시 ○○동 ○○○ ○○ - 이하여백 - ※ 이 건축물대장은 현소유자만 표시한 것입니다.	/	1987.01.27 소유자등록	현재 이등기

이기○ 소유의 토지 위에 최원○가 건축 행위를 했고, 이후 토지 소유자와 건물 소유자가 일치한 사실은 없다. 건물 소유자와 토지 소유자가 원시적으로 다른 경우에 속하게 되므로 관습상 법

정지상권은 성립하지 않는다. 그리고 이원○ 2/9 지분을 이순○가 거래가액 4,000만 원에 매입했는데 얼마 지나지 않아 임의 경매를 신청한 사실이 드러나 있다. 등기부상 매입가를 실거래가로 볼 때 지분이 아닌 전체 토지 가격으로 환산하면 1억 8,000여 만 원에 달하는데 이는 감정가에 근접한 금액이다. 실거래가나 감정가 그 두 가지 중 어느 것을 근거 삼아 부당이득반환을 청구하더라도 건물주 입장에서는 만만한 금액이 아니다. 더구나 수회 유찰이 된 결과 최저가는 34%로 투입원가 대비 부당이득금의 효율성이 크다는 것 또한 알 수 있다. 이 물건의 장점은 ① 법정지상권이 성립하지 않아 건물주와 순조로운 대화가 가능하고, ② 투입원가 대비 높은 부당이득금 청구 가능에서 찾을 수 있다.

1 현장답사 시 필수 질문

매각 일주일 후 매각허가결정이 나오고 그다음에 주어지는 일주일의 항고기간에도 이해관계인의 항고가 없었으므로 잔금 납부 명령이 떨어졌다. 잔금 납부에 이은 소유권 이전 촉탁 등기를 마치고 현장으로 가서 이해관계인을 만났다. 이해관계인과의 대화에서 중점을 둬야 할 사항은 ① 적극적인 매입 의사가 있는지, ② 그 의사를 실현시킬 여력이 있는지 등이다. 왜냐하면 의사와 여력 여부에 따라 다음 절차의 진행이 달라지기 때문이다.

중점사항의 파악을 위해서 ① 토지를 넘겨주겠다는 의사
표시, ② 건물이 철거되면 갈 곳은 있는지(주변 자기 소유의 토
지에 건물을 지을 것이라는 사전정보의 재확인), ③ 토지의 주변 시
세에 대한 질문(매도가격의 간접적 타진) 등을 했는데, 매각에 관
해서는 제3자와 통화해보라는 것과 본인 소유 토지는 많다(추
후 주변 등기부 열람 결과 확인)는 것, 그리고 시세는 감정가에 근
접한다는 대답이 있었다. 대화를 통해서 얻은 것은 토지를 매
입할 만큼의 충분한 재력은 있지만 매입 의사는 그 재력만큼 적
극적이지 않고, 토지 시세가 감정가에 근접한다는 대답을 통
해 유추할 수 있는 상대방에게 제시할 매도가격(제3자를 통한 매
입가의 흥정이 있었으나 1억 원 내외의 가격으로 큰 의미는 없었다) 정
도였다. 결국 건물주의 매입 의지만 미약할 뿐, 나머지 조건은
충족하기 때문에 어떻게 하면 매입 의지를 불어넣어 줄 것인가
에 이 물건의 미래가 달려 있다고 보면 된다. 매입 의지 고취 수
단은 건물 철거를 통한 부담감의 증폭과 부당이득금 확정을 통
해 현실적으로 다가오는 금전손실에 대한 두려움의 활용이다.

2 내용증명에 대한 상대방 반응 유형

부당이득반환과 건물 철거소송의 전 단계로 다음과 같이 내용
증명서를 작성해서 보냈다. 소송 전 단계이기는 하지만 반드시 필

통고서

수신인 : 최한○

　　　　경기 파주시 ○○면 ○○리 ○○○

발신인 : ○○○

　　　　경기 성남시 분당구

부동산의 표시 : 경기도 파주시 ○○면 ○○리 대 354㎡

1. 본인은 의정부지방법원 고양지원 2012타경 ○○○○○호 부동산 임의 경매 사건에 관해서 위 표시 부동산을 2013년 6월 5일 낙찰받아 2013년 6월 25일 잔대금을 납부해서 소유권을 취득했습니다.

2. 귀하는 위 표시 부동산 지상의 건물을 소유하고 있으며, 법률적 권원 없이 부당하게 사용, 수익하고 있는바 이로 인해 본인은 동 토지를 사용하지 못하고 있으므로 그 손해에 상응하는 부당이득금을 지급해주실 것을 통보하며 그 부당이득에 대해서는 토지에 대한 지료 상당액으로 정하는 것이 적절하다고 사료됩니다.

3. 토지의 가격은 2012년 10월 17일 환○감정평가사사무소에서 평가한 감정평가서(감정평가서 번호 : HS121-1○○○○○)의 법원 경매 감정가액을 기준으로 하면 금 177,000,000원입니다. 지료를 산정하기 위한 기준

으로 감정평가협회에서 감정사들이 참고로 하는 자료인 '토지보상평가지침'의 별표 7의 2 기대이율 적용기준율 표에 따르면 이 건은 '주택'으로서 사용되므로 연 6%로 적용하는바 본건의 적용은 그에 따라 연 6%가 됩니다. 토지의 가격은 177,000,000원이며, 앞에서 살펴본 토지보상평가지침상 기대이율 6%를 적용하면, 지료는 연 10,620,000원이며 매월 금 885,000원이 됩니다.

4. 귀하는 아무런 권원 없이 귀하 임의대로 위 토지에 주택을 축조해서 불법으로 사용하고 있으며, 본인이 낙찰받은 위 표시 부동산의 점유를 풀고 건물을 철거해서 토지를 인도해야 함에도 현재까지 사용하고 있습니다. 그렇다면 귀하는 이 서면이 도달된 후 아무런 권원 없이 건축한 주택을 즉시 철거해서 위 표시 부동산을 인도하고 인도 완료 시까지의 부당이득금을 매월 금 885,000원을 지급하시기 바랍니다.

만약 위 사항을 이행하지 않을 시에는 법에 따라 처리할 것이며 이로 인해 발생되는 모든 비용청구도 법에 따라 청구할 것이니 유념하시기 바랍니다.

2013. ○○. ○○.

위 발신인 : ○○○ (010-○○○○-○○○○)

내용증명의 주요 포인트는 첫째, 당해 건물의 토지 소유자가 누구인지를 밝히는 것, 둘째, 건물 철거의 당위성 확인, 셋째, 부당이득금의 요구와 그 금액 및 산출근거다. 이 사건에 있어서 특히 강조한 것은 부당이득금의 크기로서 885,000원에 달하는 것으로 그 금액은 경매 사건의 감정평가인 1억 7,700만 원에 근거했다. 토지 소유자가 낙찰받은 가격인 8,250만 원에만 각인돼 있는 상대방의 입장에서 감정평가를 근거로 한 부당이득금 산출은 불합리한 것이라 반발할 수밖에 없고 반발에는 설득이 따르기 마련이어서 그 과정 속에 해법이 나오기도 한다.

상대방의 선택지는 대략 세 가지 정도가 있다. 첫째, 토지 소유자의 요구에 따라 철거하고 그때까지 부당이득금을 달라는 대로 주는 것이고, 둘째, 토지를 사들여서 모든 것을 정상화시키는 것이고, 셋째, 토지주의 요구에 맞서 법원으로 직행하는 것이다. 상대방은 마지막을 선택했다. 토지를 사들이려고 해도 1억 원 이상을 주기에는 아깝고, 부당이득금을 원하는 대로 줄 수도 없는 심리가 작용했던 것 같다.

상대방의 반응에 따라 건물 등 철거청구 및 토지 인도 청구의 소를 작성해서 제출했다. 주장의 요지는 낙찰받은 토지 위에 아무런 권원이 없는 건축물의 축조가 있으므로 이를 철거해 달라는 것이고, 철거할 때까지 부당이득금을 지급해 달라는 것이다. 소장을 작성할 때 주의할 사항은 상대방이 주장하지 않는 법리를 미리 예단해서 주장하는 것은 효율성이 없다는 점이다. 예를 들면 이런 저런 근거를 끌어와서 이 사건 건물에는 관습상 법정지상권이 성립하지 않음이라고 미리 주장하는 것 등이다. 단순히 철거하라는 원고의 주장에 대해서 상대방인 피고는 왜 철거하면 안 되는지에 대해서 방대한 근거를 마련해야 한다. 그렇게 되면 원고는 편안하고 피고는 불편하다. 그러나 이처럼 관습상 법정지상권이 성립하지 않는다고 원고 측에서 미리 주장하면, 상대방은 그 불성립의 근거에 대한 몇 가지 논거에만 반박해서 성립함을 주장하면 될 일이라 위와는 반대로 원고는 피곤하지만 피고는 편안하다.

송달 여부는 틈나는 대로 확인하자

이 사건은 소장을 제출한 이후 오랜 시간이 지나도록 송달이 되지 않았다. 그 이유가 궁금해서 법원에 문의해보니 전자소송으로 접수한 사건이지만, 서면소송 관련부서로 배정 착오가 있었다고 한다. 대부분의 일처리가 규정에 의해서 정확히 이뤄지겠지만 가끔 이런 일도 생긴다. 따라서 소장을 제출했다고 당연히 송달이 이뤄질 것이라는 생각에 손 놓고 있지 말고 틈틈이 확인해보는 것도 필요하다.

반드시 청구취지인 철거를 하겠다는 목적으로 소장을 제출한 것은 아니었다. 대화의 가능성이 열려 있었던 이 사건의 경우는 소송을 통해서 이미 이야기가 나온 매매가를 조금 더 올려 받아야 겠다는 의도가 특히 강했다. 이에 따라 소장의 부본이 상대방에게 발송됐는지, 부본이 도달했는지를 틈틈이 확인했다.

위와 같이 발송됐고 그 이틀 후에 피고에게 도달됐음을 확인할 수 있었다. 위 사항의 확인은 대법원 홈페이지에 접속해서 대국민 서비스 항목의 사건검색을 열면 볼 수 있는 나의 사건검색을 확인 하면 된다(http://www.scourt.go.kr).

보통 소장을 받은 상대방의 기세는 다소 누그러드는 경우가 있 다. 그런데 이 건의 경우 거품이 빠지기는커녕 기세가 오히려 등 등했고, 소장의 제출에 대해서 반갑다는 뉘앙스마저 풍겼다. 특히 법정지상권의 성립 여부에 관해서는 그 논조가 강했다. 그 강한 논조를 대변하기라도 하듯 상대방은 답변서를 제출했다.

3 상대방 답변에서 찾을 수 있는 승리 단서

피고가 제출한 답변서의 요지는 ① 선대부터 30년간 계속해서 토지를 사용해왔고 또한 경매 사건 현황조사서에 '법정지상권 성립 여지 있음'이라는 문구가 있으므로 관습상 법정지상권이 성립하고, ② 측량에 의한 정확한 자료를 토대로 지료를 청구해야 하며, ③ 원고는 경매 전문가로서 피고의 궁박한 사정을 활용하려 한다 등이었다. 의미 있는 주장은 선대부터 남의 토지에 집을 지은 후 지금까지 계속해서 살아왔다는 점이다. 이는 관습상 법정지상권이 성립하지 않음을 자인하는 꼴이다. 관습상 법정지상권의 성립 요건은 토지와 건물이 처분 당시 동일인 소유, 매매 기타의 적법한 원인에 의해서 토지와 건물 소유자 분리, 철거약정 부존재 등인데 피고의 주장대로라면 그 중 처분 당시 동일인 소유의 요건을 충족하지 못하기 때문이다. 법원은 관습상 법정지상권의 성립 요건에 관해서 다음과 같이 판시하고 있다.

건물 철거 등
[대법원 1984. 9. 11. 선고 83다카2245 판결]

【판시사항】
관습상 법정지상권의 성립 요건.

【판결요지】

토지 또는 건물이 동일한 소유자에게 속했다가 건물 또는 토지가 매매 기타의 원인으로 인해서 양자의 소유자가 다르게 된 때에 그 건물을 철거한다는 조건이 없는 이상 건물 소유자는 토지 소유자에 대해서 그 건물을 위한 관습상의 법정지상권을 취득한다.

상대방의 답변서 주장 요지는 토지 소유자와 건물 소유자가 다름인데, 이는 관습상 법정지상권이 불성립한다는 것과 동의어다. 그 속에서 근거를 찾아내 다음과 같이 준비서면을 작성해서 제출했다.

준비서면

사건 : 2013가단 6○○○○호 건물 등 철거

원고 : ○ ○ ○

피고 : 최한○

1. 사실의 확정

경기도 파주시 ○○면 ○○리 426 대 354㎡(이하 '본건 토지'라고 약칭)의 원래 소유자는 소외 망 이기○의 소유였으며 2011. 4. 18. 의정부지방법원 고양지원 파주등기소 접수번호 제26○○○호로 소외 황정○, 이민○, 이원○, 이승○ 각 4인에게 상속등기 됐고 이후 이원○ 지분이 소외 이순○에게 매매됐으며 이순○의 공유물분할 청구의 소 확정판결로 인해 본건 토지에 관해서 임의 경매가 실행됐으며 이에 원고는 귀 원 2012 타경 ○○○○호 부동산 임의 경매 사건에 최고가매수신고를 해서 낙찰자로서 2013. 7. 4. 의정부지방법원 파주등기소 접수번호 제○○○호로 소유권 이전등기를 경료함으로써 소유권을 취득했습니다. 그리고 피고는 현재 본건 토지상에 법적인 권원 없이 건물을 건축해서 사용, 수익하고 있는 부분에는 원·피고 간에 다툼의 여지가 없는 명확한 사실입니다.

2. 피고가 사용, 수익하고 있는 본건 토지상의 건물에 관해서 법정지상권 주장에 관한 법리상의 검토

피고가 주장하는 관습법상 지상권에 관해서 법리적으로 살펴보면 관습법상 지상권이란 토지와 지상건물이 동일인에게 속하다가 그 중 어느 하나가 매매 및 기타 원인으로 각각 소유자를 달리하게 된 때 건물 소유자에게 건물 소유를 위해 관습상 인정되는 법정지상권을 말하는바, 본건 토지상의 건물의 경우에는 피고가 답변서 제3항에서 자인한 바와 같이 토지 소유자에게 승낙을 받아 건물을 지었으며 건물 신축 당시 토지 소유자와 지상건물 소유자가 다르다고 스스로 인정하고 있습니다. 그러므로 원시적으로 토지 소유자와 지상건물 소유자가 다른 상태에서 매매 기타 원인으로 소유자가 달라졌다면 관습법상 지상권을 인정할 아무런 법적 근거가 없으며 건물 소유자가 토지 소유권을 취득하지 않은 이상 토

지와 지상건물이 동일 소유자에 속했다고 할 수 없기 때문에 관습법적 지상권을 취득할 수 없다 할 것입니다.

3. 차임 상당의 부당이득금 반환청구 관련

부당이득금 반환청구와 관련해서는 원고 제출 소장에도 나와 있듯이 부당이득금의 산출의 근거는 귀 원 2012타경 ○○○○호 부동산 임의 경매 사건의 감정평가액을 기준으로 했고 추후 측량 및 검증감정신청을 통해서 감정평가 결과가 나오면 청구취지 및 원인변경신청을 통해서 확정하도록 하겠습니다.

4. 조정가능성의 여지

원고는 피고와 그 가족들과 연락을 취해 원만한 해결을 위해서 노력을 했으나 접점을 찾지 못해 현재 소송까지 이르게 됐습니다. 현재 토지의 감정평가액은 177,000,000원(500,000 × 354㎡)이고 본건 토지의 시세는 200,000,000원을 호가하고 있습니다. 청구취지와 같이 건물을 철거하고 토지를 매각할 수도 있지만 원고는 가급적 원·피고 간에 원만한 합의가 이뤄지기를 원하며 피고가 원한다면 본건 토지를 적정한 가격에 피고에게 매각할 의사는 있습니다.

5. 맺음말

피고는 본건 토지상의 건물 소유자로서 아무런 법적 권원이 없음에도 불구하고 토지를 인도하지 않고 있으며 또한 이에 대한 아무런 대가 없이 무상으로 본건 토지를 사용, 수익하고 있습니다. 그렇다면 당연히 건물을 철거하고 토지를 인도해야 할 것이며 인도 완료 시까지 차임 상당의 부당이득금을 지불하는 것이 마땅한데 이런저런 이유로 이에 응하지 않고 있습니다. 그리고 원고는 사실관계를 떠나 합리적인 가격에 피고에게 본건 토지에 대해서 매도의사를 표했으나 피고는 이에 응하지 않고 오히려 법적으로 처리하라고 원고에게 통보를 해오는 통에 본건 소송에 이르게 됐으니 부디 존경하는 재판장님께서 원고의 재산권행사에 불이익이 없도록 올바른 판단 해주시기를 바랍니다.

2014. ○○. ○○.

원고 ○○○

의정부지방법원 고양지원 귀중

제출한 준비서면에 대해서 상대방은 대응 준비서면을 제출했다. 상대방 준비서면의 내용은 ① 토지의 임차에 대해서 언급하는 것으로 봐 차지권으로 문제를 풀어 보려는 시도, ② 유치권으로 인한 점유 주장, ③ 부당이득금의 과다 등이었다. 차지권은 건물 등기를 요건으로 하므로 건물 등기가 없는 이 사건의 경우 문제될 것은 없으며, 유치권은 법적 권원을 입증하지 못하고 있으니 의미가 없는 주장이다. 또한 부당이득금 부분은 토지가 건물에 대해서 제한받는 부분을 감안해야 한다는 것을 근거로 내세워 과다하다고 주장하고 있으나 판례에 따르면 제한사항은 참작할 필요가 없어서 이 역시 의미가 없다. 이러한 사항을 바탕으로 해서 다음과 같은 준비서면을 작성해서 제출했다(차지권은 건물 등기부가 있는 상태에서 건물 사용을 목적으로 토지주와 임대차계약을 맺었을 때 얻는 사용권을 말하고, 유치권은 공사대금을 받지 못했을 때 공사대금을 돌려받을 때까지 건물을 유치할 수 있는 권리다).

준비서면

사건 : 2013가단 6○○○○호 건물 등 철거

원고 : ○○○

피고 : 최한○

이 사건 피고가 2014. 2. 4. 제출한 준비서면에 대해서 원고는 다음과 같이 변론을 준비합니다.

다음

1. 피고는 이 사건 토지의 점유권원에 대해서 임차인으로서의 지위와 유치권자로서의 지위를 주장.

(가) 먼저 피고가 주장하는 임차인으로서의 지위를 살펴봅니다. 피고는 임대차계약을 구두로 했고 또는 지료는 1년에 벼 40kg이라고 주장하는 바 이는 현실과 동떨어진 주장일 뿐 아니라 계약서도 없고 지급했다는 어떤 증빙도 없이 단지 을제3호증의 이ㅇ원 발행 진술서만 있을 뿐입니다. 벼 40kg이라면 백미 약 20kg에 해당하는데 이를 가격으로 환산한다면 대략 금 50,000원이며 이는 월 4,000원이 조금 넘는 금액으로써 거의 무상임차에 가깝다고 할 수 있으며 이는 건물 철거를 피하기 위한 술수이며 토지 임대차를 가장한 억지 주장입니다. 또한 설사 피고가 주장하는바와 같이 망 최원ㅇ와 망 이기ㅇ이 구두로 토지 임대차계약을 체결했다고 인정을 하더라도 이는 임차권의 법리를 오해한 것으로 보입니다. 민법 제622조 1항에 따르면 '건물의 소유를 목적으로 한 토지 임대차는 그 지상건물을 등기한 때에는 제삼자에 대하여 임대차의 효력이 생긴다'라고 돼 있는바 현재 피고의 건물은 등기가 없는 미등기 건물로써 임차권을 주장할 아무런 법적 권원이 없습니다.

(나) 피고는 필요비, 유익비에 지출에 대한 유치권을 권원으로 점유하고 있다고 주장하고 있으나 대법원 1989. 2. 14. 선고 87다카 3073호 판결요지에 따르면 '소외인이 건물에 관한 유치권이 있다 해도 같은 건물의 존재와 점유가 토지 소유자인 원고에게 불법행위가 되고 있는 이 사건에 있어서는 소외인에 대한 유치권으로 원고에게 대항할 수 없는 것이므로 원판결에 소론과 같은 유치권의 성립에 관한 법리오해가 있다 할 수 없다'라고 판시하고 있습니다. 그러므로 피고는 설사 유치권이 있다 하더

라도 점유할 법적 권원이 없는 상태에서는 불법행위이므로 피고가 주장하는 유치권은 억지 주장일 뿐이며 오히려 피고는 본건 토지를 인도하기 위해서 건물을 철거하고 원상복구의 책임이 있을 뿐입니다.

2. 부당이득금 반환청구

피고는 부당이득금 산정의 기초가 되는 갑제2호증 감정평가서조차 제대로 살펴보지 않고 억지 주장만 나열하고 있습니다. 본사건 토지의 감정평가금액은 피고가 주장하는 555,000,000원이 아니라 177,000,000원입니다. 원고가 주장하는 월 885,000원은 감정평가사들이 사용하는 토지보상평가지침 별표 7의 2에 의해서 산정했으나 현재 검증감정신청이 진행되고 있는바 그 결과가 나오면 청구취지 및 원인변경신청을 통해 확정하도록 하겠습니다.

또한 피고는 토지가 건물에 대해서 제한을 받는 부분을 감안해서 평가해야 한다고 주장하고 있으니 이 또한 억지 주장일 뿐입니다. 대법원 1995. 9. 15. 선고 94다 61144호 판결요지에 따르면 '타인 소유의 토지 위에 소재하는 건물 소유자가 법률상 원인 없이 토지를 점유함으로 인해서 토지 소유자에게 반환해야 할 토지의 차임에 상당하는 부당이득 금액을 산정하는 경우에, 특별한 사정이 없는 한 토지 위에 건물이 소재함으로써 토지의 사용권이 제한을 받는 사정은 참작할 필요가 없다'라고 판시하고 있습니다. 그러므로 법적 권원 없이 사용, 수익하고 있는 부당이득금의 산정은 건물이 토지 가격에 미치는 영향을 감안하지 않은 금액으로 평가함이 마땅합니다.

3. 맺는말

이상과 같이 피고는 타인의 토지 위에 아무런 법적 권원 없이 미등기 건물을 지어 실질적으로 사용, 수익하고 있으면서 원고의 건물 철거요구와 토지 인도를 거부하고 있으며 이로 인해 원고는 본건 토지를 사용, 수익하지 못함으로써 막대한 피해를 보고 있습니다. 그러므로 피고는 별지도면 1, 2, 3, 4, 1 각 점을 순차직선으로 연결한 선내 (가)부분의 블록조 슬레이트지붕 창고 약 42.7㎡, 5, 6, 7, 8, 5 각 점을 순차직선으로 연결한 선내 (나)의 창고 약 19㎡, 그리고 같은 도면 9, 10, 11, 12, 13, 14, 9 각 점을 순차직선으로 연결한 선내 (다)부분의 목조 강판지붕 주택 약 54.7㎡를 철거해서 원고의 피해를 복구해야 할 것입니다. 끝으로 존경하는 재판장님께서는 이와 같은 내용을 살피셔서 청구취지 기재와 같은 판결을 조속히 내려 주시기를 바랍니다.

2014. ○○. ○○.

원고 ○○○

의정부지방법원 고양지원 귀중

4 판결을 받는 목적이 건물 철거에만 있을까

　변론기일 사이에 몇 차례 법원의 조정기일 지정이 있었으나 매도금액에 대한 합의점을 찾을 수 없어 성과 없이 끝났고 부당이득금의 산정과 관련해서 한 차례의 감정평가신청이 있었다. 최종 변론기일 이후에 다음과 같은 판결의 선고가 이뤄졌다.

의정부지방법원 고양지원

판결

사건 : 2013가단 60○○○ 건물 등 철거

원고 : ○○○(010-○○○○-○○○○)

　　　경기도 성남시

피고 : 최한○

　　　경기도 파주시 ○○면 ○○리

소송대리인 : 법무법인 ○○ 담당변호사 이○○

변론 종결 : 2014. 8. 21

판결 선고 : 2014. 9. 4

주문

1. 피고는 원고에게

가. 경기도 파주시 ○○면 ○○리 ○○대 354㎡ 지상 별지도면 표시 5,
6, 7, 8, 9, 10, 11, 12, 13, 14, 15, 16, 17, 18, 19, 20, 21, 5의 각 점을
차례로 연결한 선내 (가)부분 98㎡와 같은 도면 표시 1, 2, 3, 4, 1의 각
점을 차례로 연결한 선내 (나)부분 건물 44㎡ 및 같은 도면 표시 5, 21,
22, 23, 24, 25, 26, 27, 5의 각 점을 차례로 연결한 선내 (다)부분 가건
물 34㎡를 각 철거하고, 각 해당부분 토지를 인도하고,

나. 2013. 7. 4부터 위 철거 및 인도 완료일까지 월 695,000원의 비율
로 계산한 돈을 지급하라.

2. 소송비용은 피고가 부담한다.

3. 제1항은 가집행할 수 있다.

청구취지

주문과 같다.

이유

1. 인정사실

가. 경기도 파주시 ○○면 ○○리 ○○ 대 354㎡(이하 '이 사건 토지')는 이
기○의 소유였는데, 1959. 2. 23 상속에 의해서 황정○, 이민○, 이원
○, 이승○의 공유로 됐다가 2012. 2. 7 이원○의 공유지분을 이순○도
가 매수했고, 의정부지방법원 고양지원 2012타경○○ 임의 경매 절차에

서 원고가 2013. 6. 25 공유자 전원의 지분을 매수해서 2013. 7. 4 원고 앞으로 소유권 이전등기를 마쳤다.

나. 이 사건 토지 위에는 별지도면 표시 (가)부분 건물 98㎡, (나)부분 건물 44㎡, (다)부분 가건물 34㎡(이하 '이 사건 각 지상물'이라 한다)가 건축돼 있는데, 피고가 이를 점유하고 있다.

다. 이 사건 토지의 월 임료 상당액은 695,000원이다.

[인정근거: 일부 다툼 없는 사실, 갑제1호증, 이 법원의 측량감정 및 임료감정 각 촉탁 결과, 변론 전체의 취지]

2. 청구원인에 대한 판단

위 인정사실에 의하면, 특별한 사정이 없는 한 피고는 원고에게 이 사건 각 지상물을 철거하고, 이 사건 토지 중 원고가 구하는 해당부분 토지를 인도할 의무가 있고, 원고가 구하는바에 따라 원고 앞으로 소유권 이전등기를 마친 2013. 7. 4부터 위 철거와 인도를 마치는 날까지 월 695,000원의 비율로 계산한 임료 상당 부당이득금을 지급할 의무가 있다.

3. 피고의 주장에 대한 판단

가. 피고는 피고의 피상속인인 망 최원○(1986. 4. 8 사망, 이하 '망인'이라 한다)가 1920년대부터 이 사건 토지의 전 소유자 이기○으로부터 이 사건 토지를 임차해왔고, 피고가 망인의 임차인으로서의 지위를 상속했으므로 이 사건 토지를 점유할 권원이 있다고 주장하나, 을제3호증의 기재나 증인 이○원의 증언만으로는 피고의 주장과 같은 임대차 사실을 인정

하기 어려울 뿐 아니라, 설령 그와 같은 임대차 관계가 있었다고 하더라도 매수인인 원고에게는 대항할 수 없으므로 피고의 이 부분 주장은 이유 없다.

나. 피고는 이 사건 각 지상물에 전기, 수도 등 시설을 설치하는 데 비용을 들였으므로 위 비용을 상환받을 때까지 유치권에 기해서 이 사건 토지를 점유할 권원이 있다고 주장하나, 피고가 그와 같은 비용을 들인 사실을 인정할 아무런 증거가 없을 뿐 아니라, 그와 같은 비용을 상환받을 수 있는 채권이 이 사건 토지에 관해서 생긴 채권이라고 보기도 어려워 피고가 유치권을 가진다고 할 수도 없으므로, 피고의 이 부분 주장도 이유 없다.

다. 피고는 이 사건 각 지상물이 이 사건 토지의 전 소유자인 이기○의 소유였다가 이 사건 토지에 관한 임의 경매 절차에서 원고가 이 사건 토지의 소유권을 취득함으로써 그 소유자가 달라지게 돼 이기○의 상속인들로서 이 사건 각 지상물의 소유자인 황정○, 이민○, 이원○, 이승○가 민법 제366조에 정한 법정지상권을 취득했고, 피고가 위 황정○ 등을 대위해서 원고에 대해 법정지상권을 주장할 수 있으므로 이 사건 각 지상물을 철거할 의무가 없다고 주장하나, 증인 이○원의 증언만으로는 이 사건 각 지상물이 이 사건 토지와 함께 이기○의 소유였다는 점을 인정하기 어렵고(갑제5호증의 기재에 의하면 이 사건 토지 위에 1945. 신축된 목조주택 53.2㎡가 있고, 1987. 1. 27 망인의 사망 이후 망인이 소유자로 등록된 사실을 인정할 수 있는데다, 위 주택은 현재 이 사건 각 지상물의 현황과 일치하지 않아 그 후 이 사건 각 지상물이 건축됐음을 짐작할 수 있다), 달리 이를 인정할 증거가 없으므로, 피고의 위 주장 역시 이유 없다.

라. 피고는 이 사건 토지에 관한 선의의 점유자이므로 원고에게 임료 상당 부당이득금을 반환할 의무가 없다는 취지로 주장하나, 적어도 원고가 부당이득의 반환을 구하는 원고 명의 소유권이전등기가 마쳐진 때로부터는 피고가 과실을 수취할 수 있는 본권이 있다고 잘못 믿은 선의의 점유자라고 보기 어려우므로, 피고의 위 주장은 이유 없다.

마. 피고는 반환할 부당이득의 범위에 관해서 이 사건 토지 전체가 아니라 이 사건 각 지상물의 부지에 해당하는 합계 176㎡에 해당하는 임료 상당액만 반환할 의무가 있다는 취지로 주장하나, 이 사건 각 지상물의 위치에 비춰 볼 때 피고가 이 사건 토지 전체를 점유하고 있다고 보는 것이 타당하므로 피고의 위 주장도 이유 없다.

4. 결론

따라서 원고의 청고는 이유 있으므로 이를 인용하기로 해서 주문과 같이 판결한다.

판사 이○○

철거판결을 받는 이유는 소송을 제기할 때의 목적과 마찬가지로 토지를 건물 소유자에게 파는 데 있어 보다 나은 조건 속에 있기 위함이다. 그의 입장에서 반드시 필요하고 가치 있는 건물이 철거위기에 처해진다면 어떤 태도를 취할지는 충분히 알 만한 일이다.

이 사건에서 피고는 변호사를 소송대리인으로 선임해서 원고의 철거요구와 부당이득금 반환청구에 대해서 최선을 다해 방어해 왔다. 선임비용을 기꺼이 지불하며 끝까지 대응했던 것은 그렇게 해서라도 지켜야 할 만큼 건물이 가치 있기 때문이라 짐작할 수 있다. 그 짐작대로라면 토지를 건물 소유자에게 충분한 수익을 보장하는 형태로 팔 수 있어야 한다. 그러나 피고는 철거판결이 떨어진 뒤 얼마 있지 않아 판결문대로 이행해서 대상 토지 위의 건물을 말끔히 철거했다. 이는 처음부터 목표로 삼았던 이른바 '건물 소유자에게 토지 팔기'라는 계획이 어긋났음을 의미한다. '왜?'라는 의구심이 들 수 있겠지만 그에 대한 합당한 답을 얻더라도 토지를 팔아 수익을 올리는 것에 도움은 되지 않아 큰 의미는 없다. 목표했던 판매대상이 없어졌으니 새로운 판매대상을 찾는 게 중요할 뿐이다.

철거판결에 덧붙여 부당이득금에 관한 확정판결도 떨어진다. 토지 소유권의 이전이 있은 후 확정판결까지 누적되는 부당이득금의 크기는 소송 기간에 비례해서 커질 수밖에 없어 건물 소유자에게 의외의 부담으로 작용한다. 그 부담 때문에라도 대부분의 건물 소유자는 토지 소유자와 빠른 시일 내에 담판 짓기를 원하기도 한다. 한편 누적된 부당이득금을 받지 못할 때는 대상 토지 위에 아직 철거되지 않은 건물을 경매에 넣어 충당할 수도 있다. 그런데 이 사건에서는 쌓여가는 부당이득금과 담판에 부담을 느꼈는지 몰라도, 어쨌든 건물 소유자는 건물을 철거해버렸다. 더불어 건물 소유자가 건물을 철거한 탓에 부당이득금을 용이하게 받아낼 수도 없게 됐다. 정리하면 건물 소유자의 건물 철거이행으로 인해 ① 토지를 팔아야 할 상대방의 증발, ② 부당이득금 회수 곤란 등 두 가지의 애로사항이 발생했다.

5 재산명시신청서 작성요령

이 사건에서 그동안 누적된 부당이득금은 1,500만 원에 달했다. 건물을 경매에 넣는 등의 방법으로 부당이득금 회수가 곤란하므로 갖가지 수단을 강구했다. 그 중 하나는 피고의 재산을 찾아내 그 재산에 부당이득금 반환을 권원으로 가압류 등을 건 후에 경매 신청을 해서 회수하는 것이다(소송제기 이전에 피고 소유의 토지 등 재산이 적지 않았다는 것을 확인한바 있다). 피고의 재산을 찾아낼 수 있는 가장 확실한 방법은 재산명시신청이다. 이에 다음과 같이 재산명시신청을 했다.

재산명시명령신청

채권자 : ○○○(주민등록번호 :　　　　－　　　　)

　　　　경기도 성남시

채무자 : 최한○

　　　　경기도 파주시

집행권원의 표시

위 당사자 간 의정부지방법원 고양지원 2013가단6○○○○호 부당이득금 반환 사건의 집행력 있는 지급명령 정본에 기한 부당이득금 1,500만 원.

신청취지

채무자는 재산관계를 명시한 재산목록을 재산명시 기일까지 제출하라. 라는 명령을 구합니다.

신청이유

1. 채권자는 채무자에 대해서 위와 같은 집행권원을 가지고 있으며, 채무자는 위 채무를 이행하지 않고 있습니다.

2. 이에 채권자는 강제집행하기 위해서 채무자의 재산을 알아본 결과 교묘한 방법으로 재산을 감추고 있어 채무자의 재산발견이 매우 어려워 강제집행을 할 수 없는 실정이므로 이러한 신청에 이른 것입니다.

첨부서류

1. 집행력 있는 지급명령 정본 1통.

1. 주민등록초본 1통.

1. 송달증명원 1통.

2014. ○○. ○○.

신청인 ○○○

의정부지방법원 고양지원

    재산명시신청이 있자 그 재산명시신청과 이후에 있을 절차들에 대해서 부담감을 느낀 피고는 얼마 지나지 않아 부당이득금을 입금했다. 건물은 자진 철거했고 누적된 부당이득금까지 다 받아 냈으므로 재판에 관한 피고와의 사건은 이것으로 종말을 고했다. 그러나 당장 매각 상대방이 없어진 토지는 어찌 될 것인가.

6 팔리지 않는 토지의 적절하고 올바른 처리 예

목표했던 구매자가 사라졌으니 새로운 구매자를 찾아내야 했다. 가장 먼저 떠올릴 수 있는 것은 '공인중개사 사무실에 내놓기'다. 그리고 판매할 토지 앞에 '이 토지 주인 직접 매매'라는 글귀와 전화번호가 적힌 현수막을 걸어 놓는다거나 광고전단지를 열심히 뿌리고 다니기 등이 있다.

이 토지는 헤이리 마을 같이 사람들이 즐겨 찾는 장소도 멀지 않았고, 자유로에서도 그리 멀지 않아 입지조건은 그리 나쁘지 않았다. 또한 비록 작은 마을이기는 하지만 모텔과 음식점들도 몇 군데 들어서 있어 주위환경으로 봐도 누군가 이 토지를 원하는 사람이 있을 듯했다. 이에 주변 공인중개사 사무실 몇 군데에 매물로 내놨다.

그런데 수도권에서 벗어난 토지는 거래 측면에서 도심지의 토지와는 몇 가지 다른 점이 있다. 첫째, 토지를 내놓은 사람의 다소와 관계없이 토지 구매자가 드물다. 둘째, 구매자가 드문 탓에 의외의 거래비용이 소요되기도 한다(한때의 일이지만 농지 매도에 매도가는 1억 원인데 중개수수료는 1,000만 원 단위를 요구받은 적도 있다). 그래서 그런지 그다지 나쁘지 않은 입지조건임에도 불구하고 오랜 시간이 지나도 팔리지 않았다.

그래서 사용한 방법이 경매를 통해서 매각하는 것이었다. 경매를 통해서 매각한다면 이 토지를 공인중개사 사무실을 통해서 파는 것보다 여러 가지 점에서 가능성과 이득을 엿볼 수 있다. 우

선 전국의 대중을 상대로 매각물건 공개가 있는 것이라 한정된 지역을 상대로 홍보하는 것과는 광고효과에 있어 차이가 난다. 일반 대중이 중개시장에 나온 토지를 사려고 우르르 달려가는 것은 특별한 경우 이외에는 본 적 없다. 그러나 경매 시장은 좋은 물건에 수십 명의 경쟁자가 붙기도 한다. 또한 의외의 중개수수료가 없다. 물론 경매 신청비용은 있겠으나 매각대금에서 돌려받기 때문에 실질적으로 거래에 들어가는 비용은 없다고 보면 된다. 더불어 매각에 있어서 흥정 등이 없다. 게다가 '법정지상권 성립 여지 있음'이라든지 '공유지분 매각' 등의 특별매각조건이 붙어 있지 않아 '토지만 매각'이라는 최초 조건이 붙어 있을 때보다 높게 평가될 것으로 보였다. 특별매각조건 등의 군더더기가 없으므로 주변에 형성된 적정시세에 팔릴 것도 예상했다. 경매 물건으로 등장한 토지를 입찰하려는 사람들은 입찰가 산정에 시세를 감안하기 때문이다. 경매 신청하기 위한 사전절차로는 공증 사무실에 가서 공증을 한다거나 근저당권을 설정하는 것이 있다. 이 토지는 채무액 공증을 한 이후에 강제경매 신청을 했다. 과연 신청한 지 얼마 되지 않아 경매 법원에 매각대상 물건으로 등장했다.

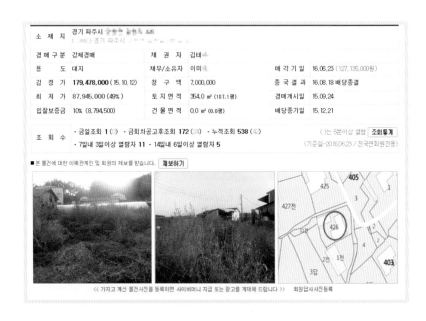

소 재 지	경기 파주시 ~~~~~~~~				
	(~~~) 경기 파주시 ~~~~~~~				
경매구분	강제경매	채 권 자	김태~		
용 도	대지	채무/소유자	이미~	매 각 기 일	16.06.23 (127,135,000원)
감 정 가	179,478,000 (15.10.12)	청 구 액	7,000,000	종 국 결 과	16.08.18 배당종결
최 저 가	87,945,000 (49%)	토 지 면 적	354.0 ㎡ (107.1평)	경매개시일	15.09.24
입찰보증금	10% (8,794,500)	건 물 면 적	0.0 ㎡ (0.0평)	배당종기일	15.12.21
조 회 수	· 금일조회 1 (0) · 금회차공고후조회 172 (24) · 누적조회 538 (42)			( )는 5분이상 열람 조회통계	
	· 7일내 3일이상 열람자 11 · 14일내 6일이상 열람자 5			(기준일-2016.06.23 / 전국연회원전용)	

■ 본 물건에 대한 이해관계인 및 회원의 제보를 받습니다. 제보하기

《 가지고 계신 물건사진을 등록하면 사이버머니 지급 또는 광고를 게재해 드립니다 》 회원답사사진등록

사진을 보면 건물 철거 이후에 관리를 하지 않아 물건 사진에
잡풀들이 많이 올라와 있다. 그리고 수도권 외곽의 한적한 곳에
자리 잡았다는 것이 지적도상에서도 확연히 드러난다. 그런 이유
들 때문인지 몰라도 유찰에 유찰을 거듭해서 49%까지 떨어졌다.
이보다 더 유찰이 된다면 수익이 발생하기 어려울 것으로 봐서 경
매 신청비는 아깝지만 어쩔 수 없이 경매를 취하해야 하는 상황까
지 이르러 갈등이 심했다. 그런데 49%까지 떨어졌다는 사실 자체
가 많은 사람들의 이목을 끌었던 듯했다. 입찰 당일 8명의 경쟁자
가 있었고 경쟁률이 무색하지 않게 1억 2,700여 만 원에 낙찰됐던
것이다. 소송을 진행하면서 건물 소유자에게 받으려 했던 금액은
1억 2,000만 원이었지만 오히려 경매를 신청한 결과 그보다 높은

가격에 팔아 수익을 더 올렸다.

　초기 투자비용은 8,400여 만 원(낙찰가+취득세)이 투입됐고, 경매를 신청해서 1억 2,700여 만 원에 팔았으므로 그 차익은 4,300만 원 정도다. 양도세와 기타 잡비 500만 원을 제외하면 경매로 매각한 결과 발생한 수익은 3,800만 원이다. 그에 덧붙여 피고에게 받았던 1,500만 원까지 합하면 실질 수익은 5,300만 원이 된다.

　입찰은 수익을 어떻게 올려야 할지 먼저 생각하고 매각방법에 대해서 다각도로 고찰한 뒤 하는 것이 일반적이다. 그런데 일이 항상 마음먹은 대로 되는 것은 아니다. 건물 소유자가 거절할 수 없는 제시조건들이 많다는 생각에 입찰해서 낙찰받았지만 의외의 강한 반응 때문에 소송까지 갔고 여러 차례의 공방 끝에 승소는 했다. 그러나 예상치 못한 상대방의 건물 철거에 대해서는 곧바로 대응하기 어려웠다. 이때 떠오른 방법은 경매를 통해서 토지를 매각해보자는 것이었다. 비록 경매로 매각해서 수익은 올렸지만 매번 이 방법을 통해서 수익 올리기를 시도할 것은 아닌 듯하다. 여러 가지 조건이 맞아야 활용할 수 있는 방법이겠다. 산꼭대기 절벽에 있는 땅이 팔리지 않는다고 해서 경매를 통해 매각을 시도한들 그것이 쉽게 팔리겠는가.

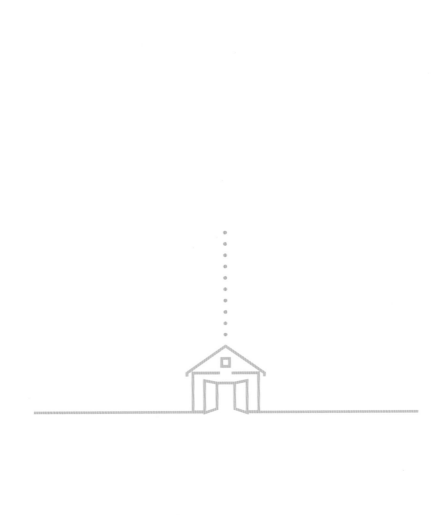

REAL ESTATE

소액 12

해결의 실마리는
답사에 있다

법정지상권 물건 입찰에는 경쟁자가 상대적으로 많지 않다. 전체적으로 부족한 물건이라 그런 것이 아닐까 싶다. 말하자면 반쪽짜리 물건이라는 것이다. 일체를 이루고 있는 토지와 건물 중 어떤 것은 토지만 경매 물건으로 나오기도 하고, 어떤 것은 건물만 경매 물건으로 나오기도 한다. 건물은 매각에서 제외되고 토지만 매물로 나올 경우 낙찰자는 토지만 이전해오는 수밖에 없는데, 결국 내 소유가 아닌 건물의 존재 때문에 토지만 세를 놓을 수도 없고 다른 이에게 팔기도 곤란하다. 그 위에 올라앉은 건물 때문에 모든 일이 틀어져 춘삼월 꽃잎 흩날리듯 애로사항이 넘쳐난다. 건물만 입찰의 경우도 마찬가지다. 토지가 건물주의 것이 아니다 보니 토지와 건물이 한 사람 소유일 때의 재산권행사에 비해서 제한사항이 많다. 토지주의 철거요구에도 대응해야 하고 또 행여나 지진 등 자연재해가 발생해서 건물이 무너지면 어찌 될 것인가. 물론 그 보존을 위한 법적장치는 따로 있을 수 있겠지만 일단은 토지와 건물을 온전하게 본인의 소유로 할 수 있는 물건보다는 구미가 당기지 않는 것이 인지상정 아닐까 싶다. 먹자니 먹을 것 없고, 버리자니 아깝고, 하지만 뭔가 나오지 않을까 하는 기대감을 주는 계륵 같은 물건이 법정지상권 여지 있는 물건이다.

관련물건번호	<	1 종결	2 종결		>

소 재 지	충남 보령시 ■■■■ ■■ ■■	도로명주소		
경 매 구 분	강제경매	채 권 자	서울■■■■■ ■	
용 도	대지	채무/소유자	조주■	매 각 기 일 10.12.20 (5,342,100원)
감 정 가	3,725,000 (10.08.24)	청 구 액	10,465,428	종 국 결 과 11.07.26 배당종결
최 저 가	3,725,000 (100%)	토 지 면 적	149.0 ㎡ (45.1평)	경매개시일 10.08.10
입찰보증금	10% (372,500)	건 물 면 적	0.0 ㎡ (0.0평)	배당종기일 10.10.27
주 의 사 항	·법정지상권 ·맹지 ·입찰외	특수件분석신청		

조 회 수	·금일조회 1 (0) ·금회차공고후조회 118 (5) ·누적조회 121 (6)	( )는 5분이상 열람 조회통계
	·7일내 3일이상 열람자 0 ·14일내 6일이상 열람자 0	(기준일-2010.12.20 / 전국연회원전용)

■ 본 물건에 대한 이해관계인 및 회원의 제보를 받습니다. 제보하기

이 물건은 저렴한 물건이다. 흔히 볼 수 있는 농촌지역의 한적한 마을에 자리 잡고 있다. 이를 통해 가늠해볼 수 있는 것은 우선 시세차익 등의 수익을 바라보며 접근하는 사람은 없을 것이라는 점이다. 덧붙여 토지 면적도 149㎡로 비교적 넓지 않으므로 퇴직 후 전원주택을 지어서 노후를 보내겠다는 생각으로 접근하는 이도 없을 것 같다. 한편 건물은 매각에서 제외된 토지만 매각이다. 따라서 경쟁자는 도심지역의 물건들보다 적을 것으로 보였다. 저렴하면서도 경쟁자가 적은 물건, 하지만 어떤 해법을 찾느냐에 따라 수익이 발생할 가능성이 엿보이는 물건이라는 점에 역점을 둔다면 이보다 좋은 물건은 드물다는 생각도 든다.

1 수익은 상대방이 지닌 욕심의 깊이와 넓이에 비례한다

등기부등본과 현장사진 등을 통해서 물건을 분석해보자. 분석의 주요 포인트는 이 물건과 관련된 이해관계인의 욕심의 깊이와 넓이가 어느 정도인가에 맞추도록 한다. 경매 입찰은 낙찰을 받은 후 누군가에게 팔아 수익을 올리는 것에 목적이 있는데, 그 매각 대상 후보자로 이해관계가 없는 일반인보다는 이해관계인이 여러모로 적절하고, 또한 이해관계인의 대상 물건에 대한 욕심이 크고 넓다면 수익도 그만큼 늘어날 가능성이 농후하다.

【 을 구 】			(소유권 이외의 권리에 관한 사항)	
순위번호	등 기 목 적	접 수	등 기 원 인	권 리 자 및 기 타 사 항
1 (전 1)	근저당권설정	2000년11월29일 제21180호	2000년11월23일 설정계약	채권최고액 금25,000,000원 채무자 조구를 보령시 ○○○○○○○○○○○○ 근저당권자 김종를 600717-1****** 보령시 ○○○○○ 공동담보 동리 토지 78-2
2 (전 2)	근저당권설정	2001년12월10일 제25696호	2001년12월10일 설정계약	채권최고액 금7,000,000원 채무자 조구를 보령시 ○○○○ ○○○○ 근저당권자 ○○○○○○○○ ○○○○○ ○○○○○○○ 보령시 ○○○ ○○ ○○ 공동담보 ○○○○ ○○ ○○

토지 소유자는 2000년도에 다른 토지와 공동으로 담보를 설정해서 2,500만 원을 빌려 썼고, 그다음 해에도 이 토지와 다른 토지를 공동 담보로 산림조합에서 700만 원을 더 빌렸다. 그리고 산림조합에서부터 돈을 빌려 쓸 당시 지상권 설정까지 해줬다.

순위번호	등 기 목 적	접 수	등 기 원 인	권 리 자 및 기 타 사 항
3 (전 3)	지상권설정	2001년12월10일 제25607호	2001년12월10일 설정계약	목 적 견고한 건물의 소유 범 위 위부동산전부 존속기간 2001년12월10일부터 만30년 지상권자 ░░░░░░░░░░░░░ 보령시 ░░░░░
				부동산등기법 제177조의 6 제1항의 규정에 의하여 1번 내지 3번 등기를 2002년 05월 22일 전산이기

　지상권은 토지를 사용할 수 있는 권리인데, 이와 같이 돈을 빌려줄 때 지상권을 설정하는 이유는 저당물의 가치훼손을 방지하려는 데 있다. 일반적으로 토지 위에 건물이나 기타 여러 공작물, 수목 등이 있는 상태와 나지를 비교해볼 때 나지의 가치가 더 높은 것으로 평가되는데, 이때 나지 상태의 저당물 위에 누군가 건물 등을 지어놓는다면 저당물의 가치는 훼손될 것이다. 그 이전에 미리 채권자가 나지 상태의 토지를 사용할 수 있는 권리를 먼저 얻어 그 이외에 아무도 사용할 수 없게 하면 그 가치를 보전할 수 있다. 이런 취지의 지상권을 설정한 것으로 볼 때 2001년 12월 당시 이 물건은 나대지 상태 즉, 제시외건물은 없었을 것으로 추측해볼 수 있다. 그렇다면 현재의 제시외건물은 저당권설정 이후에 지어진 건물로 볼 수 있을 것이고, 근저당권설정 당시 건물의 존재를 성립 요건으로 하는 민법 제366조의 법정지상권은 성립하지 않게 될 것이다. 건물을 위한 법정지상권이 성립하지 않으면 그 건물은 철거될 수밖에 없다. 이와 관련된 판례는 다음과 같다.

건물 철거 등
[대법원 1993.6.25. 선고 92다20330 판결]

【판시사항】
민법 제366조의 법정지상권이나 관습법상의 법정지상권은 저당권설정
당시부터 저당권의 목적되는 토지 위에 건물이 존재할 경우에 한해서 인
정되는지 여부(적극).

【판결요지】
민법 제366조의 법정지상권은 저당권설정 당시부터 저당권의 목적되는
토지 위에 건물이 존재할 경우에 한해서 인정되며 건물 없는 토지에 대
해서 저당권이 설정된 후 저당권설정자가 그 위에 건물을 건축했다가 임
의 경매 절차에서 경매로 인해서 대지와 그 지상건물이 소유자를 달리했
을 경우에는 위 법조 소정의 법정지상권이 인정되지 않을 뿐만 아니라
관습상의 법정지상권도 인정되지 아니한다.

일련 번호	소재지	지번	지목 및 용도	용도지역 및 구조	면적 (㎡)		평가가액		비고
					공부	사정	단가	금액	
1	충청남도 보령시 (흐림) (흐림)	78-2	전	보전관리지역	456	456	10,000	4,560,000	분묘소재 "휴경지"
2	"	78-4	대	보전관리지역	149	149	25,000	3,725,000	
							(@18,000)		제시외건물 감안평가시
	소 계							₩8,285,000	
	(제시외	건물)							
⑤	충청남도 보령시 (흐림) (흐림)	78-4, 83-5 위양지상	주택	조적조 및 경량 철골조아스팔트 싱글지붕단층	(88.9)	88.9	520,000	46,228,000	실측평가
	소 계							₩46,228,000	

    이 물건 감정평가서를 보면 흥미로운 정보가 들어 있다. 이 사건 토지 지상에 있는 것으로 추정되는 제시외건물의 감정평가액은 46,228,000원이다. 그리고 이 사건 토지의 감정평가액은 3,725,000원이다. 제시외건물의 평가가치가 토지 평가가치의 열 배가 넘어감을 확인할 수 있다. 이 사건은 최종적으로 다음과 같이 진행해서 수익을 창출하게 될 것임을 예상해볼 수 있다. 건물 가치가 토지 가치보다 월등히 높다는 것에 착안해서 건물 철거소송을 진행한다. 이후 철거판결문을 수단으로 건물주와의 대화를 이끌어낸다. 가치 높은 건물이 철거위기에 처해진다면 토지 소유자의 제안을 거절하는 것은 어려운 일이 된다.

이에 건물이 이 사건 토지 지상에 제대로 자리 잡고 있는지 확인하기 위해서 감정평가서상의 위치도 등을 열어보는 것이 필요하고, 그 사실을 위성지도 등으로 재차 확인해보는 것도 중요하다. 그리고 건물의 사진을 꼼꼼히 살펴봐서 진정 그만한 가치가 있는지 알아보는 것도 필요하다.

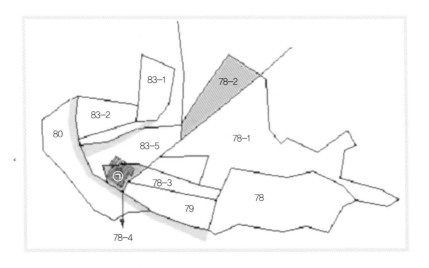

해당 번지 지상에 제시외건물 ㉠이 자리 잡고 있음을 확인할 수 있다. 토지 지상에 빈 공간 없이 건물이 자리 잡고 있는 것을 확인할 수 있는데, 이런 물건이 좋은 이유는 후일 부당이득금을 청구할 시에 토지의 최유효이용으로 한 푼이라도 더 부당이득금 및 지료를 받을 수 있기 때문이다. 또한 감정평가사가 제공해주는 사진에서도 제시외건물 ㉠이 있음을 확인할 수 있다.

　이와 같이 살펴본 것에 따르면 토지 지상에 고액으로 평가될 만큼 가치 있는 건물이 있고, 또한 법정지상권이 성립하지 않아 철거될 위기에 처할 수도 있다는 점은 건물주에게는 불리하고 낙찰자에게는 유리하다.

2 답사하지 않으면 절대로 알 수 없는 것들

법원으로 가기 전에 답사를 했다. 분석결과를 확인함과 동시에 새로운 사실의 발견을 위해서였다. 지나가는 동네사람을 붙들고 물어본 결과 수익에 대한 확신은 신념처럼 굳어졌다. 이 사건의 제시외건물에 사는 사람은 채무자의 부모이고, 자식은 아들 둘이 있다고 했다. 큰아들이 일을 벌여 경매에 나오게 됐지만 작은아들은 사업을 하고 있으며 효심도 아주 깊다고 했다.

답사는 능력의 파악이다

답사를 통해서 파악해볼 것은 ① 누가 사는지, ② 살고 있는 사람의 능력은 어떤지, ③ 살고 있는 사람은 능력이 없지만 주변 사람이 능력이 있는지, ④ 노인이 산다면 자식은 있는지, ⑤ 자식이 있다면 명절 때 자주 오는지, ⑥ 자주 오는 자식이 능력이 있는지 등이다. 더불어 주변 시세를 알아보는 것도 필요하기는 한데, 대부분의 법정지상권 물건은 이해관계인에게 떠넘기는 식으로 수익을 창출할 때가 많아서 위의 사항들만큼 매우 중요한 것은 아니다.

시일이 지나 매각잔금을 납부하고 법원에 소유권 이전등기 촉탁 신청까지 완료했다. 때가 됐으므로 내용증명이나 보낼까 하는 마음에 내용증명 문구를 작성하는 중에 어디선가 전화가 왔다. 그

날은 낙찰받은 지 17일 정도 지나 있었고, 잔금을 치루고 등기 촉탁 신청을 한 지 3일이 지난 뒤로 설날이 얼마 남지 않은 때였다. 이 물건의 내용증명을 명절 전 그곳에 사는 부모에게 보내면 이를 본 부모는 설에 모인 자식들에게 보여줄 것이라고 여겼다. 그 중 특히 효심 깊은 작은아들이 낙찰자를 찾지 않을까 하는 굴뚝같은 바람을 품으며 내용증명에 몰입했던 것이다.

　전화를 건 상대방은 그 작은아들이었다. 명절이 멀지 않은 마당에 토지가 다른 사람에게 경매로 넘어간 사실을 알게 돼 부모님의 걱정이 하늘을 찌른다고 했다. 하나밖에 없는 친형이 자꾸 사고를 치다가 결국은 일을 저질렀고, 예전에 사고 친 것들은 자기가 갚아주기도 하면서 뒤를 봐줬는데 밑 빠진 독에 물 붓기였다는 말을 했다. 그리고 이번 일도 청구액이 얼마 되지 않아서 갚아주고 매듭지으려 했지만 또 다시 경매에 들어갔고, 입찰을 했지만 누군가 낙찰을 받아서 매우 실망했다고 한다. 되짚어 보니 경쟁자 없는 단독물건이 아니었던 것이 기억났다. 설도 며칠 안 남았는데 즐거워야 할 설날이 부모님의 걱정으로 망쳐질 듯하고, 또 부모님께서는 땅이 빼앗겼으니 집도 빼앗기게 되는 것이 아니냐 하는 생각에 잠도 못 주무신다고 했다. 엄동설한에 쫓겨나게 생겼다는 것이다. 그래서 결론은 구정이 지난 이후에 이자까지 붙여서 토지를 사겠으니 별다른 문제가 없다는 것을 부모님께 확인시켜 달라는 것이었다.

　전화를 받고 나서 새삼 답사가 중요하다는 것을 느꼈다. 물건명세서를 통해서는 근저당권설정 이후에 지어져 법정지상권이 성립하지 않는 건물이 있다는 것 정도만 알 수 있었고, 성립하지 않으므로 건물 소유자에게 막연히 팔 수 있겠다는 생각만 했을 뿐 구체적인 계획은 있지 않았다. 그런데 답사를 통해서 작은아들이 있음을 알게 됐고, 그를 통해 해결해보려 했는데 이렇게 먼저 전화가 왔다. 그리고 답사를 했기 때문에 물건의 장점이 더 크게 느껴져 애초에 마음먹었던 입찰가보다 더 많은 금액으로 입찰을 했다. 만일 답사를 하지 않았다면 작은아들이 낙찰을 받았을 것이고 이런 기회는 없었을 것이다. 어쨌든 그에게 부탁받은 대로 전화번호를 받아 그 번호로 전화를 걸었다. 그리고 다음과 같은 말로 안심을 시켜드렸다.

"어머님께서는 참으로 효자를 두셨습니다. 다름 아니라 저는 어머님이 사시는 땅을 낙찰받은 사람인데요. 제가 낙찰을 받았어도 추운 겨울에 밖으로 쫓겨나실 일은 없을 것이고, 이 일을 직업으로 삼으며 연명하고는 있지만 머리에 뿔 달리고 이빨이 뾰족하게 난 그런 나쁜 사람은 아닙니다. 힘든 분들 더 힘들게 하거나 아픈 사람들 더 아프게 하지 않고, 오히려 제 돈을 들여 빚진 사람들 빚을 갚아주기도 하면서 살고 있습니다. 어찌 됐든 안심하세요. 그리고 작은아들분이 설 이후에 다 해결한다고 했으니까 안심하셔도 됩니다."

3 철거 언급이 때로는 유용한 설득의 도구가 될 수 있다

오는 말이 고와야 가는 말이 고운 법이다. 물에 빠진 사람 건져 놓으니까 내 봇짐 내라 한다더니 상대는 호의를 우습게 봤다. 설 이전에 효심 깊은 작은아들의 부탁을 곱게 들어줬는데 설 이후에 해결을 보자던 말은 한참 뒤에도 현실화 되지 않았다. 화장실 갈 때와 나올 때가 다르다고 설날 전에는 화장실 가기 전이었고 또 그걸 쉽게 풀어줬으니 자극도 없었던 모양이었다. 그래서 그동안의 사연을 적은 내용증명을 작성해서 보냈다. 내용증명이 들어가자마자 곧바로 전화가 왔다. 상대방은 약속을 하루 속히 이행하지 못한 것을 사과했고 토지 매입가를 제시했다. 그런데 사과하는 내용과 달리 상대방이 제시하는 가격에는 진정성의 문제가 있었다. 물론 처음의 약속과도 달랐다.

사겠다는 제의도 상대방이 먼저 했고, 그 제의 또한 상대방이 스스로 어겨 내용증명을 보냈으나 성과 없이 끝났다. 대화로 풀 방법이 없다면 이제 소송을 제기해서 풀어 보는 것이 순서일 것이다. 그러나 소장을 넣기 전에 마지막으로 다시 한 번 전화를 걸었다. 소액 물건을 가지고 법원까지 간다는 것도 그렇고, 더구나 노인분들을 상대할 것을 생각하니 어떻게 해서든 대화를 통해 끝내는 것이 좋을 것 같았다.

"저는 오늘 마음이 정말 아픕니다. 지방 모처에 낙찰받은 물건이 있었는데 이리저리 내키지 않는 재판을 해서 철거판결을 받은 적 있어요. 오늘은 특히 그 물건에 올라가 있는 건물을 철거하

고 오는 길입니다. 그분들은 오늘 아침까지만 해도 아늑했던 잠자리와 편안하게 밥을 먹던 공간을 잃어버렸습니다. 마음이 아픈 나머지 그 집행을 말리고 싶었지만 이미 법원으로 넘어가 공식적인 일이 돼버린 마당에 저는 손을 쓸 수가 없었어요. 갈 곳 없는 그분들을 보면서 그렇게 만든 당사자이긴 하지만 가슴 아픈 것은 어쩔 수 없었습니다. 그런데 이제 또 그런 일을 하게 될 것을 생각하니 마음이 매우 편하지 않습니다. 적어도 저는 두 달 이내에 이곳에서 또 이런 가슴 아픈 일을 겪게 될 것입니다. 철거하는 포클레인을 두 발 동동 구르며 바라만 보고 계실 수밖에 없는 노인분들을 볼 생각을 하니 벌써부터 눈물이 샘솟는 듯합니다. 제가 감당하지 못할 만큼의 금액을 제시하는 것도 아니고 등기부 세탁 비용 정도를 받겠다는데 그것을 아끼려고 그 큰일을 양자 간에 겪게 하실 겁니까? 부디 깊이 생각하시고 결정을 내려 주십시오."

전화로 내 말을 들은 상대는 잠시 말을 잇지 않다가 계약을 하는 것으로 사건을 종결 짓자는 말을 꺼냈다. 약속장소와 시간도 정했다. 이런 대화가 통하는 것은 말의 힘 때문이 아니라 상황의 힘 때문이다. 철거대상이 될 수밖에 없는 건물주인 상대방은 그 건물을 살리려 한다면 결국은 토지주의 요구에 응할 수밖에 없다. 그런데 여기서 살펴볼 것은 상대방의 입장에서 건물을 살리려는 이유는 여러 가지가 있다는 점이다. 건물이 고가라 해도 누구나 지켜야 할 소중한 것은 아니다. 이 사건에 있어서 만일 상대방이 그 부모의 안위에 관해서 별 관심이 없거나 있어도 어찌할 수 있는 능력이 없었다면 고가의 건축물이었어도 이 정도의 말은 먹히지 않았을 것이다. 결국 등기부 등 서류 해석 및 그 이면의 추측뿐 아니라 답사를 통한 사실 확인과 해결 단서의 파악도 중요한 것임을 알 수 있다.

법정지상권이 반드시 성립하지 않아야 할까

입찰 예정 물건 선정의 기준을 법정지상권의 성립 여부에 두는 경우가 많다. 그러나 법정지상권이 성립하지 않는 건물을 철거하거나 아니면 철거라는 약점을 활용해서 수익을 올리려는 목적만 가지고 분석하는 것은 아니다. 성립 여부가 중요한 것이기는 하지만 대부분 대화 과정에서 성립되는지에 관한 언급은 별로 없다. 그럼에도 늘 분석하고 기준을 잡는 이유는 최악의 경우를 가정해야 하기 때문이다. 대화가 깨지면 갈 곳은 법원밖에 더 있겠는가.

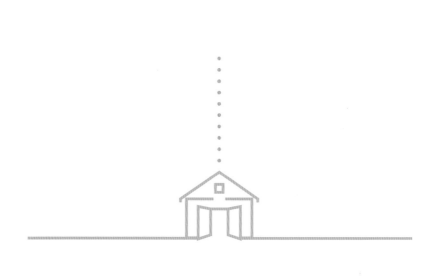

REAL ESTATE

소액 13

수익은 상대방의
탈출구에도 달려 있다

13

1 경매 당한 사람에게 돈이 있을까

경매 당한 사람들의 대부분은 돈이 없다. 돈이 있었다면 소중한 재산이 경매로 팔리게 놔두지도 않았을 것이고, 채권자가 경매를 신청하기도 전에 빚을 갚아 경매 시장에 나오게 하지도 않았을 것이다.

건물은 제외하고 토지만 매각물건이 있다. 그 토지에 입찰하는 이유는 여러 가지가 있겠지만 그 중에는 특히 해당 건물 소유자에게 토지를 팔아서 수익을 얻겠다는 의도도 있다. 건물 소유자가 토지만 경매 당한 사람이든 토지 채무와 관련 없는 제3자든 상관없다. 그런데 여기서 경매 당한 사람에게 토지를 팔겠다는 생각이 좀 이상하지 않은가. 마치 김선달이 대동강 물 팔아먹는 이야기처럼 들린다. 그러나 결국은 판다. 그 망했다던 사람은 토지를 낙찰받은 사람에게서 토지를 사들인다. 팔겠다는 사람이나 산 사람이나 언뜻 이해하기 어렵다. 어떻게 그런 일이 가능할까.

　토지만 매각물건이 나왔다. 법정지상권 성립 여지 있는 건물
이 지상에 자리 잡고 있다. 사진 속 건물은 건축 완료를 눈앞에 두
고 있는지 또는 건축을 중단한 상태인지 정확히 알 수 없지만 상
태가 좋아 보인다. 토지 넓이는 198.1평이고, 전체 토지 감정가액
은 13,100,000원으로 평당 토지 가격은 6만 6,000여 원이다. 집
을 지을 수 있는 토지의 가격이 평당 10만 원에도 미치지 못한다.
입지조건이 어떨지는 모르겠지만 매우 저렴한 가격에 등장했다.

생산관리지역이고 지목은 전이다. 밭 위에다 집을 지은 것으로 보였다. 대상 물건지 오른쪽에 동북으로 뻗어 있는 것은 도로인 것으로 보이니 맹지는 아니다. 사진을 보니 산 밑에 집 두 채가 서 있는 것이 보인다. 두 채의 건물 모양이 유사한 것으로 봐서는 동일인이 지은 것 같다. 주변정리가 잘돼 있었고, 특히 왼쪽 건물에는 비계가 세워져 있지 않은 것으로 보인다. 비계를 뜯어냈다고 보면 되겠다.

비계는 뜯어져 있고 창문과 현관문이 제대로 들어가 있는 것으로 볼 때 왼쪽 건물은 거의 완공된 상태였다. 오른쪽 건물은 왼쪽 건물보다는 진행속도가 약간 느리지만 비계만 서 있을 뿐 창문과 현관문이 마찬가지로 자리 잡고 있다. 건물 사이에는 공사용 차량으로 보이는 승합차도 있다. 이것으로 볼 때 사진을 찍었을 당시에도 공사는 계속됐다는 것을 알 수 있다. 여기서는 토지의 근저당권설정 이후에 건물이 지어졌는지가 중요하다.

순위번호	등 기 목 적	접 수	등 기 원 인	권 리 자 및 기 타 사 항
3	소유권이전	2007년7월23일 제11360호	2007년7월16일 매매	소유자 김귀◯ 560924-2****** 　서울특별시 강남구 ◯◯◯ ◯◯◯ ◯◯◯ 매매목록 제2007-◯◯◯호
3-1	3번등기명의인표시변경	2009년8월7일 제10556호	2008년12월29일 전거	김귀◯의 주소 서울특별시 강남구 ◯◯◯ ◯◯◯
4	임의경매개시결정	2010년3월10일 제2395호	2010년3월10일 인구지방법원 영동지원의 임의경매개시결정(2010 타경◯◯)	채권자 이용◯ 630126-1****** 　성남시 분당구 ◯◯◯ ◯ ◯◯◯◯ ◯◯◯ ◯◯◯

토지 소유자는 2007년 매매로 김귀◯이다. 2009년 근저당권에 기해서 채권자 이용◯이 경매를 신청했다.

2009년 이후에 건물의 착공이 있었는지를 확인하면 법정지상권 성립 여부를 알 수 있다. 근저당권설정일자 이후에 지어진 건물에는 법정지상권이 성립하지 않는다. 건축물 대장과 건물 등기부가 있다면 건축 착공일자를 알 수 있지만 그런 문서가 없는 경우도 많다.

2 정보공개청구권을 활용해 알아보는 건축물 정보

서류상의 검토 이후에 현장답사는 필수적이다. 답사 시 확인해야 할 것은 건축물의 완공여부와 건물 착공시기 등이다. 건물을 짓기 시작한 시기는 해당 군청 건축과에 직접 방문해서 알아볼 수도 있고 정보공개 홈페이지(http://www.open.go.kr)에 접속해서 신청할 수도 있다. 간단한 회원 가입 후 청구내용을 작성해서 제출하면 수일 내에 회신 결과를 받아 볼 수 있다. 청구내용은 이 사건 토지 지상 건축물의 건축주, 건축 허가 일시, 착공 시기 등이다. 특별한 형식이 있는 것은 아니고 내용을 다음과 같이 작성해서 제출하면 된다.

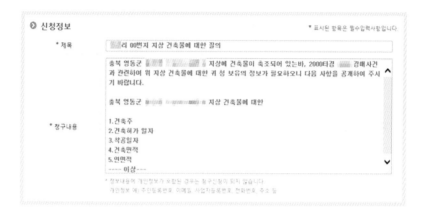

정보공개 청구 회신에서 확인한 착공일자는 2009년 9월 17일로 근저당권설정계약 이후였고 착공 명의는 장시○으로 돼 있음을 알 수 있었다. 김귀○은 토지를 제공하고 장시○은 건물을 지어서 후일 토지와 건물 소유자를 맞춘 후 팔거나 세를 놓을 의도가 있는 것으로 보인다. 결과를 정리하면 다음과 같다.

① 2009년 8월 7일 김귀○ 소유의 토지에 토지 근저당권을 설정.
② 2009년 9월 17일 건축주 장시○이 착공.

토지 근저당권설정 이후에 건물이 지어졌으므로 본건 토지 위의 건물은 민법 제366조 법정지상권 조항으로 보호받지 못한다. 또한 건물 소유자는 장시○이고 토지 소유자는 김귀○으로 소유자가 서로 다른 상태에서 경매 등으로 매각이 되는 경우에 해당해서 관습상 법정지상권도 성립하지 않는다.

낙찰가가 시세보다 높은 이유

종종 법정지상권 물건의 경쟁률과 낙찰가율이 하늘을 뚫는 것을 볼 때가 있다. 과연 저렇게 낙찰받아서 무엇을 하려고 하는지 의구심이 들 때도 있다. 법정지상권 물건 입찰 동기를 고려하면 왜 그런지 알 수 있을 것 같기도 하다. 보통 토지의 입찰은 평당 시세를 고려해서 입찰가를 정하고, 낙찰받은 후 개발 호재 등 외부 조건의 변화에 따라 수익을 얻는 것이 일반적이다. 그러나 이른바 법정지상권이나 지분 등의 특별매각조건이 붙어 있는 토지는 낙찰자의 매도능력에 따라 수익이 달라지는 것이 보통이다. 따라서 시세는 그저 참고하는 정도에 그치는 경우가 많다. 불특정 다수를 대상으로 물건을 내놓는 것이 아니라 낙찰받은 후 누구한테 팔아야 할지를 미리 결정해놓고 입찰하는 탓에 그 시세는 입찰가의 산정에 큰 영향을 미치지 않는다. 시세가 평당 10만 원이라고 하더라도 어떤 이유에서든 그 토지가 반드시 필요한 사람은 평당 20만 원에 사들여도 그 돈이 아깝지 않을 것이다. 그 필요한 사람을 미리 발견하고 그 사람에게 팔겠다고 작정한다면 시세가 10만 원이라 해도 수익을 남길 수 있는 20만 원 이내의 가격이라면 그 어떤 숫자든 입찰표에 적어 넣는 것을 주저하지 않는다.

경매 물건 입찰이 있고 최고가 매수인이 정해지면 매각기일로부터 7일 이내에 법원은 경매 절차에 하자가 있는지를 검토한 뒤 하자가 있으면 매각불허가결정을 하고, 하자가 없으면 매각허가결정을 한다. 그리고 매각허가결정이 있은 후 7일 이내에 이해관계인에게 매각허가결정 또는 매각불허가결정에 대해서 항고 사유 등의 요건을 갖춰 항고할 수 있게 하는 항고기간을 준다. 이후 항고 등이 없을 시 법원은 매각허가결정 확정을 하게 되고 확정일로부터 1일 이내에 대금지급기일을 지정한다. 낙찰자는 매각기일 이후 14일이 지나면 잔금을 납입할 수 있다.

3 먼저 말하는 사람이 지는 게임

간혹 비싸게 사서 후회가 된다든지, 물건을 낙찰받고 보니 마음에 들지 않거나 낙찰받고 나서 돈이 갑자기 부족해져 대금을 지정된 기일까지 납입하지 못하는 경우가 있다. 이때 차순위 매수신고인이 있을 경우 그에게 매각허가결정이 있게 되고 차순위 매수신고인이 없을 경우는 재경매가 있게 돼 보증금은 몰수되고 매각기일이 다시 지정된다. 몰수된 보증금은 추후 배당할 금액에 충당된다. 어쨌든 변심하거나 상황이 변해서 잔금을 납입할 경우 언제까지 내면 될까. 공식적으로는 매각기일이 다시 지정된 이후 재경매 3일 전까지 지연이자를 포함해서 대금을 납부할 수 있다. 그러나 실무에서는 재매각기일 당일까지 납부가 가능하다.

그런데 이런 경우는 어떨까. 대금을 미납했을 때 차순위 매수인이 있는 경우 말이다. 이때는 최고가든 차순위든 먼저 대금을 납부하는 이가 소유권을 취득하게 된다. 어쨌든 이 물건에 잔금을 납입하고 소유권 이전등기 촉탁 신청을 마친 후 내용증명을 작성해서 보냈다. 내용은 불법 건물 철거와 부당이득반환에 대한 것이었다. 한참을 기다리던 어느 날 상대방에게서 전화가 왔다.

전화를 받자마자 토지가 낙찰됐는데 어쩔 작정이냐고 물었다. 그 물음에 상대방은 바로 대답하지 않고 경매가 들어간 경위에 대해서 장황하게 늘어놓았다. 영동 산골짜기 깊은 곳에 있는 땅을 본인 아니면 아무도 낙찰받지 않을 줄 알았는데 왜 당신이 낙찰받았는지 알 수가 없다는 원망 섞인 푸념도 간간히 내뱉었다. 계속 들어주면 한도 끝도 없을 것 같아서 원망하려고 전화하는 것이면 전화를 끊겠다고 하자 그제야 본론을 말했다. 군청의 허가를 받은 합법적인 건물이라서 철거하라는 것은 이해할 수 없고, 철거 이외에 다른 방법이 있지 않겠느냐고 했다. 결국 토지를 되사겠다는 의미다. 팔겠다는 말보다 사겠다는 말이 상대방 입에서 먼저 나왔다. 다급한 마음의 표출이다.

상대방에게는 이 토지가 반드시 필요한 이유가 있다. 첫째, 건물을 지은 애초의 목적이 이 전원주택을 팔아서 돈을 벌려고 한 것인데 토지가 타인 소유로 있다면 그 목적은 물 건너갈 우려가 있다. 둘째, 소송에서 철거판결이라도 떨어져 철거가 진행된다면 그동안 투입비용은 한 푼도 건질 수 없다. 셋째, 철거판결뿐 아니라 시간이 지날수록 본인 소유 건물이 깔고 앉은 토지에 대한 부당이득금이 쌓여 그동안 없었던 새로운 빚이 발생한다. 둘째, 셋째 이유는 아직 드러나지 않아 심각하게 느껴지지 않는 피해라고 할 수 있지만, 첫째 이유는 눈에 뻔히 보이는 피해이고 게으름을 피우면 다시는 해결 기회가 오지 않는다.

이런 이유에 근거해서 있는 힘껏 가격을 부풀려서 제안했다. 제안하는 틈틈이 현재 처한 상대방의 상황에 대한 리얼한 설명과 앞으로 어떤 일을 겪게 될 것이고, 시간이 흘러가면 갈수록 본인에게 이익이 될 것은 없고 불이익만 커질 것이라는 말을 덧붙였다. 힘껏 부풀린 가격이 부담스러웠는지 상대방은 조용히 전화를 끊었다. 그리고 그 이후 완전히 꿀 먹은 벙어리가 됐다. 더 이상의 제안은 의미 없을 것 같아서 건물 철거소송을 제기했다. 소송을 이어가면서 해결을 볼 작정이었다.

전자소송으로 철거소장을 법원에 제출한 지 얼마 되지 않아 피고에게서 소장에 대한 답변서가 왔다. 답변서의 주요내용은 원고는 경매 브로커이고, ① 이런 토지를 사서 건물주의 궁박한 처지를 이용해서 사익을 취하려는 나쁜 사람이며, ② 건물을 철거하라고 하나 피고는 건물을 지을 때 토지주의 허락을 받았을 뿐 아니라, ③ 군청의 건축 허가도 있었으므로 불법 건축물은 아니어서 철거는 말도 안 된다는 것이었다.

상대방은 스스로 타인의 토지 위에 건물을 지었다고 말하고 있다. 토지주의 허락을 받아 건물을 지었다는 문구가 그것이다. 토지주의 허락은 법정지상권 성립 여부와 관련 없기 때문에 허락을 받았더라도 타인의 토지 위에 건물을 짓고 그 이후 토지가 경매 등으로 매각이 됐을 때는 법정지상권이 성립하지 않는다. 즉, 허락받은 부분은 별 의미가 없고 건물을 지었다는 것만이 큰 의미가 있을 뿐이다. 토지주의 승낙에 관해서는 다음과 같은 판례도 있다.

건물 철거
[대법원 1990.10.30. 선고, 90다카26003, 판결]

【판시사항】

토지 소유자의 승낙을 받아 건물을 신축한 자의 관습에 의한 법정지상권 유무(소극).

【판결요지】

토지 소유자로부터 토지 사용 승낙을 받아 건물을 신축하고 그에 대한 경작료를 납부해서 온 경우에는 관습에 의한 법정지상권이 성립할 여지가 없고 따라서 그에 기한 건물의 매수청구권도 발생하지 아니한다.

그 답변서를 토대로 해서 준비서면을 작성했다.

준비서면

사 건 : 2010가단 ○○○○

원 고 : ○○○

피 고 : 장시○

1. 사실의 확정

(가) 본건 토지는 소외 김귀○이 2007. 7. ○○ 매매로 취득한 토지로서 그 지상에 피고 장시○이 별지목록의 단층주택 ○○○㎡를 신축해서 위 건물에 대해서만 소유권을 주장하고 있고 충청북도 영동군청에서 발급한 정보공개처리알림과 같이 2007. 11. 22 건축 허가를 받아 2007. 11. 27 착공을 해서 현재에 이른 사실을 알 수 있습니다. 또한 피고의 답변서 1항을 보면 피고 역시 이 부분에 대해서 인정을 하고 있는바 이에 원고 피고 간에 다툼이 없습니다.

(나) 그 후 피고인 장시○은 본건 토지와 건물을 실질적으로 점유해서 사용 수익하면서 소외 김귀○이 2009. 8. ○○. 본건 토지에 근저당권을 설정했고, 본 근저당권설정으로 인해서 2010. 3. ○○. 귀 원 경매개시 결정으로 담보권을 실행한 물건입니다.

(다) 그 후 원고가 이 사건 토지를 경락받아 2010년 7월 ○○일 그 소유권 이전등기를 마쳤습니다(갑제1호증).

2. 법리상의 검토

(가) 피고가 답변서에서 주장하는 민법 제366조에 의한 법정지상권 또는 관습에 의한 법정지상권이 인정되려면 토지와 그 지상건물이 동일인의 소유로 있다가 저당권의 실행이나 매매 등으로 그 소유자가 달라진 경우에 그 건물 소유자에게 인정된다 할 것입니다.

(나) 그러나 본사건의 경우와 같이 피고는 건물만의 소유권을 가지고 있고 그 대지에 관해서는 소유권 이전등기를 이전받지 못하고 있는 상태에서 그 대지가 경매돼 소유자가 다르게 되는 경우, 건물 소유자는 대지와 건물이 동일인의 소유에 속한 것이라고 볼 수 없어 법정지상권이 발생할 수 없다 할 것입니다.

(다) 그렇다면 피고인 장시○이 답변서에서 진술하는바와 같이 건물 소유자는 피고 장시○이고 토지 소유자는 소외 김귀○인바, 피고는 본건 건물을 건축해서 소유권을 주장하고 있고 대지는 소외 김귀○ 소유의 상태에서 저당권을 설정할 당시 토지와 그 위의 지상건물 소유자가 각기 달리하고 있던 중 토지에 대한 근저당권의 실행으로 원고가 경락받은 본 사건의 경우 법정지상권을 인정하는 것은 법리에 맞지 않다 할 것입니다 (갑제4호증 - 영동군청 발급 정보공개처리알림 공문서).

3. 맺는말

그렇다면 피고는 위와 같이 법정지상권 또는 관습에 의한 법정지상권이 인정되지 않다 할 것이므로 별지기재 토지의 별지도면상의 1, 2, 3, 4, 1을 순차직선으로 연결한 선내 (가)부분의 경량철골구조 판넬지붕 1층 단독주택 ○○○㎡를 철거해야 할 것이며 특히 피고는 원고가 경락을 받은 후 원고가 사용하지 못함으로써 피고가 얻는 부당이익 상당의 적정임료를 위 건물의 철거 완료 시까지 지불하라고 수차 요구했으나 이에 응하지 않고 있으며 아무런 권원 없이 타인의 토지를 사용하고 있다면 즉시 건물을 철거하고 토지 소유자에게 토지를 인도해야 함이 마땅함에도 불구하고 이에 따르지 않은 피고에게 적절한 판결을 기다리며 이 글을 맺습니다.

입증방법

1. 갑제4호증 – 영동군청발급 정보공개처리알림 공문서.

2010. ○○. ○○

원고 ○○○

청주지방법원 영동지원 귀중

4 건축 허가와 법정지상권은 어떤 관계에 있을까

　민사재판은 서면 제출한 소장과 준비서면 등을 토대로 판사가 판결하기 때문에 그리 어렵지 않다. 원고나 피고석에 앉아서 보충 질문 몇 개만 오가면 끝나는 게 대부분이다. 사실관계를 잘 파악하고 판사의 보충 질문에 대답을 잘 하면 된다.

　재판 과정에서 어떤 질문들이 있게 될까 궁금해 하던 차에 사건번호와 이름이 불렸다. 원고석 앞에 가서 인사를 하고 착석을 했다. 상대방의 이름도 불렸다. 피고가 등장하자 판사는 서면을 유심히 보다가 피고에게 무엇인가 질문을 했다. 피고는 그 질문에 대해서 대답은 하지 않고 군청의 허가를 받아서 지었으므로 불법 건축물도 아니고 토지주의 허락을 받아 지었는데 이게 왜 문제가 되느냐고 판사에게 따지듯 되물었다. 철거소송을 자주 하다 보면 종종 보는 낯익은 장면이다. 피고는 여기에 덧붙여 원고는 경매 브로커이며 아주 나쁜 의도를 가지고 땅을 가로채 본인을 괴롭힌다는 말까지 했다. 피고 본인의 입장에서는 다 맞는 말이어서 억울하니 하소연을 하지 않고는 배겨낼 수 없었을 것이다. 내용은 결국 답변서의 되풀이였다. 말이 이어지면서 감정이 격해진 피고의 언성이 높아지자 판사는 제지했다. 그러고는 피고가 패소할 것이라는 뉘앙스를 주며 토지를 사거나 건물을 원고에게 팔 생각은 없느냐고 물어보았다. 피고는 그럴 생각이 있다고 대답했다. 판사는 내게도 토지를 팔거나 건물을 살 생각이 있냐고 물어봤다. 그 물음에 대해서 "토지를 팔 생각은 있습니다. 그리고 건물을 피고가 팔겠다면 살 의향도 있습니다. 다만 건물의 구조라든가 모양이 마음에 들지 않아 철거하고 다시 지을 것이므로 저에게는 가치가 없는 건물입니다. 그래서 500만 원 이상은 드릴 수 없습니다"라고 답했다. 그 말을 들은 피고는 얼굴이 빨개지며 흥분을 했다. 흥분한 피고를 다시 한 번 제지시킨 판사는 원고와 피고가 서로 사거나 팔 의향이 있으니 조정을 보는 것이 어떠냐며 조정기일을 잡아주는 것으로 끝을 맺어줬다.

철거소송을 진행하다 보면 군청의 건축 허가를 받았는데 왜 철거해야 하냐고 항변하는 사람들이 종종 있다. 허가를 받았으니 합법이라는 것이 핵심 주장이다. 그러나 행정관청의 건축 허가 요건에 반드시 본인 소유의 토지에 건축하라는 것은 없다. 그리고 타인의 토지 위에 짓더라도 일정 요건을 갖추면 민법 제366조의 법정지상권 조항으로 보호받을 수도 있다. 따라서 건축 허가를 내줘도 문제가 되지 않는 것이며, 한편으로는 행정청의 허가가 민법상의 어떤 행위의 하자를 치유하는 효과가 있는 것도 아니기 때문에 그런 주장은 터무니없는 것이다.

5 법원의 조정, 흥정의 기술

조정실에는 두 명의 조정위원이 참석했다. 조정위원은 얼마에 팔겠느냐고 단도직입적으로 물어봤다. 그 물음에 있는 힘껏 생각한 가격을 말했더니 피고는 시세에 비해 터무니없이 높은 가격을 제시한다고 했다. 나는 시세에 비해 터무니없다는 것은 상대방의 거짓말이며 주변 시세를 자세히 알아봤다는 말과 함께 미리 준비해간 시세자료를 위원들에게 건네줬다. 사실 그 지역 시세에 대해서 정확히 알지는 못했다. 주변에 공인중개사 사무실이 없어서 알 수 없었고, 동네사람들이 말하는 시세가 있기는 하나 그 시세는 여러 가지로 재판에 불리해서 쓰기 곤란했다. 상대방이 그 자료에 반박할 자료를 준비하지는 않았을 것이라는 생각에 혹시 몰라 준비한 시세자료였다. 그렇다고 해서 거짓말로 작성한 시세는 아니었다. 상대방에게 토지를 좋은 가격에 팔면 그게 시세가 되지 않겠는가.

피고는 할 말이 없는 듯했고 조정위원은 "원고는 이런 일을 본업으로 하는 사람 같은데 여기서는 땅을 싸게 파시고 다른 땅을 낙찰받아 수익을 크게 남기는 것이 어떻겠습니까? 피고분 사정이 딱한 것 같은데 좀 봐주시죠"라는 말을 했다. 늘 듣는 말이었다. 왜 항상 조정위원들은 이런 말로 사람을 설득하려는지 알 수 없다. 그들 말처럼 여기서 싸게 팔고 다른 데 가서 비싸게 판다고 가정했을 때 다른 데서도 똑같은 말을 듣는다면 영원히 싸게 팔 수밖에 없는 것이 아닐까. 그런 취지로 항변을 했더니 이번에는 조정위원이 잠시 말을 잇지 못했다.

조정위원들은 피고에게 잠시 나가 있다가 부르면 다시 들어오라고 했다. 원고와 피고를 서로 분리시켜 말을 들어보거나 설득한 후 다시 조정할 모양이었다. 조정위원의 말은 이랬다. 반드시 바라는 것과 같은 철거판결이 나오지 않을 수도 있고, 피고가 토지를 살 의향이 있다고 하니 수익이 어느 정도 남을 것 같으면 넘겨주는 것이 좋겠다는 것이었다. 이미 작정한 금액이 있었으므로 그 말에 당장 수긍을 하지는 않았다. 조정위원은 답답했는지 곧이어 피고와 이야기했다. 나는 밖으로 나오자마자 문 가까이 귀를 대고 그들이 무슨 이야기를 하는지 엿들었다.

"장시○ 씨, 이 물건은 원고가 주장하는 대로 철거판결이 나올 수밖에 없습니다. 제가 이런 사건을 많이 맡아봤는데 장시○ 씨가 주장하는 군청 허가라든지 토지주의 허락 등은 철거에 대항할 수 있는 요건이 아닙니다. 반드시 철거판결이 나올 것이고 원고의 기세로 봐서는 철거집행까지 할 것 같아요. 나중에 집행비용까지 장시○ 씨가 물어야 할 겁니다. 지금 원고가 토지를 판다고 할 때 사들여야지 이 기회를 놓치면 나중에 큰일을 당해 후회할 거예요."

피고는 "저런 사기꾼한테 그 돈을 주라는 것은 말이 안 됩니다. 그리고 사고 싶어도 그런 돈은 당장 없습니다"라고 발끈했다. 그러자 조정위원은 "살다 보면 이런 저런 일 많은 것 아닙니까? 원고도 나름 주장하는 이유가 있으니 너무 원망은 마시고요. 원고 자극해봤자 좋은 일 없어요. 원고를 설득해서 조금 깎아볼 테니 합의를 보지요"라며 다시 한 번 피고를 설득했다.

조정위원의 설득은 이어졌지만 가격 차이는 좁혀지지 않았다. 이에 더 이상 조정의 여지는 없다고 봤는지 조정위원은 조정결렬을 선언하고 판사를 불렀다. 담당판사는 조정결렬이 참으로 안타깝다며 다음 재판기일을 지정해주는 것으로 끝이 났다.

6 수익은 상대방을 밟고 얻는 과실이 아니다

재판과 달리 조정에는 상당한 시간이 소요됐다. 오전에 시작한 조정이 점심시간이 다 돼서야 끝났다. 조정실을 나와 피고의 뒤통수를 보며 따라가다가 이왕 온 김에 점심이나 한 끼 하자고 했다. 왠일로 그는 식사 제안을 쉽게 받아들였다. 식사 도중 신변이야기가 긴 시간 쏟아져 나왔다. 피고는 건축업을 주로 했지만 물건 하나를 잘못 건드려 완전히 망해버렸다고 했다. 토지를 사고 싶어도 살 돈이 없어 살 수가 없는 형편이라고도 했다. 경매 사건에 대해 취하를 할 충분한 시간이 있음에도 돈이 없어 보고만 있을 수밖에 없었고, 입찰을 하고 싶어도 보증금도 없고 잔금은 더더욱 힘들 것 같아 포기했단다. 그 말에는 진심이 느껴지기까지 했다. 이쯤 되면 상대방에게 도움이 되는 제안을 하고 내 가격을 제시하면 그 가격을 받아들일 수도 있겠다는 생각이 들었다. 어떤 것이 도움이 될 것인가. 돈 한 푼 없어 어둠 속에 빠져 있는 상대를 도울 만한 방법이 없을까.

계산을 마치고 커피 한잔을 하자고 했다. 커피를 마시며 일단 땅을 주겠다고 했다. 땅을 주겠다는 말에 진짜로 줄 리 있겠냐며 피고가 반문했다. "예, 땅을 드리겠습니다. 일단 이전을 해가시고요. 그 이후 이 상황에서 탈출할 수 있는 방법이 있지 않겠습니까?"라고 답하자 그는 석연치 않은 표정을 지었다. 그 표정에 대고 다시 한 번 확인시켜 줬다.

"제가 필요한 서류를 드릴 테니 건물 등기부터 내십시오. 건물 등기가 나오는 대로 토지를 이전시켜 드리겠습니다. 그리고 은행으로 가서 토지와 건물을 공동저당 잡아 빌린 돈으로 저에게 땅값을 지불하는 것입니다. 땅값은 물론 제가 원했던 가격으로 쳐주셔야 합니다. 어떻습니까? 그렇게 하실 건가요?"

그는 내 제안을 듣고 잠시 생각에 잠기는 듯했다. 어차피 한 푼도 없는 마당에 그렇게만 된다면 무슨 문제가 있을까 싶은 생각을 한 것 같았다. 대출받아 땅값을 치루고 전세를 놓으면 돈도 어느 정도 생길지도 모른다는 기대도 했을 것이다. 상대방은 내 제안에 응했고 일의 진행은 빨랐다. 며칠 지나지 않아 건물 등기에 필요한 서류를 보내 달라는 연락이 왔고, 그 후 건물 등기를 냈다는 내용과 함께 법무사 사무실에서 만나자는 전화가 걸려왔다. 나는 법무사를 만나서 은행으로 직행했다. 은행에서 계약서를 작성하고 토지 이전 등의 관련서류를 법무사에게 넘겨줬다. 이후 그는 약속대로 건물과 토지를 은행에 저당 잡아 빌린 돈으로 땅값을 일시불로 넘겨줬다. 나중에 소식을 듣자니 그는 그 건물에 전세를 놨다고 했다. 비록 돈이 없는 상대방이었지만 토지를 미리 넘겨주고, 토지와 건물을 저당 잡아 토지 가격을 지불하는 것으로 일은 마무리됐다. 대출도 받고 전세도 내고 해서 상대방도 본래 목적을 이룰 수 있어 그리 큰 손해를 본 것 같지도 않다. 따라서 상대방이 돈이 없다고 해결 못하는 것은 아니다.

이 사건은 낙찰부터 종결까지 8개월 정도 걸렸다. 그 중 6개월은 소송과 조정으로 보냈다. 물론 시간이 지날수록 부당이득금도 쌓이고, 흘러간 시간 때문에 날린 기회비용도 상대방에게서 보상받을 수는 있다지만 소송까지 가는 일은 그리 추천할 만한 일은 아닌 듯하다. 경매 고수는 입찰할 때 이외에 법원 구경할 일이 별로 없다고 하는데 그 말이 틀린 말은 아닌 것 같다. 소송을 한다는 것은 상대방이 실종됐다든지 하는 특별한 경우 이외에는 순리대로 물건을 파는 데 실패했다는 말이 된다. 어차피 토지를 상대방에게 넘겨주고 건물과 토지를 함께 담보 잡게 해서 그 돈으로 내 토지 가격을 받을 계획이었으면 소송 이전에 하지 못할 이유도 없었을 것이다. 시간 버리고 비용 깨지고 낙찰받는 족족 소송을 한다면 내 돈 들여 국가와 동업해서 수익을 나누는 것과 무엇이 다를까.

REAL ESTATE

소액 14

소유권 이전등기
촉탁(셀프 등기)하는 법

1 셀프 등기를 해야 하는 이유

100만 원짜리 물건을 사서 필요로 하는 사람에게 200만 원을 제안하는 것과 1억 원짜리 물건을 사서 2억 원을 달라고 하는 것 중 어느 쪽 제안이 받아들여질 가능성이 클까. 깊이 고민해볼 것도 없이 200만 원에 손을 들어줄 것이다. 제안의 크기는 둘 다 두 배로 같지만 실제 돈의 크기는 하늘과 땅만큼 차이가 나기 때문이다. 200만 원은 ATM 단말기 현금서비스로 뽑아도 당장 마련할 수 있는 금액이다. 소액 물건의 장점이 바로 여기에 있다.

그런데 문제가 하나 있다. 소액 물건을 낙찰받고 이전등기를 스스로 하지 않으면 등기비용으로 수익의 대부분을 날릴 가능성이 있다는 것이다(시중의 법무사 등기 수수료가 얼마인지 생각해보면 없어질 금액이 얼마인지 알 수 있다). 따라서 소액 물건에서 셀프 등기는 거의 필수라고 할 수 있다. 더불어 경매 물건의 소유권 이전등기에 갖춰야 할 문서와 진행순서는 100만 원짜리 물건이든 10억 원짜리 물건이든 별 차이가 없으므로 한번 익혀 놓으면 어떤 물건을 낙찰받더라도 쓸 수 있다. 낙찰받은 물건을 어떻게 등기하는지 다음 사례를 통해서 익혀 보도록 하자.

관련물건번호	1 종결	2 종결	3 종결	4 종결	5 종결	

소 재 지	경북 영천시 [도로명주소]		
경매구분	임의경매	채 권 자	▨▨농업협동조합
용 도	대지	채무/소유자	이옥▨	매 각 기 일	14.03.19 (26,380,000원)
감 정 가	17,516,000 (13.08.16)	청 구 액	352,430,652	종 국 결 과	14.08.19 배당종결
최 저 가	17,516,000 (100%)	토 지 면 적	368.0 ㎡ (111.3평)	경매개시일	13.08.07
입찰보증금	20% (3,503,200)	건 물 면 적	0.0 ㎡ (0.0평)	배당종기일	13.11.13
주 의 사 항	·재매각물건 ·법정지상권 ·입찰외 [특수件분석신청]		

　　하나의 사건번호에 물건번호가 여러 개 달려 있는 물건이다. 채무자 소유의 재산이 여러 개 있고, 그 여러 개의 물건에 공동저당을 잡은 채권자가 경매 신청을 할 때 사건번호는 한 개로 부여되나 그 여러 개의 물건을 구분하기 위해서 물건번호를 달리해서 경매를 진행하게 되는데 이것이 그런 경우다.

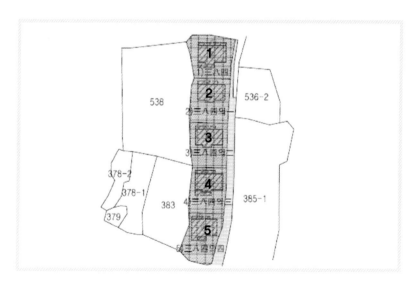

　　남북으로 길게 뻗은 몽둥이 모양의 토지를 여러 필지로 잘라서

건물을 지은 것으로 보인다. 한 필지에 물건번호 하나씩 붙어 있다. 다섯 개의 물건 중 5번의 감정가가 제일 만만하다.

사진을 보니 꽤 그럴듯한 건물이 들어서 있다. 건물의 감정평가액은 7,700여 만 원으로 대충 어림잡아도 네 배가 넘는다. 지상의 건물주가 쉽게 포기할 수 없는 물건으로 보인다. 그래서 그런지 첫 매각기일에 열 명의 입찰자가 경쟁을 한 흔적이 있다. 그 후에 어떤 이유인지는 몰라도 낙찰받은 사람이 잔금을 내지 않아 재매각사건으로 등장했다.

순위번호	등 기 목 적	접 수	등 기 원 인	권 리 자 및 기 타 사 항
1 (전 3)	근저당권설정	2011년8월18일 제27041호	2011년8월18일 설정계약	채권최고액 금71,500,000원 채무자 이옥○ 　경상남도 양산시 ○○○ ○○○ 근저당권자 ○○농업협동조합 174736-○○○○○ 　경상북도 영천시 ○○○ ○○○ ○○○ 분할로 인하여 순위 제1번 등기를 경상북도 영천시 ○○○ ○○○ ○○에서 전사 접수 2011년10월5일 　제34571호

2011년 8월 18일에 현재의 소유자인 이옥○은 농협에 근저당권설정을 해주고 돈을 빌렸다. 근저당권설정 이후에 지상건물을

지었으면 법정지상권은 성립하지 않는다.

고유번호		4723035027-1-▨▨▨▨▨					민원24접수번호		20140108 - ▨▨▨▨▨	
구분	성명 또는 명칭	면적(등록)번호			※ 주차장			승강기	허가일자	2011.08.30
건축주	이옥▨	660202-2******	구분	옥내	옥외	인근	면제	승용 비상용 대 대	착공일자	2011.11.11
설계자	청▨▨건축사사무소 정▨▨	경상북도-건축사사무소 ▨▨						※ 오수정화시설	사용승인일자	2012.11.08
공사감리자			자주식	대 ㎡	대 ㎡	대 ㎡		형식 부패탱크방법	관련지번	
공사시공자 (현장관리인)	이옥▨	660202-2******	기계식	대 ㎡	대 ㎡	대		용량 10인용		

현재 미등기 상태이지만 건축물 대장이 있는 드문 경우다. 법정지상권 성립 여부와 관련해서 중요한 건물의 착공일자는 2011년 11월 11일로 근저당권설정일로부터 3개월 후다. 이로써 법정지상권은 성립하지 않음을 알 수 있다. 자기 땅에 본인이 지었으니 건물 소유자와 토지 소유자가 동일해서 성립하지 않을까라는 의문도 들 수 있으나, 근저당권설정 이후에 건물을 지으면 저당권자에게 불측의 손해를 끼치게 되므로 법정지상권은 성립하지 않는다.

2 소유권 이전등기절차

재매각사건이라 그런지 경쟁자가 반으로 줄어 적절한 가격에 낙찰받을 수 있었다. 입찰 일주일 후 매각허가결정이 나고 그 후 일주일이 지나면 잔금 지급을 하라는 법원의 명령이 떨어진다. 소유권 이전등기신청서는 다음과 같이 작성한다.

소유권 이전 및 말소등기 촉탁 신청서

사건번호 : 2013타경 ○○○호

부동산 임의 경매

매수인 ○○○

(010-○○○○-○○○○)

대구지방법원 경매 3계 귀중

매각에 의한 소유권 이전 및 말소등기 촉탁 신청서

사건번호 : 2013타경 ○○○ 부동산 임의 경매

채 권 자 : 농협

채 무 자 : 이○○

소 유 자 : 이○○

매 수 인 : ○○○

위 사건에 관해서 매수인 ○○○은 귀 원으로부터 매각허가결정을 받고

2013년 ○월 ○일 대금 전액을 완납했으므로 별지목록 기재 부동산에

대해서 소유권 이전 및 말소등기를 촉탁하여 주시기 바랍니다.

2013. ○. ○.

위 매수인 ○ ○ ○ (인)

◎ 말소할 등기 : 별지 부동산 목록 기재와 같음.

◎ 국민주택채권 발행번호 :

 채권매입 금액 : 330,000원

◎ 첨부서류

 1. 매각허가결정정본 1통.

 1. 부동산등기부등본 1통.

 1. 토지대장등본 1통.

 1. 주민등록표 초본 1통.

 1. 등록세 영수필 확인서 및 통지서(이전 1건, 말소 5건) 1통.

 1. 등기신청 수수료이전 15,000원, 말소 15,000원.

 1. 우표 9,000원.

 1. 별지 말소할 등기 목록 4통.

대구지방법원 경매 3계 귀중

부동산 목록

1. 경상북도 영천시 ○○○㎡

말소할 등기

1. 2013년 4월 11일 접수 제12207호 압류등기.

2. 2013년 5월 1일 접수 제14640호 가압류등기.

3. 2013년 8월 7일 접수 제30351호 임의 경매 개시 결정.

4. 2011년 8월 18일 접수 제27941호 근저당권설정등기.

5. 2012년 8월 6일 접수 제26186호 근저당권설정등기.

일반적으로 말소기준권리 이후의 권리는 매각에 의해서 소멸한다. 그 소멸할 권리가 무엇인지를 정해서 기재해야 하는데 기재할 양이 많은 경우가 있으므로 '별지 부동산 목록 기재와 같음'으로 적어둔다.

토지의 시가표준액이 각 500만 원 미만이라면 채권매입을 안 해도 된다. 그러나 500만 원 이상일 때는 국민주택채권을 매입하고 그 주택채권 발행번호를 기재해야 한다. 채권매입 금액의 계산은 '개별공시지가×면적×일정 기준율'을 하면 알 수 있지만, 정확한 계산을 위해서 본드 114(http://www.bond114.co.kr)에 접속한다. 본드 114에 접속해서 국민주택채권 계산기 항목을 클릭하면 다음 화면이 뜬다.

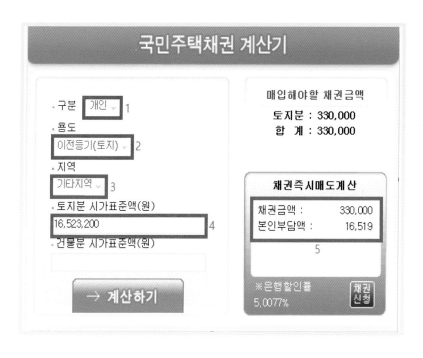

1번 구분은 개인과 법인으로 돼 있다. 개인이 낙찰받아 채권을 매입하게 되는 것이므로 개인을 선택한다. 2번은 토지를 이전등기 받는 것이므로 이전등기(토지)로 정하고, 3번 지역 선택 부분은 특별시와 광역시 그리고 기타지역이 있다. 낙찰받은 물건은 경북 영천시이므로 기타지역을 선택한다. 토지만 매입했으므로 건물분 시가표준액은 고려할 필요가 없고 토지분 시가표준액은 대상 토지의 공시지가 곱하기 면적을 한 결과 16,523,200원(공시지가 44,900× 368㎡)이므로 그 금액을 4번에 적어 넣은 후 계산하기를 눌러 5번의 최종 결과를 도출한다. 매입해야 할 채권금액은 330,000원이다.

이전등기와 관련해서 준비할 서류와 비용은 매각허가결정정본 1통, 부동산등기부등본 1통, 토지대장등본 1통, 주민등록표 초본 1통, 등록세 영수필 확인서 및 통지서(이전 1건, 말소 5건) 1통, 등기신청 수수료(이전 15,000원, 말소 3,000원 곱하기 말소 건수), 우표 9,000원이다. 낙찰받은 물건은 이전 1건에 말소 5건이므로 이전 수수료 15,000원에 말소 수수료 15,000원이 된다. 별지 말소할 등기 목록은 4통이 필요하다. 그리고 또 다른 별지인 부동산 목록을 작성한다. 국민주택채권 발행번호를 기재해야 하는데 채권을 매입하지는 않았으므로 일단 빈칸으로 놔두고 잔금을 납부한 이후에 채운다. 부동산 별지 부분은 말 그대로 별지이므로 페이지를 넘겨서 작성하고 또 다른 별지인 말소할 등기 목록을 작성한다.

말소할 등기는 말소기준권리 이후의 압류, 가압류, 근저당권과 말소되는 가등기와 가처분 등이 있으며 경매 개시 결정등기도 말소할 등기에 포함시킨다. 주의할 것은 소유권은 말소의 대상이 되지 않으므로 말소할 등기에 포함시키지 않는다.

【 갑 구 】	(소유권에 관한 사항)			
순위번호	등 기 목 적	접 수	등 기 원 인	권 리 자 및 기 타 사 항
1 (전 2)	소유권이전	2011년8월18일 제27040호	2011년8월4일 매매	소유자 이육훈 660202-2****** 경상남도 양산시 ▨▨▨ ▨▨▨ 거래가액 금92,000,000원 분할로 인하여 순위 제1번 등기를 경상북도 영천시 ▨▨▨ ▨▨▨ ▨▨에서 전사 접수 2011년10월5일 제34571호

순위번호	등 기 목 적	접 수	등 기 원 인	권 리 자 및 기 타 사 항
3	가압류	2012년6월29일 제29491호	2012년6월29일 부산지방법원의 가압류결정(2012카단00호)	청구금액 금29,976,000원 채권자 주식회사 호원 부산 금정구
4	2번가압류등기말소	2012년7월11일 제23503호	2012년6월20일 해제	
5	3번가압류등기말소	2012년7월23일 제24721호	2012년7월20일 해제	
6	압류 1	2013년4월11일 제12207호	2013년4월11일 압류(징정과-00호)	권리자 영천시
7	가압류 2	2013년5월1일 제14640호	2013년5월1일 대구지방법원영천지법원의 가압류 결정(2013카단00)	청구금액 금6,371,345원 채권자 김○○ 30 경북 영천시
8	임의경매개시결정 3	2013년8월7일 제30351호	2013년8월7일 대구지방법원의 임의경매개시결정(2013 타경1000)	채권자 ○○농업협동조합 174736-00 영천시

【 을 　 구 】 (소유권 이외의 권리에 관한 사항)

순위번호	등 기 목 적	접 수	등 기 원 인	권 리 자 및 기 타 사 항
1 (전 3)	근저당권설정 4	2011년8월18일 제27941호	2011년8월18일 설정계약	채권최고액 금71,500,000원 채무자 이○ 경상남도 양산시 근저당권자 ○○농업협동조합 174736-00 경상북도 영천시 분할로 인하여 순위 제1번 등기를 경상북도 영천시 ○○에서 전사 접수 2011년10월5일 제34571호

순위번호	등 기 목 적	접 수	등 기 원 인	권 리 자 및 기 타 사 항
4	근저당권설정 5	2012년8월6일 제26186호	2012년8월3일 설정계약	채권최고액 금100,000,000원 채무자 이○ 경상남도 양산시 근저당권자 양○ 501015-2****** 경상북도 영천시 공동담보목록 제2012-00호
5	3번근저당권설정등기말소	2012년11월30일 제36111호	2012년11월30일 해지	
6	2번근저당권설정등기말소	2012년12월11일 제20082호	2012년12월7일 해지	

등기부상에서 말소할 수 있는 것은 표에서 빨간색으로 표시한 1. 압류, 2. 가압류, 3. 임의 경매 개시 결정등기, 그리고 4와 5의 근저당권설정등기이므로 5건이 된다. 말소할 등기 목록은 페이지를 달리해서 4통을 작성한다. 이렇게 표제와 신청서 그리고 부동산 목록 별지와 말소할 등기 별지 4통을 작성했으면 필요에 따라 등기필증 우편송부 신청서를 작성한다.

등기필증 우편송부 신청서

사건번호 : 2013타경 ○○○ 부동산 임의 경매

채 권 자 : 농협

채 무 자 : 이○○

소 유 자 : 이○○

매 수 인 : ○○○

부동산의 표시 : 경상북도 영천시 ○○○㎡

위 사건에 관해서 매수인은 소유권 이전등기 촉탁으로 인한 등기필증을 다음과 같이 우편송부 해줄 것을 신청합니다.

1. 매 수 인 : 김○○

2. 송달장소 : 분당

첨부

우편봉투, 우표.

2013년 ○월 ○일

위 신청인(매수인) : 김○○

대구지방법원 경매 3계 귀중

납부 순서는 다음과 같다. 준비한 문서를 가지고 담당 경매계로 가서 잔금을 내러 왔다고 하면 법원보관금납부서를 내준다. 그 납부서를 들고 구내 은행으로 가서 납입을 하면 두 장의 법원보관금영수증을 주는데. 받은 영수증을 들고서 담당 경매계로 다시 간다. 두 장의 영수증 중 한 장은 납부자 보관용이고, 나머지 한 장은 법원제출용이다. 법원제출용 영수증을 제출하면서 취득세를 납부하기 위해서 필요한 문서인 매각대금 완납증명원을 신청한다. 매각대금 완납증명원은 해당 경매계에 신청하면 발급해준다. 신청서는 법원에 비치돼 있다.

매각(낙찰)대금 완납증명서

사건번호 : 2013타경 ○○○호 부동산 임의 경매

매 수 인 : ○○○

부동산의 표시 : 별지기재와 같음

위 사건에 관해서 매수(낙찰)인은 2013년 ○월 ○일 별지 부동산에 대한 매각(낙찰)대금 20,000,000원 전액을 납부한 사실을 증명해주시기 바랍니다.

위 매수(낙찰)인 : ○○○

연락처 : 010-○○○○-○○○○

대구지방법원 귀중

위 사실을 증명합니다.

2013년 ○월 ○일

대구지방법원

법원 주사   (인)

별지

부동산의 표시 : 경상북도 영천시 ○○○㎡

별지는 페이지를 넘겨서 작성하는데, 신청서와 별지 포함 2부를 작성해서 인지를 붙인다. 인지는 구내 은행에서 500원이면 살 수 있다. 작성한 신청서를 접수하면 납입사실을 증명하는 도장을 찍어서 교부해준다.

매각대금 완납증명원을 받았으면 통합취득세를 신고하기 위해서 영천시청으로 가야 한다. 영천시청 세무과에 취득세를 신고하러 왔다고 하면 담당직원이 매각대금 완납증명원을 달라고 한다. 매각대금 완납증명원을 받은 세무직원은 그 증명원을 복사한 후 원부는 돌려주면서 신고서 양식을 하나 내준다. 대부분 세무직원이 채워야 할 빈칸을 동그라미로 표시해주므로 신고서의 작성은 어렵지 않다. 인적사항과 낙찰받은 토지에 관한 지번과 면적을 기재하면 되고, 지목과 취득경위 등을 기입하면 된다.

■ 지방세법 시행규칙[별지 제3호 서식]

취득세 [○]기한 내 [ ]기한 후 신고서

관리번호		접수 일자		처리기간 즉시	
신고인	취득자 (신고자)	성명(법인명):		주 민 번 호 (법 인 등 록 번 호) 8000000-1000000	
		주소: 경기 성남시 분당구 0000 00		전화번호010-0000-0000	
	전 소유자	성명(법인명)		생년월일(법인등록번호)	
		주소		전화번호	

※ 취득물건
내역

소재지	경상북도 영천시						
취득물건	취득일	면적	종류(지목/차종)	용도	취득 원인	취득가액	
토지	2013.00.00	000㎡	대지		경락	26,380,000	

세목		과세표준액	세율	①산출세액	②감면세액	③기납부세액	가산세		계④	신고세액합계(①-②-③+④)
							신고불성실	납부불성실		
합계										
취득세 등	취득세 신고세액	%								

신고서를 접수하면 통합취득세고지서를 발급해준다. 말소등록세는 인터넷으로 발급받을 수 있으나 말소등록세 고지서까지 함께 발급받는다. 은행으로 가서 통합취득세와 말소등록세를 내고 국민주택채권을 매입한다. 즉시할인을 받거나 전부 납입해도 된다. 채권영수증에 채권 발행번호가 보이는데 그 채권번호를 등기 촉탁신청서 빈칸에 적어 넣는다.

　　그리고 다시 법원으로 가서 등기신청 수수료용 대법원 수입증지를 15,000원에 구입한다. 수입증지와 9,000원어치 우표를 신청서와 함께 정리해서 경매계에 제출한다. 신청서와 제출 문서를 비교해보면 매각허가결정서가 빠져 있을 것이다. 정본은 법원에 따라 다르지만 낙찰자에게 발급해주지 않는 경우도 있다. 중요한 문서이고 촉탁 신청할 때 다시 첨부해야 할 것이므로 발급절차를 굳이 밟을 필요가 없는 것이다.

잔금 납부 후 등기 촉탁 신청 순서

1. 담당 경매계 방문.
2. 담당 경매계에서 '법원보관금납부서' 수령.
3. 법원은행에서 매각대금 납부.
4. 대금 납부 후 '법원보관금영수증' 수령.
5. 매각대금 완납 후 매각대금 완납증명원 2통을 작성해서 담당 경매계에 접수(법원보관금영수증 첨부).
6. 담당 경매계에서 '매각대금 완납증명원'을 수령.
7. 부동산 관할 시청(군청) 방문.
8. 시·군청 세무과에 '매각대금 완납증명원' 복사 후 '통합취득세신고서' 작성.
9. '통합취득세고지서' 수령.
10. 관할시·군청 내 은행에서 국민주택채권 매입.
11. 시·군청 내 징수과에 납부.
12. 법원으로 가서 접수.

3 피고에게 송달되지 않을 때 법원 판결 방식

등기신청서를 접수한 다음 낙찰 이후 어떤 변화가 있었는지 알아보기 위해서 물건지로 갔다. 사전답사 시 건물주의 적극적인 관리 흔적이 보이지는 않았지만, 그 입장에서 포기할 수는 없는 물건이므로 그간 창문이라도 한 번 닦고 갔을지도 모를 일이었다. 그러나 가보니 우편물이 이전보다 배로 쌓인 우체통 이외에는 별다른 것이 보이지 않았다. 송달이 문제되지 않을까 하는 마음에 마음이 답답했다. 건축물 대장에 건물 소유자의 실거주지로 추정되는 또 다른 주소가 나와 있어서 무슨 문제가 있을까 싶어 입찰하고 낙찰받았던 것인데, 변함없는 현장을 보니 이전 낙찰자의 미납사실이 더 크게 느껴졌다. 완전히 버려진 것으로 알고 미납했을지도 모를 일이었다.

불길한 마음에 내용증명을 작성해서 보냈다. 몇 번을 보내도 폐문부재라는 결과가 나왔다. 그렇다고 해서 주소지까지 찾아가서 만날 수는 없는 일이므로 건물 철거소장을 제출했다. 폐문부재의 상황이 계속돼 법원에서부터 주소보정명령이 내려졌다. 행정안전부 링크를 통해서 주소를 보정해도 역시 폐문부재였다. 특별송달 신청에도 송달은 되지 않아 또 다시 주소보정명령이 떨어졌다. 수차례의 특별송달 및 야간송달에도 송달불발은 변함이 없어 결국 공시송달을 신청했다. 송달문제가 있을 때 번거로운 절차 없이 공시송달로 끝내면 좋을 것 같기도 하지만 법원이 바로 결정을 내려주는 것도 아니고 공시송달 판결로 원고 승이어도 후일 피고가 느닷없이 나타나 송달을 이유로 '추완항소'를 하면 다 된 밥에 재 뿌리는 격이 돼 그리 반가운 것도 아니다.

공시송달 결정 이후에 두 차례의 변론기일 지정이 있었으나 피고는 출석하지 않았다. 그 중간에 판사는 지료 감정신청을 하라고 했다. 피고의 불참으로 철거판결은 나올 듯하고 피고의 행방을 알 수 없으므로 돈을 받아낼 대상이 없어 지료 산정은 별 의미가 없을 수 있다. 게다가 감정비용도 들어가므로 지료 청구를 철회해도 된다. 그러나 지료는 판결 이후에 있을 일의 진행과 관련해서 중요하다. 어느 정도 쌓인 지료를 근거로 해서 건물을 경매에 넣을 수 있기 때문이다. 특히 이처럼 건물주의 행방이 묘연해서 해법의 실마리를 찾을 수 없을 때 경매 넣은 건물을 낙찰받는 것으로 해결을 도모할 수도 있다.

감정신청에 따른 청구취지와 원인을 변경한 이후 법원은 원고승의 판결을 내렸다. 판결 이후에도 피고와는 여전히 연락이 되지 않았다. 이 사안을 두고 둘 중 하나로 결정을 내려야 했다. 한 가지는 건물을 철거한 이후에 땅으로 파는 것, 다른 한 가지는 쌓인 지료로 건물을 압류해서 경매에 넣은 후 낙찰받아서 세를 놓거나 부동산에 내놓는 것이었다. 전자를 선택할 경우 건물 철거에는 비용이 들어간다. 그 돈을 피고에게 받을 수 있다지만 잠수 중인 피고에게 기대할 수 있는 것은 아니다. 그리고 땅을 얼마에 팔 수 있는지도 중요한 것인데 이 물건은 감정가나 시세보다 비싸게 샀으므로 철거해서 판다는 것은 쪽박 차는 일이 돼 바람직하지 않

다. 그렇다면 방법은 경매 넣는 것만 남는 셈이다. 그러나 이 절차
도 그리 내키는 것이 아니라서 차일피일 미루고 있는 와중에 어떤
남자에게서 전화가 왔다. 그는 건물을 인테리어 해서 같이 팔자고
했다. 남의 건물을 어찌 판단 말인가. 무시를 해도 상대방은 꾸준
했다. 이유 없는 꾸준함은 없다는 생각에 연유를 알아보니 그 건
물은 자기 것이라고 했다. 피고의 남편이었다. 사업이 망해 신용
불량자가 돼 명의를 할 수 없어 부인인 피고 명의로 땅을 사고 빚
을 얻어 건물을 지었지만 뜻대로 되지 않아 이 지경이 됐다는 눈
물겨운 이야기였다.

그러던 어느 날 그는 부인과 함께 나타나 돈을 들이댔다. 더는
견딜 재간이 없어 결국은 계약서에 도장을 찍어 줄 수밖에 없었
다. 돌이켜 보면 그들이 되살 수밖에 없는 이유가 있었다. 자신들
이 되살아나기 위해서는 되사가야만 했던 것이다. 경매 물건 1번
부터 4번까지는 건물 등기부가 모두 있었다. 그래서 토지와 건물
이 함께 팔렸다. 그러나 이 사건 건물은 등기가 없어 살아남았고,
채권자들이 건드릴 수 없는 그들만의 재산이었다. 인근 비슷한 전
원주택 시세는 1억 2,000만 원 정도 하는데 땅만 적절한 가격에
사들이면 수천만 원의 돈을 챙길 수 있었던 것이다.

REAL ESTATE

소액 15

농지취득자격증명서
작성과 발급 방법

1 농지취득자격증명서 발급 관련 문제, 불법형질변경

헌법 121조는 '국가는 농지에 관하여 경자유전의 원칙이 달성될 수 있도록 노력하여야 하며, 농지의 소작제도는 금지된다'라고 명시한다. 여기서 경자유전의 원칙은 농사짓는 사람만이 농지를 소유할 수 있다는 것이다. 아주 오래전부터 내려왔던 소작제의 폐해를 없애 농민의 권익을 보호하고 농지의 생산성을 높이자는 취지다. 내 땅 내가 농사지어야 신바람이 나지 않을까. 그래서 농지를 아무나 매입할 수 없도록 농지를 매입하는 사람은 그 취득에 대한 자격증이 필요하고, 그 자격증은 농사를 지을 것을 내용으로 하는 농지취득자격증명서(이하 농취증)다. 모든 농지 거래에서 이 증명서가 필요하니 경매로 취득하는 것도 예외는 아니다.

매각물건명세서

사 건	2017타경▒▒▒ 부동산임의경매		매각물건번호	1	작성일자	2017.12.22	담임법관(사법보좌관)	정▒▒	
부동산 및 감정평가액최저매각가격의 표시	별지기재와 같음	최선순위설정		2010. 8. 12. 근저당권			배당요구종기	2017.11.22	

부동산의 점유자와 점유의 권원, 점유할 수 있는 기간, 차임 또는 보증금에 관한 관계인의 진술 및 임차인이 있는 경우 배당요구 여부와 그 일자, 전입신고일자 또는 사업자등록신청일자와 확정일자의 유무와 그 일자

점유자의성 명	점유부분	정보출처구 분	점유의권 원	임대차기간(점유기간)	보 증 금	차 임	전입신고일자,사업자등록 신청일자	확정일자	배당요구여부(배당요구일자)

조사된 임차내역없음

✿ 최선순위 설정일자보다 대항요건을 먼저 갖춘 주택·상가건물 임차인의 임차보증금은 매수인에게 인수되는 경우가 발생 할 수 있고, 대항력과 우선변제권이 있는 주택·상가건물 임차인이 배당요구를 하였으나 보증금 전액에 관하여 배당을 받지 아니한 경우에는 배당받지 못한 잔액이 매수인에게 인수되게 됨을 주의하시기 바랍니다.

등기된 부동산에 관한 권리 또는 가처분으로 매각으로 그 효력이 소멸되지 아니하는 것

매각에 따라 설정된 것으로 보는 지상권의 개요

비고란

농지취득자격증명 필요(매각허가결정시까지 미제출시 보증금 몰수)

따라서 경매로 매각하는 농지에는 위와 같이 농지취득자격증명이 필요하다는 주의사항이 붙어 있다. 그리고 정해진 기한까지 농취증을 제출하지 못하면 소중한 입찰 보증금은 몰수가 된다. 깨끗한 상태의 논밭은 그 상태 그대로 농사를 지을 수 있기 때문에 농취증 발급과 관련해서 문제될 것은 별로 없다. 그리고 농취증의 발급은 농지취득자격증명 발급 심사요령이라는 농림수산식품부 예규에 의해서 정해진 기준으로 심사해서 이뤄진다. 그 심사요령 중에는 제9조 ③의 규정이 있다.

농지취득자격증명 발급 심사요령 제9조(자격증명의 발급)
③ 시·구·읍 면장은 신청인이 법 제2조 제1호에 따른 농지가

아닌 토지, 자격증명을 발급받지 아니하고 취득할 수 있는 농지 또는 「농지법」을 위반하여 불법으로 형질변경한 농지 등에 대하여 자격증명의 발급을 신청한 경우로서 제2항에 해당하는 경우에는 그 자격증명 미발급 사유를 아래의 예시와 같이 구체적으로 기재하여야 한다(아래 예시 이외의 사유로 미발급 통보하는 경우에도 그 사유를 구체적으로 기재하여야 한다).

1. 신청대상 토지가 법 제2조 제1호에 따른 농지에 해당하지 아니하는 경우 : 『신청대상 토지가 「농지법」에 의한 농지에 해당되지 아니함』

2. 신청대상 농지가 자격증명을 발급받지 아니하고 취득할 수 있는 농지인 경우 : 『신청대상 농지는 농지취득자격증명을 발급받지 아니하고 취득할 수 있는 농지임('도시계획구역안 주거지역으로 결정된 농지' 등 해당 사유를 기재)』

3. 신청인의 농지취득원인이 자격증명을 발급받지 아니하고 농지를 취득할 수 있는 것인 경우 : 『취득원인이 농지취득자격증명을 발급받지 아니하고 농지를 취득할 수 있는 경우에 해당함』

4. 신청대상 농지가 「농지법」을 위반하여 불법으로 형질을 변경한 농지인 경우 : 『신청대상 농지는 취득 시 농지취득자격증명을 발급받아야 하는 농지이나 불법으로 형질변경한 부분에 대한 복구가 필요하며 현 상태에서는 농지취득자격증명을 발급할 수 없음』

이 규정은 자격증명 발급에 있어서 농지법에 위반해서 미발급 결정을 할 때 그 사유에 대해서 '이렇게 적어라'는 지침 정도로 보면 된다. 그런데 문제는 제일 아래 있는 규정 4호다. 규정을 이리저리 읽어 보고 그 뜻을 헤아려 보면 결국에는 '불법으로 형질을 변경한 농지인 경우 농취증을 발급할 수 없음'이라고 해석할 수 있다.

이것 때문에 문제가 종종 발생한다. 논이나 밭 위에 건물이 있는 법정지상권 물건이라 할지라도 농지이므로 농취증을 당연히 발급받을 것으로 알고 해당 면사무소에 신청을 했으나 ① 건물을 지었다는 것은 밭이나 논을 형질변경했다는 것이고, ② 허가 없는 형질변경은 농지법 위반이라 불법이며, ③ 그런 농지에 대해서 현상태에서는 발급할 수 없다는 대답을 듣는다면 얼마나 황당하겠는가. 법원에서는 농취증을 발급받아 제출하지 않으면 보증금을 몰수하겠다고 하고, 행정청에서는 규정에 의해서 발급해줄 수 없다고 한다. 법원과 행정청 사이에 끼여서 답답하기도 하고 법정지상권 농지에 입찰해서 낙찰받은 자신이 어리석게 느껴진다(제도가 합리적인지를 논하자는 것은 아니다. 제도의 개선은 학자와 입법자들의 문제다. 하지만 이것 때문에 피해를 보는 사람들도 있고, 농취증을 발급해주지도 않는 토지를 경매로 매각해서 이러지도 저러지도 못하게 만드는 법원과 행정청의 불협화음에 답답함을 느끼는 것은 어쩔 수 없다). 그런 경우를 맞은 물건은 이렇게 된다.

회차	매각기일	최저가	비율	상태	접수일~
1	2012.01.16(10:00)	10,300,000원	100%	매각	119일
		매수인 손○진 외 3 / 응찰 8명 매각가 47,200,000원(458.25%)			불허
1	2012.05.21(10:00)	10,300,000원	100%	매각	245일
		매수인 손○일 / 응찰 18명 매각가 31,750,000원(308.25%)			불허
1	2012.07.23(10:00)	10,300,000원	100%	매각	308일
		매수인 김○수 / 응찰 4명 매각가 21,010,000원(203.98%)			납부완료
	2012.09.19			종결	366일

낙찰받았으나 불허가 됐다. 그 후 자신 있는 누군가가 또 낙찰받고 다시 불허가 됐다. 그런데 유찰을 거듭하다가 누군가가 다시 낙찰을 받아갔는데 희한하게도 납부 완료가 돼 있다. 매각불허 문제가 해결된 것이다. 법정지상권 물건을 낙찰받았지만 농취증을 발급받지 못해서 불허가결정이라는 비극적 결말을 맞았던 사람들은 어떻게 허가결정을 받았는지 몹시 궁금할 것이다. 과연 어떻게 받았을까.

소 재 지	경북 봉화군 ▓▓▓ ▓▓ ▓▓ 도로명주소		
경 매 구 분	임의경매	채 권 자	상준▓
용 도	전	채무/소유자	김수▓	매 각 기 일	12.07.23 (21,010,000원)
감 정 가	10,300,000 (11.09.30)	청 구 액	65,000,000	종 국 결 과	12.09.19 배당종결
최 저 가	10,300,000 (100%)	토지면적	2,575.0 ㎡ (778.9평)	경매개시일	11.09.23
입찰보증금	10% (1,030,000)	건물면적	0.0 ㎡ (0.0평)	배당종기일	11.12.26
주의사항	·법정지상권 ·맹지 ·입찰외 ·농지취득자격증명 특수特분석신청		
조 회 수	·금일조회 1 (○) ·금회차공고후조회 242 (○) ·누적조회 426 (○) ·7일내 3일이상 열람자 0 ·14일내 6일이상 열람자 0		( )는 5분이상 열람 조회통계 (기준일-2012.07.23 / 전국연회원전용)

■ 특수권리분석

· 농취증 매각결정기일까지 안동지원에 농취증을 제출하여야 매
  각허가를 받을 수 있습니다. 미제출시 입찰보증금이 몰수될 수 있
  으므로 유의 바랍니다. 본 물건이 면적이 2,575㎡로 주말,체험영농
  목적으로 농지소유가 불가능하며, 농업경영계획서를 첨부하여 ▇
  ▇사무소(☎ 054-▇▇▇▇▇)에 발급신청을 하여야 합니다.

농취증 발급 소요 기간은 법적으로 4일 이내이므로 사전에 방문(전
화) 조사가 필수 입니다. 다만 현재 지목은 「전」이고 현황은
「일부대지」으로 지목과 현황이 다르므로 농취증 발급이 반려될
수 있고, 이로 인해 입찰보증금이 몰수될 수도 있으니, 사전에 농
취증 발급유무를 확인 후 입찰하시기 바랍니다.

■ 본 물건에 대한 이해관계인 및 회원의 제보를 받습니다. 제보하기

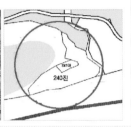

깊은 산골의 밭이 경매로 나왔다. 물가에 자리 잡고 있어 한 눈에 보기에도 시원하다. 누가 봐도 근사한 전원주택 자리로 보인다. 지목은 전으로서 2,575㎡다. 법정지상권이라는 주의사항이 붙어 있는 것으로 볼 때 매각에서 제외된 건물이 있음을 알 수 있다.

제시외건물이 있으면 습관적으로 법정지상권이 성립하는지를 알아본다. 맛있는 음식을 보면 의식하든 안 하든 군침이 도는 것과 마찬가지 이치다. 등기부등본을 살펴본다. 근저당권설정이 있는지, 있다면 언제인지를 알아보기 위해서다. 근저당권설정 이후에 건물을 지었으면 법정지상권은 성립하지 않는다. 토지등기부와 건축물 대장 또는 건물 등기부등본만 있으면 간단히 성립 여부를 알 수 있다.

【 을 구 】		(소유권 이외의 권리에 관한 사항)		
순위번호	등 기 목 적	접 수	등 기 원 인	권 리 자 및 기 타 사 항
1	근저당권설정	2008년8월20일 제5041호	2008년8월20일 설정계약	채권최고액 금63,000,000원 채무자 김수용 경상북도 문화군 ***** 근저당권자 상조개 610103-1****** 경기도 교양시 일산동구 *****
2	지상권설정	2008년8월20일 제5042호	2008년8월20일 설정계약	목 적 견고한건물 및 수목의 소유 범 위 토지의전부 존속기간 2008년 8월 20일부터 30년 지상권자 상조개 610103-1****** 경기도 교양시 일산동구 *****

근저당권설정일은 2008년 8월임을 알 수 있다. 그러나 건축물대장이나 건물 등기부등본 등 건물에 관한 정보는 없다. 이럴 때는 사진자료를 통해서 건물이 언제부터 있었는지 추정한다. 사진자료에는 법원이 제공해주는 것이나 위성사진 등이 있다.

통나무로 뼈대를 삼고 황토를 바른 집으로 보인다. 흙바닥의 색깔이 짙지 않고 문짝도 때가 끼지 않아 지은 지 오래된 것 같지 않다. 바닥에 이끼도 끼지 않았고, 지붕 지지대로 쓴 파이프도 새

것 같다. 이런 것들로 봤을 때 건물은 근저당권설정 이후에 지은 것이 아닐까 싶다.

확인 차원에서 열어 본 위성사진(2008년 초여름 추정)에는 건물이 없다(아래 사진을 보면 2008년 초여름 위성사진에는 건물이 없지만, 2009년 봄 또는 가을 추정 사진에는 건물이 있다).

2008년 초여름

2009년 봄 또는 가을

정확한 근거자료는 아니지만 이 둘을 통해서 보면 근저당권설정 이후에 지어진 것으로 법정지상권은 성립하지 않는다. 설사 법정지상권이 성립한다고 해도 지료를 받으면 되고 건물이 한쪽 귀퉁이에 자리 잡고 있으므로 그곳을 제외한 나머지를 활용해도 전원주택을 지을 수도 있어 큰 문제 될 것은 없었다. 그래서 입찰을 했으나 내게 좋은 것은 누구나 좋듯 경쟁이 치열했고, 엄청난 낙찰 금액을 제시한 누군가에게 밀려 결국은 떨어졌다. 배가 몹시 아팠으나 어쩔 수 없는 일이었다. 그런데 무슨 일인지 매각불허가 결정이 떨어져 다시 등장했다. 법원문건접수 내역을 보니 반려통지서 제출이라고 돼 있다.

접수일	접수내역	결과
2011.09.23	등기소 봉화등기소 등기필증 제출	
2011.09.30	기타 집행관 현황조사서 제출	
2011.10.18	감정인 ○○감정평가사무소 감정평가서 제출	
2011.10.20	채권자 상준○ 채권계산서 제출	
2012.01.17	최고가매수신고인 기일연기신청 제출	
2012.02.17	최고가매수신고인 반려통지서 제출	

반려통지서는 농취증을 발급해줄 수 없을 때 행정청이 미발급 사유를 적어서 내주는 문서다. 이 문서를 농취증에 갈음한 것으로 봐 매각허가를 내릴 것인지 아니면 불허가를 내릴 것인지는 법원에 따라 다르다. 반려통지서만으로 등기를 할지 말지의 결정은 등기소의 직권사항이기 때문이다. 이 법원은 반려서의 제출에 매각불허가결정을 내렸다. 그것으로 볼 때 이 물건에는 반려통지서가 아닌 농취증의 제출이 반드시 필요한 것이다. 발급받기 위해서는 당연한 말이지만 행정청에서 발급해주지 않는 이유를 먼저 알아야 한다. 이유를 알아야 반박이든 설득이든 할 수 있기 때문이다. 법

정지상권 물건과 관련한 농취증 미발급 사유의 대부분은 불법형질 변경이다. 밭이나 논으로 이용해야 할 토지를 형질변경해서 주택이나 기타 건물을 지었으므로 농취증을 발급해주지 않는 것이다. 하지만 그 논리를 깨면 농취증을 받을 수 있다.

2 무엇을 농지라고 할까

우선 농지가 무엇인지를 먼저 살펴봐야 할 필요가 있다. 농지의 개념에 관해서는 농지법 제2조 1항에 규정하고 있다.

1. '농지'란 다음 각 목의 어느 하나에 해당하는 토지를 말한다.

가. 전·답, 과수원, 그 밖에 법적 지목(地目)을 불문하고 실제로 농작물 경작지 또는 다년생식물 재배지로 이용되는 토지. 다만, 「초지법」에 따라 조성된 초지 등 대통령령으로 정하는 토지는 제외한다.

나. 가목의 토지의 개량시설과 가목의 토지에 설치하는 농축산물 생산시설로서 대통령령으로 정하는 시설의 부지.

규정을 꼼꼼히 읽어 보면 지목 불문하고 '실제로 무엇으로 이용되는지'에 따라 농지인지 아닌지가 결정됨을 알 수 있다. 굳이 말을 붙이자면 '현황주의'라고 하면 될 것 같다. 현황주의를 채택했다고 본다면 등기부나 토지이용계획확인원으로 농지인지의 여부를 특정 짓기는 어렵다. 따라서 농지인지에 관해서는 법률적이고 사실적인 판단작용이 개입된다. 그 판단의 일차적 기관은 농지가 있는 곳을 관할하는 면사무소 등의 행정청이고, 또한 농지인지의 판단에 관해서 분쟁이 발생하게 될 경우에는 법원으로 달려가서 결정을 봐야 할 것이므로 최종적 판단기관은 법원이다. 그리고 지목과 현황이 다를 경우 농지인지 아닌지의 증명, 그러니까 지목은 농지지만 실제로는 농지로 이용되지 않는다는 사실의 입증은 행정관청이 해야 한다.

농지인지 여부와 관련해서 판례도 역시 현황주의를 취하고 있고, 그에 더불어 현황의 변경이 있다고 하더라도 그것이 일시적이고 이후 원상회복이 용이하다면 역시 농지에 해당된다고 한다. 어떤 토지를 취득할 때 행정청이 농지로 본다면 농취증이 필요할 것이고 농지가 아니라면 그것이 필요 없다는 것에서 농지 개념의 정립이 필요하다.

3 농지취득자격증명서가 필요하지 않을 때도 있다

농지 개념의 더 자세한 정립을 위해서 몇 가지를 더 설명해보겠다. 97다42991 판결에서는 ① 지목이 답이기는 하지만 매각허가결정 전에 컨테이너 박스와 창고가 설치되는 등 이미 타 용도 전용이 상당기간 이뤄져 있고, ② 매수인의 농지취득자격증명 발

급 신청에도 불구하고 해당 관서에서 농지로 볼 수 없다는 이유로 반려처분이 있었고, ③ 그 후 적법한 절차를 거쳐 농지전용허가 가 이뤄져 원상회복 명령이 떨어질 가능성이 소멸된 경우는 농지 가 아니라고 한다. 한편 임야는 어떨까. 지목이 임야인 경우에 형 질변경돼 이용되고 있는지 여부에 따라 농지법상의 농지인지가 갈 린다. 다년생식물을 재배해서 농지와 유사하게 이용되고 있더라도 형질이 변경되지 않았다면 농지법상 농지로 보지 않는다. 반면 형 질변경해서 전·답·과수원으로 이용되고 있다면 농지법상 농지로 본다.

그리고 농지일지라도 예외적으로 농취증이 필요 없는 경우가 있다. 지목이 농지이지만 사실상의 이용 상황이 농작물의 경작 또 는 다년생식물의 재배지로 이용되지 않는다면 관할관청이 발급하 는 사실증명서류를 제출하면 된다. 농지가 아니라는 증명이 있으 므로 발급이 필요 없는 것이다.

한편 도시계획구역 내의 농지는 농취증 발급이 필요할까. 결 론부터 말하자면 몇 가지 법률 규정에 의해서 필요가 없다. 도시 계획구역, 개발제한구역, 도시개발예정구역 내의 농지에 대해서 토지형질변경허가를 하는 경우에는 농지전용에 대해서 관계부처 와 협의해야 함을 다음과 같이 규정하고 있다.

농지법 제34조(농지의 전용허가·협의)
① 농지를 전용하려는 자는 다음 각 호의 어느 하나에 해당하는

경우 외에는 대통령령으로 정하는바에 따라 농림축산식품부장관의 허가를 받아야 한다. 허가받은 농지의 면적 또는 경계 등 대통령령으로 정하는 중요사항을 변경하려는 경우에도 또한 같다.

2. 「국토의 계획 및 이용에 관한 법률」에 따른 도시지역 또는 계획관리지역에 있는 농지로서 제2항에 따른 협의를 거친 농지나 제2항 제1호 단서에 따라 협의 대상에서 제외되는 농지를 전용하는 경우.

이런 절차를 거쳐 농지전용협의를 완료한 농지의 취득에는 농취증 발급이 필요 없다. 따라서 이런 경우 도시계획확인원의 첨부로 증명하면 될 것이고 누구나 농지를 취득할 수 있다. 근거 규정은 다음과 같다.

제8조(농지취득자격증명의 발급)

① 농지를 취득하려는 자는 농지 소재지를 관할하는 시장(구를 두지 아니한 시의 시장을 말하며, 도농 복합 형태의 시는 농지 소재지가 동지역인 경우만을 말한다), 구청장(도농 복합 형태의 시의 구에서는 농지 소재지가 동지역인 경우만을 말한다), 읍장 또는 면장(이하 '시·구·읍·면의 장'이라 한다)에게서 농지취득자격증명을 발급받아야 한다. 다만, 다음 각 호의 어느 하나에 해당하면 농지취득자격증명을 발급받지 아니하고 농지를 취득할 수 있다.

1. 제6조 제2항 제1호·제4호·제6호·제8호 또는 제10호(같은 호 바목은 제외한다)에 따라 농지를 취득하는 경우.

제6조(농지 소유 제한)

① 농지는 자기의 농업경영에 이용하거나 이용할 자가 아니면 소유하지 못한다.

② 다음 각 호의 어느 하나에 해당하는 경우에는 제1항에도 불구하고 자기의 농업경영에 이용하지 아니할지라도 농지를 소유할 수 있다.

8. 제34조 제2항에 따른 농지전용협의를 마친 농지를 소유하는 경우.

4 농지취득자격증명서를 발급받지 못할 경우

면사무소의 산업계장이 어떤 이유로 발급을 거부하는지에 따라 대응할 수 있는 논리는 두 가지다.

첫째, 농취증 발급 심사요령의 규정을 들어 발급을 거부한 때는 ① 반려처분의 근거로 삼고 있는 농취증 발급 심사요령은 행정기관 내부의 사무처리 준칙에 불과하므로 법원이나 일반 국민을 기속하는 효력이 없고, ② 농취증은 신청인이 일정한 자격요건을 구비하기만 하면 실질적인 내용의 옳고 그름 여부에 관련 없이 발급해줘야 하는 행정상 기속행위에 속함에도 불구하고, 법적인 기속력 없는 예규를 들어 거부처분을 하는 것은 위법하고도 부당하다고 항변해서 발급을 요구한다.

둘째, 불법형질변경된 농지에 농취증의 발급을 거부한다면, 농지의 소유자가 농지를 금융기관에 담보로 제공한 후 농지를 불법으로 형질변경하거나 지상에 무허가건물을 짓는 경우에는 스스로 원상복구하지 않는 한 제3자가 이를 경락받지 못하므로 담보물권자는 농지를 환가할 수 없고, 그렇게 되면 법정지상권 물건은 영원히 경매를 통해서 매각할 수 없다는 점을 들어 대응하면 된다. 특히 형질변경과 관련해서는 부산고등법원 2006누1791 판결이 있다.

그리고 원상복구계획서를 조건으로 농취증을 발급해주는 경

판단

먼저, 위 토지가 농지에 해당하는지에 관해서 살피건대, 어떠한 토지가 법에서 말하는 농지인지의 여부는 공부상의 지목 여하에 불구하고 당해 토지의 사실상의 현상에 따라 가려져야 할 것이고, 공부상 지목이 답인 토지의 경우 그 농지로서의 현상이 변경됐다고 하더라도 그 변경 상태가 일시적인 것에 불과하고 농지로서의 원상회복이 용이하게 이뤄질 수 있다면 그 토지는 여전히 법에서 말하는 농지에 해당하므로, 그 취득에는 소재지 관서의 농지취득자격증명이 필요하다고 할 것인바(대법원 1999. 2.23. 자 98마2604 결정 등 참조). 위 인정사실에 따르면, 이 사건 전체 토지는 현재 농작물의 경작 등에 이용되지 않은 채 그 위에 작업장, 창고, 사무실 등의 차양막 지붕 단층 건물들이 들어서 있거나 고물, 재활용품 등이 적치돼 있긴 하지만, 그 위에 견고한 구조물 등이 축조돼 있지 않은데다가 크게 현상변경이 이뤄진 것은 아닌 점 등에 비춰 위 토지의 변경 상태는 일시적인 것으로서 그 원상회복이 비교적 용이하게 이뤄질 수 있다고 봄이 상당해서 위 전체 토지는 법에서 말하는 농지에 해당한다.

다음으로 피고가 위 토지의 불법형질변경을 이유로 농지취득자격증명의 발급을 거부할 수 있는지에 관해서 보건대. 경매 절차를 통해서 위 토지를 낙찰받기 위해서 농지취득자격증명을 발급받으려는 자는 위 토지를 낙찰받아 소유권을 취득하기 전에 원상복구 등의 조치를 할 아무런 권원이 없으므로 그에게 형질변경된 부분의 복구를 요구한다는 것은 법률상 불가능한 것을 요구하는 것인 점. 불법적으로 형질변경된 농지에 대해서 농지취득자격증명의 발급을 거부한다면. 농지의 소유자가 농지를 금융기관에 담보로 제공한 후 농지를 불법으로 형질변경하거나 지상에 무허가건물을 짓는 경우에는 스스로 원상복구하지 않는 한 제3자가 이를 경락받지 못하므로 담보물권자는 농지를 환가할 수 없게 되는 점 등을 참작하면. 불법으로 형질변경된 위 토지에 대해서는 농작물의 재배가 가능한 토지로 원상복구된 후에 농지취득자격증명의 발급이 가능하다는 피고의 처분사유는 적법한 것이라고 할 수 없다.

우도 있는데, 그때 역시 판례의 내용을 주장하며 발급을 요구하면 된다. 즉, 지상의 무허가건물 등의 사유를 들어 원상회복 조치를 조건으로 반려처분을 하는 것은 낙찰자가 토지 소유권을 취득하기 전에는 원상회복 등의 조치를 할 아무런 권원이 없으므로 형질변경된 부분의 복구를 요구한다는 것은 법률상 불가능한 것을 요구하는 것이라고 항변하면 된다.

　앞서 경북 봉화의 산골 밭은 한 번의 매각불허가가 있은 후에 매각기일이 다시 잡히자 더 많은 사람들이 입찰했다. 무려 18명이었다. 법정지상권 물건에 이렇게 많은 사람이 입찰하는 것은 매우 드문 일이다. 이번에도 역시 떨어졌다. 불허가 사건에 사람들이 굳이 경쟁할까 하는 안이함에 입찰가격을 낮췄기 때문이다. 그런데 어느새 보니 또 불허가를 받고 입찰기일이 다시 정해졌다. 연이은 불허가결정에 덤벼들 사람은 별로 없을 것으로 봤기 때문에 이번에는 낙찰받을 것 같다는 예감이 들었다. 결국 낙찰을 받고 농취증을 받으러 면사무소로 달려갔다.

　신청서를 작성하고 수수료 1,000원을 덧붙여서 제출했다. 담당자는 두 번의 미발급이 있었고 미발급 사유는 다 알고 있을 테니 해줄 수 없다는 말을 했다. 이에 미발급 사유는 내가 알 필요 없고 이 땅이 농지인지 아닌지를 물어봤다. 농지의 개념과 관련한 떡밥을 던져볼 셈이었다. 농지라는 대답이 날아왔다. 그 즉시 "농지라면 그 농지를 내가 샀고 농지법에 따르면 행정청이 농지라고 인정한 것에는 농지취득자격증명서를 발급해줘야 하는데 지금 법을 어기는 것이냐?"라고 억지 비슷하게 말했다(사실 농지라서 농취증을 발급해줘야 하는 게 아니고, 농지의 취득에는 농취증이 필요하다). 농지의 개념과 농취증 발급의 연관성을 가지고 진을 빼며 말이 별로 통하지 않는 사람이라는 인상을 깊게 풍겨줬다.

　그러자 상대는 규정을 들고나왔다. 농취증 발급 심사요령에 규정돼 있어서 해줄 수 없다는 내용이다. 그에 대해서는 심사요령 따위가 있는지는 모르겠고 그게 내부지침이냐고 물었다. 말이 별로 통하지 않을 것 같은 사람 입에서 내부지침이라는 고급용어 비슷한 게 나오자 어쩌다 주워들은 말이겠거니 하며 쉽게 그렇다는 대답이 나왔다. 이에 내부지침에 일반 국민을 구속하는 기속력이 있는지를 물었다. 있다고 하면 무식하다는 소리를 들을 것이고, 없다고 하면 그다음 나올 말은 뻔해서 쉽게 답하지 못하는 것 같았다. 대답이 나오지 않는 것을 보고 길길이 뛰었다. 가슴을 치기도 하고 능력이 안 되는 공무원에게 월급을 주는 국가를 원망하는 소리도 했다. 그러자 상대방은 불법형질변경됐고 건축물이 있어서 발급해줄 수 없다는 말을 했다. 상대방 입장에서 나올 말은 다 나온 셈이다. 불법 건축물은 전체 평수 중에 20평 정도 밖에 되지 않았다. 이에 물었다. "만약 10만 평의 농지가 있는데 일부 5평에 불법형질변경이 있고 건축물이 있다면 똑같이 내주지 않을 것인지, 그리고 이런 이유로 계속해서 팔리지 않게 되면 돈 빌려 쓰고 건물 지어서 남의 돈 떼먹는 것이 일반화 될 텐데 거기에 대해서는 어떻게 설명할 거냐?"라고 상대를 붙들고 계속 이야기했다. 다른 관청은 다 해주는데 여기는 왜 그런지도 따졌다. 그러면서 틈틈이 유독 이곳만 이렇게 하는 이유는 돈을 받아서 그렇지 않나 하는 오해를 사람들이 가질 수도 있지 않겠느냐는 말을 하는 것도 잊지 않았다. 이익을 볼 사람이 채무자밖에 없고 채무자는 이 동네에 살고 있음을 강조하기도 했다. 마지막으로 이 모든 주장이 담긴 근거인 고등법원 판례를 읽어주며, 지금 발급해주지 않으면 행정심판을 할 예정이고 결국은 이 판결과 같이 반려처분이 취소될 것이 당연한 마당에 이러는 것은 피차 에너지만 낭비할 뿐이라는 말도 해줬다. 발급 여부에 공무원의 돈이나 인생이 달린 것은 아니다. 다른 곳은 다 해주는 것으로 볼 때 규정을 안 지켰다고 처벌받는 것도 아니다. 다만 규정과 선례에 따라 습관적으로 발급을 안 해줬고 이번에도 그렇게 했을 것이다. 이에 명분만 제시해주면 발급해주지 않을까 하는 생각에 이르렀다. 그래서 제안했다. 상대가 그토록 강조하는 규정에 원상회복계획서가 있으면 발급해주라는 것도 있는 것 같으니 원상회복계획서를 첨부한다면 내주겠냐고 물었다. 결국 상대에게서 내일 방문해 가져가라는 대답을 받아냈다. 원상회복계획서는 그 자리에서 작성했다.

원상회복계획서

2012년 7월 23일 낙찰을 받고, 같은 해 7월 30일 매각허가결정이 되고, 1주일간의 항고기간이 지난 8월 8일쯤 확정이 되고, 이후 1개월 후가 되는 9월 8일쯤 잔금이 나오는바 잔금을 납부하고 소유권 이전등기가 경료되면 건물 소유자와 협의를 해보고 협의가 안 되면 건물 철거의 소를 제기해서 처리하도록 하겠음. 통상 건물 철거의 소를 제기하면 첫 기일이 3개월 후쯤 나오고 이래저래 소송이 종결되자면 6개월쯤 걸리는바 2013년 8월까지는 건물을 철거해서 농지로서 원상복구를 할 예정임. 만약 위 기일까지 원상복구를 하지 않을 시에는 당신 맘대로 하시기 바람.

2012. 7. 23
위 확약인 ○ ○ ○

말 그대로 계획서이므로 특별한 형식은 없다. 또 계획이므로 지켜지지 않을 수도 있다. 그리고 그 안에 누군가에게 팔아버린다면 계획이고 뭐고 의미는 없다. 그에 덧붙여 판례에 따르면 원상회복계획서는 법률상 불가능한 것을 요구하는 결과가 되므로 더 의미가 없다. 그럼에도 굳이 계획서를 작성해서 줬던 것은 더불어 사는 사회를 위해서였다. 매각허가결정이 나오고 잔금 지급명령에 따라 잔금을 낸 이후 소유권 이전등기를 마쳤다. 그리고 면사무소와 약속한 대로 원상회복 의무를 다하기 위해 소송을 제기하려고 했다. 소송제기 전 단계로 제시외건물의 철거와 철거할 때까지의 지료를 요구했다. 그런데 문제가 생겼다. 내용증명을 보낸 지 얼마 되지 않아 땅을 사가겠다는 지상건물주에게서 연락이 왔던 것이다. 그 연락에 따라 지역 법무사 사무실에서 만나 계약을 하고 땅을 넘겨주는 것으로 마무리를 지었다. 따라서 원상회복 의무는 이 토지를 되사간 지상건물주의 의무로 이전됐다. 이 사건은 농취증 발급 문제만 까다로웠을 뿐 물건의 매도 과정은 지극히 수월했다.

5 농지취득자격증명 신청서 작성방법

농취증의 신청서는 다음과 같이 작성한다. 성명과 주민등록번호, 주소를 기입한다. 취득자의 구분에 있어서, 낙찰받은 농지의 면적이 1,000㎡ 이하일 경우에 주말체험 영농 목적으로 취득할 수 있지만, 그 이상일 때는 그 목적으로의 취득이 불가하므로 신규영농 등 다른 구분을 택해야 할 것이다. 더불어 1,000㎡ 이상일 때는 농업경영계획서도 작성해야 한다. 이에 따라 앞서 낙찰받은 토지의 면적이 2,575㎡이므로 신규영농을 선택하고 더불어 농업경영계획서도 작성한다. 농지원부가 있으면 농업인을 선택한다.

농지취득 시 주의해야 할 것은 일반 법인은 농지를 취득할 수 없어서 농지취득자격증명서를 발급받을 수 없다는 점이다. 이런 사유로 일반 법인으로 농지를 입찰하게 되면 보증금은 몰수된다. 그러나 영농법인은 예외적으로 농지취득자격증명서를 발급받을 수 있다.

소재지 구분에는 낙찰받은 토지의 주소와 지목과 면적을 적어주며, 농지구분은 토지이용계획확인원을 열람해서 농업진흥지역인지 진흥지역 밖인지 확인한 후 선택한다. 진흥지역 내에서도 진흥구역인지 보호구역인지 살펴 선택하고, 시장·군수 등이 지정한 영농여건 불리 용지에 해당하면 그를 선택한다. 취득목적 란에는 신규영농 목적의 취득이므로 농업경영을 선택하고 신청 날짜와 신청인을 기재한 후 신청인 도장을 찍어서 제출한다.

■ 농지법 시행규칙 [별지 제3호서식] 〈개정 2012.7.18〉

농지취득자격증명신청서

※ 뒤쪽의 신청안내를 참고하시기 바라며, 색상이 어두운 란은 신청인이 작성하지 않습니다.　　　　　　　(앞쪽)

접수번호	접수일자	처리기간	4일 (농업경영계획서를 작성하지 않는 경우에는 2일)

농지 취득자 (신청인)	① 성 명 ○○○ 　　(명 칭)	② 주민등록번호 ○○○○○○-○○○○○○○ 　　(법인등록번호)	⑤ 취득자의 구분			
	③ 주 소 서울 서초동		농업인	신규 영농	주말· 체험영농	법인 등
	④ 전화번호 010-○○○○-○○○○					

취득 농지의 표시	⑥ 소 재 지						⑩ 농지구분			
	시·군	구·읍· 면	리·동	⑦ 지번	⑧ 지목	⑨ 면적 (㎡)	농업진흥지역		진흥지역 밖	영농여건 불리농지
							진흥구역	보호구역		
	봉화군	○○면	○○리	○○○	전	2,575			○	

⑪취득원인	경락				
⑫취득목적	농업경영	○	주말·체 험영농	농지전용	시험·연구 ·실습지용

「농지법」 제8조 제2항, 같은 법 시행령 제7조 제1항 및 같은 법 시행규칙 제7조 제1항 제2호에 따라 위와 같이 농지취득자격증명의 발급을 신청합니다.

　　　　　　　　　　　　　　　　　　　　　　　　　　　　　　년　　　월　　　일

　　　　　　농지취득자(신청인)　　　　　　　　　　　○ ○ ○ (서명 또는 인)

시장·구청장·읍장·면장　귀하

첨부서류	1. 별지 제2호서식의 농지취득인정서(법 제6조 제2항 제2호에 해당하는 경우만 해당합니다) 2. 별지 제4호서식의 농업경영계획서(농지를 농업경영 목적으로 취득하는 경우만 해당합니다) 3. 농지임대차계약서 또는 농지사용대차계약서(농업경영을 하지 않는 자가 취득하려는 농지의 면적이 영 제7조 제2항 제5호 각 목의 어느 하나에 해당하지 않는 경우만 해당합니다) 4. 농지전용허가(다른 법률에 따라 농지전용허가가 의제되는 인가 또는 승인 등을 포함합니다)를 받거나 농지전용신고를 한 사실을 입증하는 서류(농지를 전용목적으로 취득하는 경우만 해당합니다)	수수료 : 「농지법 시행 령」 제74조에 따름
담당공무원 확인 사항	법인 등기사항증명서(신청인이 법인인 경우만 해당합니다)	

기재 시 유의사항

①란은 법인에 있어서는 그 명칭 및 대표자의 성명을 씁니다.

②란은 개인은 주민등록번호, 법인은 법인등록번호를 씁니다.

⑤란은 다음 구분에 따라 농지취득자가 해당되는 란에 ○표를 합니다.

　가. 신청당시 농업경영에 종사하고 있는 개인은 '농업인'

　나. 신청당시 농업경영에 종사하고 아니하지만 앞으로 농업경영을 하려는 개인은 '신규영농'

　다. 신청당시 농업경영에 종사하지 아니하지만 앞으로 주말·체험영농을 하려는　개인은 '주말·체험영농'

　라. 농업회사법인·영농조합법인, 그 밖의 법인은 '법인 등'

[취득농지의 표시]란은 취득대상 농지의 지번에 따라 매 필지별로 씁니다.

⑧란은 공부상의 지목에 따라 전·답·과수원 등으로 구분해서 씁니다.

⑩란은 매 필지별로 진흥구역·보호구역·진흥지역 밖으로 구분해서 해당란에 ○표를 합니다.

⑪란은 매매·교환·경락·수증 등 취득원인의 구분에 따라 씁니다.

⑫란은 농업경영 / 주말·체험영농 / 농지전용 / 시험·연구·실습용 등 취득 후 이용목적의 구분에 따라 해당란에 ○표를 합니다.

✽ 농지취득 후 농지이용목적대로 이용하지 않을 경우 처분명령 / 이행강제금 부과 / 징역·벌금 등의 대상이 될 수 있으므로 정확하게 기록해야 합니다.

처리 절차

이 신청서는 무료로 배부되며 아래와 같이 처리됩니다.

신청인	처리기관(시·구·읍·면)
신청서 작성	접수
	↓
	확인·조사
	↓
	검토
	↓
발급	증명발급 또는 신청서의 반려

그리고 취득 농지가 1,000㎡ 이상일 때 제출하는 농업경영계획서의 작성요령은 다음과 같다.

소재지는 작성자의 집주소가 아니라 낙찰받은 물건이 있는 곳을 말한다. ③의 지목이 무엇인지를 기재하는 농지는 전·답·과수원 중의 하나일 것이므로 그 중 해당사항을 적어주면 된다. 전을 낙찰받았으므로 빈칸에 전이라고 써넣는다.

영농거리는 작성자의 집에서 농지까지의 거리다. 나는 서울에서 살고 있는데 봉화까지의 거리는 200km가 넘을 것이다. 그렇다고 영농거리를 200km로 기재할 수는 없다. 그 거리를 이동하면서 농사를 짓는다는 것은 현실적으로 애로사항이 많기 때문이다.

영농계획서는 말 그대로 어떻게 농사를 짓겠다는 계획이므로 앞으로 2km 이내로 이사 올 계획이 있다고 마음먹으며 작성하면 된다. 그래서 2km로 적어두기로 한다. 주 재배 예정 작목은 낙찰받은 토지가 논일 경우 벼를 재배할 것이므로 벼를 기재해주면 되고, 전일 경우 그에 맞는 작물을 기재한다. 예를 들자면 콩 같은 것이 있을 것이다.

영농 착수 시기는 농사를 시작하려는 시기다. 올해는 파종시기가 지났으므로 다음 해부터 농사를 지을 계획이라 내년 3월로 작성한다.

⑧의 취득자 및 세대원의 농업경영능력의 기재 란을 보자면 취득자 이외의 다른 세대원이 있으면 그에 관한 사항을 적어두면 된다. 자식이 세대원으로 돼 있으면 취득자의 관계와 나이 등을 기

재하는데, 그런 세대원이 없다면 취득자의 인적사항을 집어넣으면 된다. 이에 따라 취득자와의 관계는 본인으로 성별은 남, 나이는 40으로 적어 넣었고 직업기재 부분은 없음, 즉 무로 한다. 앞으로 영농계획서를 쓴다는 것은 농사를 전업으로 하겠다는 것이고, 그에 대한 계획을 구상하는 사람이 달리 직업이 있을 까닭이 없기 때문이다. 농업인은 농지원부가 있는 사람을 말하는 것이므로 그것이 없는 사람은 농업인으로 기재하기도 애매할 것이다. 영농경력은 농사지은 경험에 따라 기재한다. 기재하기 애매하다면 나이에 따라 정한다. 20대는 2년, 30대 3년, 40대 4년 이런 식으로 쓴다. 향후 영농계획에 관해서는 특별한 일이 생기지 않는다면 농사일을 계속할 것이고, 이 역시 계획이므로 '계속'으로 적는다.

노동력 확보방안은 자기노동력에 체크를 한다. 농업기계·장비의 보유현황은 있으면 있는 대로 쓰고 없으면 없는 대로 비워둔다. 보유계획은 분무기와 트랙터를 구입할 계획이므로 그것을 기재한다. 연고자는 없으므로 넘어가고 현재 소유농지도 없고 임차농지도 없으므로 그 부분은 생략해도 된다.

농업경영계획서

(앞쪽)

취득 대상 농지에 관한 사항	① 소재지			② 지번	③ 지목	④ 면적 (㎡)	⑤영농 거리	⑥ 주재배 예정 작목 (축종명)	⑦ 영농 착수시기
	시·군	구·읍·면	리·동						
	봉화군	○○면	○○리	○○○	전	2,575	2km	콩	내년 3월
	계								

농업 경영 노동력의 확보 방안	⑧ 취득자 및 세대원의 농업경영능력					
	취득자와 관계	성별	연령	직업	영농경력(년)	향후 영농여부
	본인	남	40	무	4	계속
	⑨ 취득농지의 농업경영에 필요한 노동력확보방안					
	자기노동력	일부고용		일부위탁		전부위탁(임대)
	○					

농업 기계·장비의 확보 방안	⑩ 농업기계·장비의 보유현황					
	기계·장비명	규격	보유현황	기계·장비명	규격	보유현황
	⑪ 농업기계장비의 보유 계획					
	기계·장비명	규격	보유계획	기계·장비명	규격	보유계획
	자동분무기		10대	트랙터		1대
⑫ 연고자에 관한 사항	연고자 성명				관계	

「농지법」 제8조 제2항, 같은 법 시행령 제7조 제1항 및 같은 법 시행규칙 제7조 제1항 제3호에 따라 위와 같이 본인이 취득하려는 농지에 대한 농업경영계획서를 작성·제출합니다.

년 월 일

제출인   ○ ○ ○ (서명 또는 인)

210mm×297mm[백상지 80g/㎡]

⑬ 소유농지의 이용현황

소재지				지번	지목	면적 (㎡)	주재배작목 (축종명)	자경 여부
시·도	시·군	읍·면	리·동					

⑭ 임차(예정)농지현황

소재지				지번	지목	면적 (㎡)	주재배 (예정)작목 (축종명)	임 차 (예정) 여부
시·도	시·군	읍·면	리·동					

⑮ 특기사항

기재상 유의사항

⑤란은 거주지로부터 농지소재지까지 일상적인 통행에 이용하는 도로에 따라 측정한 거리를 씁니다.

⑥란은 그 농지에 주로 재배·식재하려는 작목을 씁니다.

⑦란은 취득농지의 실제 경작 예정시기를 씁니다.

⑧란은 같은 세대의 세대원 중 영농한 경력이 있는 세대원과 앞으로 영농하려는 세대원에 대해서 영농경력과 앞으로 영농 여부를 개인별로 씁니다.

⑨란은 취득하려는 농지의 농업경영에 필요한 노동력을 확보하는 방안을 다음 구분에 따라 해당되는 난에 표시합니다.

　가. 같은 세대의 세대원의 노동력만으로 영농하려는 경우에는 자기 노동력 란에 ○표.

　나. 자기노동력만으로 부족해서 농작업의 일부를 고용인력에 의하려는 경우에는 일부고용란에 ○표.

　다. 자기노동력만으로 부족해서 농작업의 일부를 남에게 위탁하려는 경우에는 일부 위탁 란에 위탁하려는 작업의 종류와 그 비율을 씁니다.

　　[예 : 모내기(10%), 약제살포(20%) 등]

　라. 자기노동력에 의하지 아니하고 농작업의 전부를 남에게 맡기거나 임대하려는 경우에는 전부위탁(임대)란에 ○표.

⑩란과 ⑪란은 농업경영에 필요한 농업기계와 장비의 보유현황과 앞으로의 보유계획을 씁니다.

⑫란은 취득농지의 소재지에 거주하고 있는 연고자의 성명 및 관계를 씁니다.

⑬란과 ⑭란은 현재 소유 농지 또는 임차(예정)농지에서의 영농상황(계획)을 씁니다.

⑮란은 취득농지가 농지로의 복구가 필요한 경우 복구계획 등 특기사항을 씁니다.

210mm×297mm[백상지 80g/㎡]

REAL ESTATE

소액 16

못생긴 땅일지라도
임자는 따로 있다

살기 위해서 입찰하기도 하고 팔기 위해서 입찰하기도 한다. 팔기 위해서 입찰하는 사람들에게 경매 법정은 도매시장과 같다. 그곳에서 물건을 최대한 싸게 사서 일반시장에 내다놓고 누군가에게 팔기 때문이다. 도매시장에서 사온 일반상품의 판매방식으로는 위탁판매도 있고 방문판매도 있다. 경매 법정에서 사온 물건의 판매도 그처럼 공인중개사 사무실에 위탁판매하는 방식이 있고, 방문판매하는 방식이 있다. 경매 물건의 방문판매는 대부분 꼭 사줄 것 같은 특정 대상을 방문해서 판매한다는 점에서 일반판매와 다른 점이 있다. 그런데 방문판매를 목적으로 해서 물건을 가지고 왔지만 간혹 엉뚱한 사람이 판매자의 집으로 찾아와 오히려 방문매입을 하는 경우가 생기기도 한다.

1 등기가 안 된 건물에 법정지상권이 성립할까

소 재 지	경기 평택시 ... 경기 평택시 ...			
경 매 구 분	임의경매	채 권 자	평택시	
용　　도	대지	채무/소유자	방경	매 각 기 일　14.08.25 (43,160,000원)
감 정 가	73,100,000 (13.09.26)	청 구 액	70,000,000	종 국 결 과　14.11.18 배당종결
최 저 가	35,819,000 (49%)	토 지 면 적	34.0 ㎡ (10.3평)	경매개시일　13.09.04
입찰보증금	10% (3,581,900)	건 물 면 적	0.0 ㎡ (0.0평)	배당종기일　13.12.09
주 의 사 항	· 법정지상권 · 입찰외　특수件분석신청			

    삼각자처럼 날카롭게 생긴 땅이다. 10.3평밖에 되지 않는 작은
땅이지만 건물까지 들어서 있다. 건물은 매각에서 제외되고 토지
만 매각대상이다. 토지의 감정가는 7,300여 만 원으로 평당 700만
원이 넘어간다. 1평 가격이 시골 토지 100평과 맞먹는다.

    토지 감정가에 비해서 지상건물의 액면 값어치는 그리 크지 않
아 보인다. 건물주가 사줄 것이라는 기대를 가지며 입찰할 물건은
아닌 듯하다. 특별한 사연이 있지 않는 한 액면 값어치가 토지 가

격보다 적은 건물을 지키기 위해 토지를 사들일 사람은 없다. 그런데 한편으로 반드시 건물주에게만 팔아야 할 것인가 하는 의문도 든다. 도심지에, 그것도 제법 큰 도로에 접하는 이 정도 가격의 법정지상권 물건을 본 적이 없다. 드문 경우다. 드문 만큼 건물을 밀어버리고 토지만 내놓고 팔아도 누군가는 사갈 것이다. 날카롭고 좁은 땅이기는 하지만 그 단점만큼 싸게 내놓으면 팔리지 않을 것도 없다.

　이 경우 법정지상권이 성립하지 않아야 건물을 철거한 후 토지를 팔 수 있다. 법정지상권 성립 여부의 확인은 그런 면에서 특히 빼놓을 수 없는 절차다. 토지 근저당권설정 이후 건물이 신축됐는지를 확인해본다. 가장 간편한 수단이다.

| 3 | 근저당권설정 | 2009년2월13일
제3462호 | 2009년2월11일
설정계약 | 채권최고액 금70,000,000원
채무자 황정사
　경기도 광명시 □□동 ○○○번지 (○○동)
□□□□ □□□□ □□□□ ○○○-○○○
근저당권자 광명시 |

　2009년도에 근저당권설정이 하나 있다. 건물이 언제 지어졌는지는 건축물 대장이나 건물 등기부를 통해서 알 수 있으나 이 건물에는 그런 것들이 없다. 건물의 노후도를 근거로 해서 추정해볼 수 있을 뿐이다.

　함석지붕을 쓴 것이며 층 사이에 페인트가 벗겨져 시멘트가 드러나는 등 군데군데 세월의 흔적이 녹아 있는 건물이다. 눈 감고 봐도 2009년 이전에 지어졌다는 것을 알 수 있다. 근저당권설정 당시 건물은 있었으므로 건물의 건립시기를 근거로 한 법정지상권 성립 여부는 알 수 없다. 또 하나의 기준으로는 근저당권설정 당시 건물 소유자와 토지 소유자가 동일했는지 여부다. 그런데 이 역시 건축물 대장과 건물 등기부등본이 없어서 당장은 확인해볼 길이 없다.

【　갑　　구　】	(소유권에 관한 사항)			
순위번호	등 기 목 적	접　수	등 기 원 인	권 리 자 및 기 타 사 항
1 (전 5)	회인 ⒄가분이전	1975년3월23일 제3324호	1975년3월23일 매매	공유자　지분 35분의 62 주식회사◎◎관장호텔 부산시 ,,◎◎◎
2 (전 11)	박정◎◎가분건물이전	1995년6월23일 제46173호	1995년5월3일 매매	공유자　지분 35분의 33 주식회사◎◎산장호텔 134711-00◎◎◎ 경기시 ,◎◎◎ ,◎◎◎ 부동산등기법 제177조의 6 제1항의 규정에 의하여 1번 내지 2번 등기를 2001년 10월 05일 전산이기
3	소유권이전	2007년10월12일 제87384호	2007년6월24일 매매	소유자 박정◎ 600515-2◎◎◎◎◎ 경기도 광택시 ◎◎◎ ◎◎◎◎◎

그런데 토지등기부 갑구에는 2007년도에 현재의 소유자가 토지를 매입한 사실이 기재돼 있다. 사람들은 집을 사고팔 때 건물을 제외하고 토지만 사고팔고 하지는 않는다. 이 사건도 그와 다르지 않아 현재의 소유자는 2007년도에 관광호텔에게서 토지와 건물을 묶어서 샀을 것이다. 매입 사실을 밝히기 위해 토지에 대한 소유권 이전등기도 마치고, 건물에 대한 소유권 등기도 마치려고 했으나 건물에는 건축물 대장도, 건물 등기부등본도 없기 때문에 소유권 이전등기를 하지 못한다. 그다음에 돈이 필요해서 토지와 건물을 동시에 저당 잡아 돈을 빌리려 했지만 이 역시 건물에는 등기부가 없어 저당을 잡을 수 없고 토지만 저당 잡아 돈을 빌린다. 이후 빚을 갚지 않아 토지만 경매 시장에 등장하고 토지만 팔렸을 경우에 법정지상권은 성립하지 않는다. 건물 소유 명의는 이전 소유자인 관광호텔에 남아 있고 토지 소유자는 현재 소유자인 방경으로 돼 있어 근저당권설정 당시 토지 소유자와 건물 소유자가 달랐기 때문이다. 이에 관해서는 딱 맞아떨어지는 판례가 있다.

건물 등 철거

[대법원 2002.6.20. 선고, 2002다9660, 전원합의체 판결]

【판시사항】

미등기 건물을 대지와 함께 매수했으나 대지에 관해서만 소유권 이전등기를 넘겨받고 대지에 대해서 저당권을 설정한 후 저당권이 실행된 경우, 민법 제366조 소정의 법정지상권이 성립하는지 여부(소극).

【판결요지】

민법 제366조의 법정지상권은 저당권설정 당시 동일인의 소유에 속하는 토지와 건물이 저당권의 실행에 의한 경매로 인해서 각기 다른 사람의 소유에 속하게 된 경우에 건물의 소유를 위해서 인정되는 것이므로, 미등기 건물을 그 대지와 함께 매수한 사람이 그 대지에 관해서만 소유권 이전등기를 넘겨받고 건물에 대해서는 그 등기를 이전받지 못하고 있다가, 대지에 대해서 저당권을 설정하고 그 저당권의 실행으로 대지가 경매돼 다른 사람의 소유로 된 경우에는, 그 저당권의 설정 당시 이미 대지와 건물이 각각 다른 사람의 소유에 속하고 있었으므로 법정지상권이 성립될 여지가 없다.

2 측량 및 차임감정신청에 관한 보정명령

건물의 빠른 철거가 목적이었으므로 낙찰받자마자 철거소장을 법원에 제출했다. 상대방에게서 답변서는 없었으나 측량 및 차임 감정신청에 관한 보정서가 법원에서 왔다.

수원지방법원 평택지원
보정명령

사건 : 2014가단○○○건물 등 철거

원고 : ○○○

피고 : 방경○

원고는 이 명령의 보정기한까지 다음 흠결사항을 보정하시기 바랍니다.

보정기한: 송달된 날로부터 4일 이내.

흠결사항

철거를 구하는 건물을 특정하기 위한 측량감정신청서 및 차임 상당액을 특정하기 위한 차임감정신청서를 제출할 것.

2014. 12. 15

판사 강○○

---

3 경계측량 및 차임 상당의 지료 감정서 작성

경계와 차임을 확실히 정하라는 내용이다. 소장의 별지도면에 경계와 건물을 특정해놓고 차임 상당의 근거도 마련해서 제출했지만 그것만으로는 부족한 모양이었다. 경계의 측량과 차임 상당의 지료 감정을 한꺼번에 묶어서 신청했다.

감정신청서

사건 : 2014가단 ○○○ [담당재판부 : 민사1단독]

원고 : ○○○

피고 : 방경○

위 사건에 관해서 원고는 다음과 같이 감정을 신청합니다.

감정의 목적

1. 건물 철거를 위한 측량감정.
2. 토지의 사용임료 및 시가를 확정해서 피고가 원고에게 지급할 지료 확인.

감정의 목적물

경기도 평택시 ○○동 ○○○ 34㎡

위 지상에 설치된 건물 일체.

감정사항

1. 피고가 점유하고 있는 부분의 건물의 위치 및 면적을 측량해서 감정
도면상에 특정해서 표시.

2. 감정목적물에 대해서 2014. ○○. ○○부터 현재에 이르기까지 연간
또는 월간 임대료의 산정.

2014. ○○. ○○

원고 ○○○

수원지방법원 평택지원 귀중

차임감정신청에 따라 법원은 감정평가인을 지정하고 다음과
같이 그 지정 사실을 원고에게 알려준다.

수원지방법원 평택지원
차임감정인 지정결정

사건: 2014가단○○○ 건물 등 철거
원고: ○○○
피고: 방경○

위 사건에 관해서 다음 사람을 감정인으로 지정한다(예상감정료는 팩스
말고 우편으로 보내 주시기 바랍니다).

감정사항

경기도 평택시 ○○동 274-○○○ 대 34㎡에 대한 2014. 10. 10부터
감정서 작성일까지 차임(보증금 없는 상태).
감정인: 장○○
사무소: ○○감정평가사사무소
주소: 경기도 용인시 ○○구 ○○동

전화: 031-○○○-○○○○(FAX: 031-○○○-○○○○)

2014. 12. 16
판사 강○○

감정평가비용을 예납하라는 통지가 이어서 왔다. 통지서의 이
름은 보정명령이다.

수원지방법원 평택지원

보정명령

사건 : 2014가단○○○건물 등 철거

원고 : ○○○

피고 : 방경○

원고는 이 명령의 보정기한까지 다음 흠결사항을 보정하시기 바랍니다.

보정기한: 송달된 날로부터 7일 이내.

흠결사항

예상감정료 649,000원을 보관금으로 납부 후 영수증을 제출하시기 바랍니다(남은 금액은 환급해드릴 예정이니 환급받을 은행 및 계좌번호도 보관금 납부 시 적어서 내시기 바랍니다).

2015. 1. 2

판사 강○○

적지 않은 금액이다. 보관금은 법원 안에 있는 은행에 납부해도 되고, 다른 은행에 내도 된다. 그리고 또 하나의 보정서가 왔다.

수원지방법원 평택지원
보정명령

사건 : 2014가단○○○ 건물 등 철거

원고 : ○○○

피고 : 방경○

원고는 이 명령의 보정기한까지 다음 흠결사항을 보정하시기 바랍니다.

보정기한: 송달된 날로부터 7일 이내.

흠결사항

대한지적공사의 예상감정료 742,500원을 보관금으로 납부 후 '보정서' 라는 제목으로 영수증을 제출하시기 바랍니다(감정 후 잔액이 있으면 환급 해드릴 예정이니 환급받을 은행 및 계좌번호도 보관금 납부 시 적어서 내시기 바랍니다).

2015. 1. 20

판사 강○○

측량신청에 따른 측량비용 납부에 관한 내용이다. 차임감정비용과 측량감정비용을 합하면 1,391,500원이다. 많다면 많고 적다면 적은 금액이다. 예상감정료라는 말 그대로 남은 돈을 돌려주기도 한다. 환급된 돈이 통장에 찍혀 있는걸 보면 공돈이 들어온 것 같다는 생각이 들기도 해서 많이 내는 것도 그리 나쁜 것만은 아닌 듯하다. 약간의 이자도 붙는다.

측량과 차임감정이 끝나면 결과물인 감정평가서와 성과도가 나온다. 차임에 관한 감정평가 결과다.

임료의 산정

기간	기초가격(원)	기대이율(%)	기간실질임료(원)	월실질임료(원)
2014.10.10~ 2015.01.30	72,202,400	0.04	[1] 894,122	[2] 240,674

[1] 기간실질임료(2014. 10. 10~2015. 01. 30): 72,202,400원 × 0.04 × 113/365 ≒ 894,122
[2] 월실질임료: 72,202,400원 × 0.04 ÷ 12(개월) ≒ 240,674원/월

기초가격에 주목할 필요가 있다. 4,000여 만 원인 낙찰가에 기초해서 임료를 산정하는 것이 아니라 72,202,400원인 감정가를 기초해서 임료를 산정했다. 그 결과 산출된 임료는 240,674원인데 만일 낙찰가를 기초했다면 143,866원이 나왔을 것이다. 이 결과를 두고 낙찰가만을 생각하는 피고는 억울할 것이고, 원고는 플러스 알파를 얻는 느낌이라 어깨에 힘이 좀 들어간다. 경매로 낙찰받았기 때문에 이런 결과도 나온다. 경매의 이점 중 하나다.

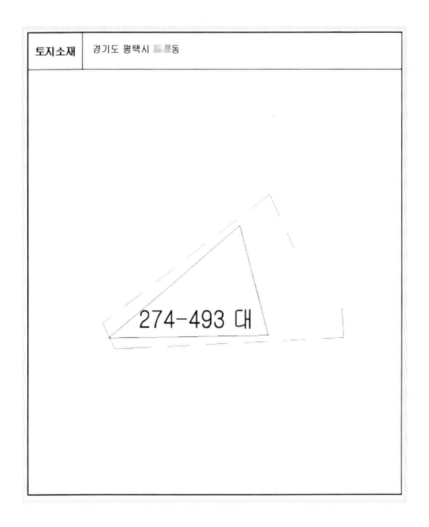

토지소재	경기도 평택시 ▒▒동

점선은 처마를 포함한 건물 경계선이다. 낙찰받은 토지를 많은 부분 깔고 앉았다. 토지를 다 먹어버렸고 그에 그치지 않고 다른 토지까지 먹어버렸다. 그리고 실제 측량에 사용한 비용은 예상 감정료보다 적었다.

지적측량수수료 청구서

일금 : 사십칠만칠천사백원정(₩477,400)

청 구 명 세

토지소재지	측량종목	수수료			부가가치세	합계	비 고
		수량	단가	금액			
신창동 거가 ~제번	지적현황	1		233,000	23,300	256,300	
신창동 거가 ~제번	부대기타	1		201,000	20,100	221,100	
계		2		434,000	43,400	477,400	

이런 결과물을 얻었다고 해서 모든 것이 끝나는 것은 아니다. 감정결과를 토대로 해서 청구취지와 청구원인을 변경해서 제출해야 한다.

4 한 박자 쉬는 것도 수익 증대의 지름길

청구취지와 원인의 변경 제출에 따라 법원은 변론기일을 지정했다. 이유는 알 수 없으나 피고는 참석하지 않았다. 피고가 참석하지 않은 것을 확인한 판사는 "모월 모시에 선고하겠습니다"라고 간단하게 말했다. 그리고 원고 승의 판결문이 나왔다. 피고가 참석하지 않아 너무나도 싱겁게 끝난 재판이었다. 어떤 법원은 피고가 나오지 않아도 다음 기일을 더 잡기도 한다. 그리고 측량이나 차임의 보정명령도 변론기일이 있은 후에 내려지는 경우가 많다. 그래서 소송제기부터 판결까지 6개월 이상 걸리는 게 보통이다. 그런데 이 사건은 소송제기 후 감정결과 산출까지 한 달, 변론기일까지 한 달, 판결 선고까지 한 달, 총 3개월이 걸렸다. 군더더기 없는 진행이었다. 판결문에 따라 철거집행할 계획으로 대체집행문을 작성해서 제출한 지 얼마 안 되서 부동산에서 전화가 왔다. 토지를 사겠다는 사람이 있는데 팔 의향이 있냐는 것이다. 이 토지를 팔겠다는 말을 어느 누구에게도 한 적 없어 뜬금없었다. 철거판결을 받은 것도 알고, 그것 때문에 더 사려고 하는 사람이 있다고 했다. 연유를 알고 보니 패소한 피고가 부끄러움을 많이 타는지 직접 말을 건네지 못하고 부동산을 통해 연락한 것이었다. 낙찰받은 지 얼마 되지도 않고 빠른 매입 타진이 있었으므로 소송비용과 들어간 등기비용에 약간의 웃돈 정도를 요구했다. 그러나 상대방에게서 별다른 반응 없이 그걸로 끝이었다.

판매처를 찾아 방황하던 어느 날 전화가 왔다. 전혀 모르는 사람이었다. 상대는 어렵게 수소문해서 전화번호를 알아냈다는 말부터 하며 이 토지를 팔 의향이 있는지 물어봤다. 평생 머리에 이고 갈 땅도 아니고 많이 주겠다는 사람이 있으면 팔겠다고 했다. 그러자 그는 원하는 만큼 지불할 용의가 있는데 조건이 하나 있다고 했다. 건물을 철거해 달라는 것이다. 옆 필지의 토지 소유자라고 하는데 이 땅을 자기 땅에 붙여서 건물을 짓겠다고 했다. 그제야 이 물건 뒤쪽으로 주차장 비슷한 공터가 있던 것이 떠올랐다. 그 옆에는 호텔 간판을 달고 있는 제법 큰 건물도 있었다. 공터는 호텔과 이 건물 사이로 진입할 수 있었는데 진입 통로가 그리 넓지 않았던 것이다. 그곳에 건물을 지을 모양이었다. 필요하다니 어쩌겠는가. 건물을 말끔히 철거하고 시원하게 넘겨줬다. 언젠가 근처에 일이 있어 잠깐 들러본 그곳에는 높은 담벼락이 쳐져 있고 담벼락에는 아래 사진이 붙어 있었다. 호텔을 밀어버리고 새 건물을 짓는다고 했다. 팔고 보니 알박기 땅이었던 것이다. 팔기 전에 조사하고 한 박자 쉬었다면 얼마를 더 받았을까. 뜬금없는 매수 요청에는 늘 주의를 기울여야 하는 게 현명한 삶의 지혜 아닐까 한다.

REAL ESTATE

소액 17

또 하나의 대표 주자, 지분 매각

1 지분 매각이란 무엇인가

소 재 지	경기 성남시 ■■■ ■■■■ ■■■ ■■ ■■ ■■ (■■동) 경기 성남시 ■		
경매 구분	강제경매	채 권 자	중소기업 ■ ■■■
용 도	아파트	채무/소유자	오태■/오태■ 외 1
감 정 가	**400,000,000** (17.08.14)	청 구 액	432,392,454
최 저 가	280,000,000 (70%)	토 지 면 적	전체 53,12 ㎡ 중 지분 26,6 ㎡ (8.0평)
입찰보증금	10% (28,000,000)	건 물 면 적	전체 101,91 ㎡ 중 지분 50,96 ㎡ (15.4평) [37평형]
주 의 사 항	· 지분매각 **특수件분석신청**		

매 각 기 일 18.02,05(월) 10:00
다 음 예 정 18.03.12 (196,000,000원)
경매개시일 17.07,28
배당종기일 17.10.10

경매 물건을 검색하다 보면 지분 매각이라는 문구가 붙어 있는 것을 볼 때가 있다. 지분 매각이란 지분을 판다는 의미일 것이다. 그렇다면 지분이란 무엇인가. 사전에서는 '공유물이나 공유재산 따위에서 공유자 각자가 소유하는 몫'으로 정의하고 있다. 지분 매각은 공유물이나 공유재산에서 어떤 사람의 몫을 판다는 의미로 해석할 수 있다.

그렇다면 공유물과 공유재산은 또 무엇인가. 이를 알기 위해서는 공유가 무엇인지 먼저 알아야 한다. 공유라는 단어는 민법 제262조에 등장한다. 그리고 공유의 개념을 알면 지분 매각이 왜 특수물건이며 주의해야 하는 것인지도 알 수 있다.

민법 제262조 (물건의 공유)

① 물건이 지분에 의하여 수인의 소유로 된 때에는 공유로 한다.

② 공유자의 지분은 균등한 것으로 추정한다.

공유는 하나의 소유권이 양적으로 분할돼 여러 사람에게 속하는 상태를 말한다. 90평 토지를 3명이 동등한 비율로 공유하고 있다면, 그것은 각 공유자가 30평을 소유한다는 것이 아니라 90평 전체의 소유자이되 다만 토지 소유권을 1/3씩 잘라 가지고 있다는 의미다. 결국 공유관계에서는 권리와 의무관계가 동등한(공유자의 지분은 균등한 것으로 추정) 여러 명이 하나의 물건에 관해서 각자의 소유권을 가지고 있음을 알 수 있다. 그런데 그 특별한 소유형태 때문에 여러 문제가 발생한다. 간단히 말해 하나의 물건을 여러 명이 가지고 있기 때문에 누구도 자기 마음대로 할 수 없다는 것이다. 우선 가장 큰 문제는 팔고 싶을 때 마음대로 팔 수 없다는 점이다. 전체 물건을 팔려면 다른 공유자의 동의를 얻어야 하고 그 동의 절차가 귀찮고 까다로워 자기 소유지분만 팔려고 해도 그 자체로는 사려는 사람도 없다. 그렇다고 해서 그 소유지분만큼 잘라서 파는 것도 매우 복잡한 일이다. 이런 점에 착안해서 차명으로 부동산을 매입할 때 공유의 형태를 이용하기도 한다. 또한 소유지분의 재산권행사에 따른 사용에도 제약이 따른다. 지분 토지를 매입해서 건물을 짓기도 어렵고, 빈 땅이라고 해서 농사를 짓기도 어려우며, 빌려주는 것도 쉽지 않다. 한 채의 아파트를 지분으로 매입해서 생면부지의 다른 공유자와 공간을 나눠 같이 먹고 자는 것이 얼마나 어려운 것인지를 생각해보면 알 일이다. 그러고 보니 지분 형태로 공유물을 소유하는 것은 차명 부동산 소유 목적 이외에 장점은 하나도 없는 것 같다. 그래서 지분 매각물건에 주의사항이 붙고, 특수물건으로 취급하는 것이다. 그리고 그 점 때문에 입찰자가 별로 없어 지분 매각물건은 수회 유찰되는 경우가 많다.

그런데 이렇게 단점만 많은 지분 매각물건도 그 안을 들여다 보면 그 지분이 필요한 사람이 있는 경우도 있다. 그 지분으로 이익을 보기 때문에 필요하기도 하고, 때로는 그 지분이 없으면 큰 손해를 볼 수 있어 필요하기도 할 것이다. 그렇다면 그 사람을 찾아서 그에게 팔아 수익을 얻을 수 있다. 더불어 단점 때문에 금액이 많이 떨어진 물건이라면 그 차이만큼의 수익을 더 챙길 수도 있다. 여기에 지분 매각물건의 의의가 있다. 지분의 이점을 활용하기 위해서는 공유지분에 관한 전반적인 사항을 알아둘 필요가 있다.

소 재 지	인천 강화군 ▒▒ ▒▒▒▒ ▒▒ (▒▒▒▒) 인천 강화군 ▒▒▒▒▒ ▒▒▒ ▒▒▒▒				
경 매 구 분	강제경매	채 권 자	엠예▒▒▒▒ ▒▒▒▒▒		
용 도	대지	채무/소유자	김유 /김유 외1	매 각 기 일	18.01.22 (17,550,000원)
감 정 가	20,265,600 (17.01.25)	청 구 액	18,294,366	다 음 예 정	
최 저 가	14,186,000 (70%)	토 지 면 적	전체 380 ㎡ 중 지분 84.4 ㎡ (25.5평)	경매개시일	17.01.09
입찰보증금	20% (2,837,200)	건 물 면 적	0.0 ㎡ (0.0평)	배당종기일	17.03.22
주 의 사 항	· 재매각물건 · 지분매각 · 법정지상권 · 입찰외 특수件분석신청				

그리고 지분 토지 위에 건물이 있을 때 지분 토지만 경매로 매각되고, 건물은 매각에서 제외되는 경우가 있다. 제시외건물 때문에 법정지상권 여지 있는 물건이 되는 동시에 지분 토지만의 매각이므로 지분 매각물건이 된다. 앞의 강화도 토지는 지분의 해법도 만만하지 않은데다가 법정지상권까지 얽혀 있어 까다롭게만 보이는 물건이다. 그러나 법정지상권도 알고 지분도 알면 이런 종류의 물건 해법이 그리 어렵지만은 않다는 것도 알게 될 것이다.

2 공유물의 관리와 이용 및 처분

민법 제263조는 공유지분의 처분과 공유물의 사용과 수익에 대해서 규정하고 있다.

제263조(공유지분의 처분과 공유물의 사용, 수익)
공유자는 그 지분을 처분할 수 있고 공유물 전부를 지분의 비율로 사용, 수익할 수 있다.

공유자는 자신 소유의 공유지분을 다른 공유자의 동의를 얻지 않고도 처분할 수 있어, 저당을 잡아 돈을 빌려 쓸 수도 있고 누군가에게 매도할 수도 있다(공유물이 아닌 공유지분임에 유의하자). 또한 공유물 전체를 지분의 비율대로 사용하고 수익할 수도 있다. 그러나 지상권이나 전세권을 설정할 수는 없다.

한편 공유자 중 한 사람이 공유물을 처분하거나 변경하면 다른 공유자의 권리나 이익을 침해하게 된다(공유지분이 아니고 공유물임에 유의하자). 둘이 사서 함께 쓰는 자동차를 한 사람이 돈이 필요하다고 해서 팔아버리거나 시트가 마음에 안 든다고 제멋대로 떼어낼 때 나머지 사람이 화나는 것과 같은 이치다. 이에 따라 공유물의 처분이나 변경은 금지된다. 처분행위는 공유물을 매도하거나 저당권이나 전세권 등을 설정하거나 공유 나대지에 건물을 건축하는 것 등이다. 그러나 공유자 전원의 동의를 얻으면 처분이나 변경이 가능하다. 민법 제264조는 그에 관해서 규정하고 있다.

제264조(공유물의 처분, 변경)
공유자는 다른 공유자의 동의 없이 공유물을 처분하거나 변경하지 못한다.

다음으로 공유물의 관리와 보존은 어떻게 할까. 민법 제265조는 다음과 같이 규정하고 있다.

민법 제265조(공유물의 관리, 보존)
공유물의 관리에 관한 사항은 공유자의 지분의 과반수로써 결정한다. 그러나 보존행위는 각자가 할 수 있다.

공유물의 관리행위는 공유물의 처분이나 변경에 이르지 않을 정도로 이용하거나 개량하는 행위를 말한다. 공유자가 공유물을 타인에게 임대해주거나 임대차계약을 해지하는 행위 등이 관리행위의 한가지다. 이런 관리행위는 공유자 지분의 과반수 결정으로 할 수 있다. 주의할 것은 공유자의 과반수 결정이 아니라 지분의 과반수라는 점이고, 과반수 의미 그대로 절반이 넘어야 결정이 유효하다는 점이다. 공유물을 1/2씩 공동으로 소유하고 있을 때 1/2의 지분권자는 과반수가 되지 못하므로 단독으로 관리행위를 할 수 없고 나머지 1/2 지분권자의 동의를 얻어야 관리행위를 할 수 있다. 과반수의 지분을 가지고 있는 사람은 관리방법에 대해서 협의가 없더라도 공유물을 독자적으로 관리할 수 있고, 공유토지의 특정 부분을 배타적으로 사용·수익할 것을 정할 수 있으며, 심지어는 공유토지의 전부에 대해서 배타적으로 사용·수익할 것을 정하는 것도 가능하다. 대신 수익에 대해서는 지분별로 분배를 해야 하고 분배를 받지 못한 지분권자는 지분에 상응하는 임료 상당의 부당이득금 반환을 청구할 수 있다. 공유물의 관리와 관해서는 다음과 같은 판례가 있다.

건물 철거 등 · 소유권 이전등기
[대법원 2001.11.27. 선고, 2000다33638, 판결]

【판시사항】

과반수 공유지분권자가 그 공유물의 특정 부분을 배타적으로 사용·수익할 것을 정하는 것이 공유물의 관리방법으로서 적법한지 여부(적극).

【판결요지】

공유자 사이에 공유물을 사용·수익할 구체적인 방법을 정하는 것은 공유물의 관리에 관한 사항으로서 공유자 지분의 과반수로서 결정해야 할 것이고, 과반수의 지분을 가진 공유자는 다른 공유자와 사이에 미리 공유물의 관리방법에 관한 협의가 없었다 하더라도 공유물의 관리에 관한 사항을 단독으로 결정할 수 있으므로, 과반수의 지분을 가진 공유자가 그 공유물의 특정 부분을 배타적으로 사용·수익하기로 정하는 것은 공유물의 관리방법으로서 적법하며, 다만 그 사용·수익의 내용이 공유물의 기존의 모습에 본질적 변화를 일으켜 '관리' 아닌 '처분'이나 '변경'의 정도에 이르는 것이어서는 안 될 것이고, 예컨대 다수지분권자라 해서 나대지에 새로이 건물을 건축한다든지 하는 것은 '관리'의 범위를 넘는 것이 될 것이다.

공유물이 멸실되거나 훼손되는 것을 방지하고 현 상태 그대로를 유지하는 것이 공유물의 보존 행위다. 공유물의 보존은 다른 공유자에게도 이익이 되는 경우가 많으므로 과반수의 결정으로 할 것을 요구하지 않고 단독으로 할 수도 있다.

소유권 이전등기, 공동 투자 이익금반환
[대법원 1994.3.22. 선고, 93다9392, 전원합의체 판결]

【판시사항】
공유물의 소수지분권자가 다른 공유자와의 협의 없이 자신의 지분 범위를 초과해서 공유물의 전부 또는 일부를 배타적으로 점유하고 있는 경우 다른 소수지분권자가 공유물의 보존행위로서 공유물의 인도나 명도를 청구할 수 있는지 여부.

【판결요지】
[다수의견] 지분을 소유하고 있는 공유자나 그 지분에 관한 소유권 이전등기청구권을 가지고 있는 자라고 할지라도 다른 공유자와의 협의 없이는 공유물을 배타적으로 점유해서 사용·수익할 수 없는 것이므로, 다른 공유권자는 자신이 소유하고 있는 지분이 과반수에 미달되더라도 공유물을 점유하고 있는 자에 대해서 공유물의 보존행위로서 공유물의 인도나 명도를 청구할 수 있다.

각 공유자는 소유한 공유지분의 비율대로 공유물 관리비용을 지급할 의무 및 기타 의무를 부담하고, 1년 이상 그 의무를 지체한 때 다른 공유자는 상당한 가액으로 그 지분을 매수할 수 있다.

제266조(공유물의 부담)

① 공유자는 그 지분의 비율로 공유물의 관리비용 기타 의무를 부담한다.

② 공유자가 1년 이상 전항의 의무이행을 지체한 때에는 다른 공유자는 상당한 가액으로 지분을 매수할 수 있다.

3 공유지분은 소송을 통해서 해소해야만 하는 때도 있다

공유지분을 낙찰받아서 제3자에게 매도하기 어려운 경우가 많다. 제3자가 특별한 목적이 있지 않는 한 생면부지의 사람들과 어떤 물건을 같이 소유하기 위해 돈을 지불하는 경우는 드물기 때문이다. 따라서 공유지분은 자연스럽게 소유를 함께하고 있는 다른 공유자에게 매도하는 것이 보통이고 이렇게 해서 지분을 해소하면 큰 무리는 없다.

그리고 공유물을 지분 비율대로 잘라 가지는 방법이 있다. 세 명의 공유자가 있는 토지 중 삼분의 일 지분을 낙찰받았다면 삼등분해서 사이좋게 나눠 갖는 것이다. 삼등분하기 어려우면 세 명

모두 또는 위임을 받은 대표자가 부동산 시장에 내다 팔아 그 대금을 사이좋게 나눠 가지는 방법으로 해소할 수도 있다.

그러나 낙찰받은 물건을 이렇게 팔기란 참으로 어려운 일이다. 이렇게 해서 해결될 것이었으면 경매로 지분이 등장하기 전에 다른 공유자가 지분을 매입했을 것이며, 어쩔 수 없이 경매로 팔리게 된다 하더라도 공유자 중의 한 사람이 공유자 우선 매수를 해서 공유자 이외에 다른 사람의 낙찰기회는 없기 때문이다.

공유자 우선 매수청구권

여러 사람이 공유물건을 소유한다는 것은 공유자들 사이에 어느 정도 이해관계가 맞아 떨어졌다는 것을 의미하고 그들만의 목적도 있을 것이다. 그런데 공유자 중 한 사람에게 문제가 생겨 공유지분 한 귀퉁이가 경매되면 공유관계가 어지러워질 수 있다. 그리고 새로운 공유자와 분쟁이 발생할 소지도 있다. 이에 우리 법원은 이를 미연에 방지하기 위해 공유자 중한 사람으로 하여금 경매로 매각되기 이전이나 경매로 매각될 당시, 공유자 우선 매수청구권을 행사할 수 있도록 하고 있다. 공유자 우선 매수청구권은 민사집행법 제140조에 규정돼 있다.

민사집행법 제140조(공유자의 우선 매수권)
① 공유자는 매각기일까지 제113조에 따른 보증을 제공하고 최고매수신고

가격과 같은 가격으로 채무자의 지분을 우선 매수하겠다는 신고를 할 수 있다.

② 제1항의 경우에 법원은 최고가매수신고가 있더라도 그 공유자에게 매각을 허가하여야 한다.

③ 여러 사람의 공유자가 우선 매수하겠다는 신고를 하고 제2항의 절차를 마친 때에는 특별한 협의가 없으면 공유지분의 비율에 따라 채무자의 지분을 매수하게 한다.

④ 제1항의 규정에 따라 공유자가 우선 매수신고를 한 경우에는 최고가매수신고인을 제114조의 차순위 매수신고인으로 본다.

공유자에게 팔거나 사이좋게 시장에 내다 팔거나 잘라서 나누거나 하는 등의 시도가 뜻대로 되지 않을 때 제일 좋은 방법은 어떤 세상의 변화가 있을 때까지 하염없이 기다리는 것이다. 기다리다 보면 공유자 중의 한 사람이 돈이 급해 전체 물건을 팔고 싶어질 때가 있을지도 모르고, 사용·수익을 위해서 동의가 필요할 때도 있으므로 그 기회를 틈타 상대방에게 팔면 된다. 이것이 지분 물건의 해소 방법 중에서 가장 이상적인 방법이고, 이러한 마음가짐으로 입찰을 하면 투자에 실패할 일도, 단기간의 시련에 괴로워할 일도 없다.

단 이 방법이 마음에 들지 않는다면 법원으로 달려가 소송을 제기한다. 소송의 형태는 공유물분할 청구소송이다. 소송을 제기하기 전 단계로 상대방 지분들에 대해서 처분금지 가처분이나 부당이득반환청구, 부동산 가압류 등을 할 수 있다. 공유물분할에 관해서는 민법 제268조와 제269조의 규정이 있다.

제268조(공유물의 분할 청구)

① 공유자는 공유물의 분할을 청구할 수 있다. 그러나 5년 내의 기간으로 분할하지 아니할 것을 약정할 수 있다.

② 전항의 계약을 갱신한 때에는 그 기간은 갱신한 날로부터 5년을 넘지 못한다.

③ 전2항의 규정은 제215조, 제239조의 공유물에는 적용하지 아니한다.

제269조(분할의 방법)

① 분할의 방법에 관하여 협의가 성립되지 아니한 때에는 공유자는 법원에 그 분할을 청구할 수 있다.

② 현물로 분할할 수 없거나 분할로 인하여 현저히 그 가액이 감손될 염려가 있는 때에는 법원은 물건의 경매를 명할 수 있다.

제269조 ② '현물로 분할할 수 없거나' 문구를 보면 공유물분할은 현물주의를 원칙으로 함을 알 수 있다. 이에 따라 소송을 통해서 현물로 분할할 수 있으면 각자의 비율대로 잘라서 등기를 완료한 후 각자 소유하게 된다. 현물로 자르기 곤란한 경우나 현물로 자를 때 이익을 볼 사람 하나 없이 모두 손해만 발생하는 경우

는 경매로 전체 물건을 팔아 돈으로 나눠 가지라는 판결을 하게 된다. 돈으로 나눠 가지는 판결에 의한 경매를 '형식적 경매'라고 한다. 낙찰받은 공유지분 매각물건의 수익은 소송을 통해서 형식적 경매를 진행할 때 발생하는 것이 보통이다. 경매로 팔리는 것을 원하지 않는 다른 공유자가 내 지분을 비싸게 사들일 수도 있고, 지분이 아닌 전체 물건의 경매를 통한 문제없는 매각이라 시세에 팔 수 있기 때문이다.

REAL ESTATE

소액 18

부동산 처분금지 가처분, 공유자는 불편하다

1 부동산 처분금지 가처분

지분 매각물건에 입찰하는 이유는 여러 가지가 있겠지만, 공유자들과 겨루기를 해서 지분을 공유자에게 팔거나 전체 물건을 팔아 수익을 올리는 것에 있지 않을까 한다. 지분으로 수익 내기는 숨 오래 참기 게임을 하는 것과 비슷하다. 법적으로 주어진 공유자들의 권리가 다들 비슷하므로 어느 누구든 유리할 것도 불리할 것도 없는 상태로 계속 간다. 물속에 머리를 들이민 상황과 다를 바 없는 것이다. 그러다가 숨을 참지 못하고 머리를 드는 사람은 불리한 상황에 떨어지고 만다. 머리를 들면 상대방 지분을 비싸게 사거나 내 지분을 싸게 팔아야 한다. 이기려면 죽도록 숨을 참거나 상대방이 먼저 머리를 들게 만들어야 한다. 사람이 숨을 참는 것에는 한계가 있으므로 머리를 들게 해야 하는데 그 수단으로 삼을 만한 것이 부동산 처분금지 가처분이다.

소 재 지	전북 전주시 █████████ 도로명주소				
경 매 구 분	강제경매	채 권 자	㈜거원 ███████		
용 도	전	채무/소유자	서영█외4	매 각 기 일	13.11.04 (8,380,000원)
감 정 가	12,709,090 (13.04.25)	청 구 액	8,022,052	종 국 결 과	14.01.08 배당종결
최 저 가	8,134,000 (64%)	토 지 면 적	전체 233 ㎡ 중 지분 42.4 ㎡ (12.8평)	경매개시일	13.03.26
입찰보증금	10% (813,400)	건 물 면 적	0.0 ㎡ (0.0평)	배당종기일	13.06.25
주 의 사 항	·지분매각 ·법정지상권 특수件분석신청				

　매각대상에 건물 면적은 0㎡이므로 토지만 매각물건임을 알 수 있다. 그리고 전체 233㎡ 중 42.4㎡만의 매각인 공유지분 매각 물건이다.

　토지 위에는 2층 벽돌 건물이 올라가 있고, 토지는 상속으로 인해 공유자가 5명인 공유물이 됐다. 그런데 상속 이전의 토지 소유자가 이 벽돌 건물을 지었으면 법정지상권은 성립하고, 다른 사람이 지었으면 성립하지 않는다. 건물은 오래전에 지어진 것처럼 보이지만 미등기 건물인데다 건축물 대장조차 없다. 따라서 법정지상권의 성립 여부를 확실하게 단정 지을 수 없다. 성립하지 않는다면 진행이 수월할 수도 있겠지만 성립한다 해도 크게 문제는 없을 것으로 보인다. 우선은 지료를 받을 수 있고 그 후에 공유자들과의 비즈니스도 있기 때문이다.

2 부동산 처분금지 가처분 신청 이유와 부가 효과

가처분은 보전행위 또는 임시 처분을 말한다. 부동산 처분금지 가처분은 대상 부동산에 대해서 근저당권 등 담보 설정행위나 소유권 이전 등의 처분행위를 하지 못하도록 하는 보전행위다. 가처분은 현재의 법률관계를 고정시켜 가처분채권자가 대상 부동산에 대해서 피보전권리 행사를 용이하게 하거나 확실하게 하는 것을 목적으로 한다. 본안소송 이전에 상대방이 소송 대상 부동산에 저당권을 설정하거나 가등기를 한다든가 어디엔가 팔아버린다면 소송을 제기하려는 본래의 목적이 훼손될 우려가 있다. 특히 공유물분할 소송제기를 하기 전에 상대 공유자가 자신의 지분에 가등기를 해놨을 때 어떤 일이 발생하는지를 눈여겨본다면 피보전권리 훼손의 심각성을 어렵지 않게 알 수 있다. 공유물분할 소송제기는 공유물을 현물 또는 현금으로 분할해서 각자 나눠 가질 것을 목적으로 한다. 현금으로 분할하려면 경매를 통하는 것이 보통이다. 경매로 팔았을 때 비싸게 팔려야 좋은 것임은 언급할 필요도 없다. 그런데 지분에 가등기가 돼 있을 때 경매에 입찰해서 낙찰을 받더라도 가등기권자가 본등기를 하면 그 지분만큼 잘려져 나가 낙찰을 받은 사람은 소유권 행사에 제한을 받는다. 그 사실을 아는 사람은 특별한 물건이 아닌 이상 입찰하지 않을 것이고, 그에 따라 유찰이 거듭돼 공유자나 경매를 신청한 사람은 금전적으로 손해를 보게 된다. 이를 방지하기 위해서 가처분은 필요한 것이다. 결국 가처분을 해놓지 않으면 상대방에게 발목을 잡힐 가능성이 있다.

그런데 발목을 잡히지 않으려는 예방 차원에서 가처분을 했지만, 오히려 그 가처분이 공격적인 역할을 해서 상대방의 발목을 잡을 때도 있다. 가처분은 처분이나 담보설정 등을 금지한다. 금지당한 상대방은 가처분 때문에 필요한 돈을 마음대로 빌리지 못하고 지분을 누군가에게 이전하고 싶어도 가처분을 풀기 전에는 이전할 수가 없다. 상대방은 숨통이 막혀 답답함을 느낀다. 가처분의 부가적인 효과라고 볼 수 있다. 경우에 따라 이 부가적인 효과는 가처분 본래의 목적을 넘어선다. 사실 공유지분을 낙찰받고 상대방의 어떤 행위들이 두려워 가처분을 하는 것보다는 숨통을 조일 목적으로 가처분을 신청하기도 한다. 답답한 상대방은 숨통을 조인 사람을 쫓아와 자유를 조건으로 거래를 제안하는 경우도 있기 때문이다.

3 부동산 처분금지 가처분 신청 양식

낙찰을 받고 한쪽으로는 지분을 해소하기 위해서 오프라인 접촉을 시도하고, 한쪽으로는 공유물분할 소송을 제기했다. 공유자들과의 이야기가 뜻대로 되지 않을 때를 대비해서 현금분할 결정이 필요했기 때문이다(공유물분할은 현물분할이 원칙이지만 이 사건처럼 건물이 지상에 자리 잡고 있을 때는 현금분할 결정이 떨어지기도 한다). 그리고 공유물분할 소송을 제기하기 전에 만에 하나 있을지도 모를 공유자들의 예상치 못한 행위들을 방지하기 위해서 그들의 지분에 처분금지 가처분을 신청했다.

부동산 처분금지 가처분 신청서

채권자 : ○ ○ ○

채무자 : 1. 이○분

     2. 서영○

     3. 서경○

     4. 서○표

목적물의 가액 : 금 27,922,900원.

피보전권리의 요지 : 공유물분할을 원인으로 한 소유권 이전등기청구권.

신청취지

별지목록 기재 부동산 중 채무자 이○분은 11분의 3 지분 전부에 관해서 채무자 서영○·서경○·서○표는 각 11분의 2지분 전부에 관해서 각 매매, 증여, 양도, 저당권, 임차권 및 전세권의 설정 등 기타 일체의 처분 행위를 해서는 아니 된다.

라는 재판을 구합니다.

신청이유

1. 이 건의 경위

가. 채권자는 별지목록 기재 부동산(이하 '이 건 토지')을 귀 원 2013타경 ○○○○호 부동산 강제경매 사건 절차에서 매각대금 전액을 납부하고 2013. 12. ○○지방법원 등기소 2번호 제12345호로 공유지분 이전등기를 경료함으로써 소유권을 취득했습니다(소 갑제1호증 – 부동산등기부등본).

나. 채권자는 위와 같이 이 건 토지의 일부지분을 취득한 후 최근 들어 이 건 토지에 대한 공유물의 대금분할을 요구했으나 채무자들은 이를 일언지하에 거절하면서 '이 건 대지'의 분할 문제로 다시는 전화하지 말라며 논의 자체를 거부하고 있습니다.

다. 사정이 위와 같은바, 채무자들과의 협의를 통한 공유물분할은 불가능한 것으로 판단되며 결국 채권자는 채무자들에 대한 공유물분할 청구소송을 통해서 이 문제를 해결하기 위해 귀 원에 2013. ○○. ○○ 공유물분할 청구의 소를 제기할 예정입니다.

2. 보전의 필요성

이상과 같이 채권자는 채무자들을 상대로 공유물분할 청구의 소를 귀 원에 제기할 예정이나 분할에 관한 논의조차 거부하고 있는 채무자들의 태도로 미뤄 볼 때 이 건 토지에 관한 자신들의 지분을 타에 처분할 우려가 있고 또한 사해행위를 통해서 가등기, 저당권 등을 경료할 우려가 있는바 이럴 경우 채권자로서는 후일 본안소송에서 공유물분할 판결을 받게 되더라도 그 목적을 달성할 수 없게 되므로 그 집행을 보전하기 위해서 본 신청에 이른 것입니다.

3. 담보의 제공

채권자와 채무자들 간 공유물분할에 따른 가처분 내지 본안소송으로 채무자들이 실질적으로 입게 될지도 모르는 손해는 거의 없다고 할 것이므로 이 사건에 대한 담보제공은 적은 금액으로 해서 보증보험 주식회사의 지급보증위탁계약을 체결한 문서로 갈음해서 제출할 수 있도록 허가해 주시기 바랍니다.

소명방법

소 갑제1호증 - 부동산등기부등본.

첨부서류

1. 토지대장등본

신청인 ○ ○ ○

전주지방법원 귀중

별지목록

1. 전라북도 전주시 ○ ○ 구 대 ○ ○ ○ ㎡

채권자는 가처분 신청자이고 채무자는 가처분의 대상자 즉, 다른 공유자들이다. 주소와 이름을 각각 적어둔다. 목적물의 가액은 민사소송 등 인지규칙 제9조에 규정돼 있는 대로 계산하면 '공시지가×1/2'이다.

민사소송 등 인지규칙 제9조(물건 등의 가액)
① 토지의 가액은 「부동산 가격공시 및 감정평가에 관한 법률」에 의한 개별공시지가(개별공시지가가 없는 경우에는 시장·군수 또는 구청장이 같은 법 제9조에 따라 국토교통부장관이 제공한 토지 가격비준표를 사용하여 산정한 가액)에 100분의 50을 곱하여 산정한 금액으로 한다.

공시지가는 토지이용계획확인원에서 확인해본 결과, 다음과 같이 m²당 293,000원이고 가처분할 상대방 지분 면적은 190.6m² (233-42.4)이므로 공시지가는 55,845,800원이고 목적물의 가액은 공시지가에 1/2을 곱한 27,922,900원이다.

소재지	전라북도 전주시		
지목	전	면적	233 m²
개별공시지가 (m²당)	293,000원 (2017/01)		

공유물분할의 소를 원활하게 진행하기 위해서 가처분을 신청하는 것이므로 피보전권리는 공유물분할을 원인으로 한 소유권 이

전등기청구권으로 한다. 신청취지는 가처분을 통해서 구하려는 것이고, 특히 문구 중간에 '전부에 관해서'에서 '전부'라는 단어를 빼먹으면 안 된다. 이 단어를 빼먹으면 지분의 일부인지 전부인지, 그 범위를 특정할 수 없기 때문이다. 이 단어를 빼먹으면 보정명령이 나온다.

가처분은 특히 이의 남발을 방지하기 위해서 담보를 제공할 것을 요하는데, 현금공탁을 할 수도 있고 보증보험 지급보증위탁계약 문서로도 할 수 있다. 둘 중 어느 것으로 할지는 신청인이 선택할 수 있는 것은 아니고 법원이 재량으로 결정하는데, 사소한 가처분이라도 현금공탁을 하면 수십만 원 이상의 돈이 들어가므로 부담이 적지 않다. 이에 보증보험 공탁으로 할 수 있도록 부탁 한 번 해보는 것도 나쁘지 않다.

등기부등본은 가처분 신청할 수 있는 권원을 밝혀주기 위해서, 그리고 채무자를 특정하기 위해서 필요하다. 등기부등본은 공유지 연명부가 모두 나오도록 발급해서 첨부하는 것이 좋다. 공유자의 상황을 한눈에 볼 수 있기 때문이다. 첨부서류로 토지대장을 요구하는 것은 공시지가를 확인하기 위함이고 별지목록은 페이지를 달리해서 작성한다.

4 법원의 담보제공명령

이렇게 해서 신청을 하면 담보제공명령이라는 보정서가 날아
온다.

전주지방법원
담보제공명령

사건 : 2014카단○○○부동산 처분금지 가처분

채권자 : ○○○(○○○○○○-○○○○○○○)

　　　　경기도 성남시 분당구

채무자 : 1. 이○분(○○○○○○-○○○○○○○)

　　　　　전주시 덕진구

　　　　2. 서영○(○○○○○○-○○○○○○○)

　　　　　전주시 덕진구

　　　　3. 서경○(○○○○○○-○○○○○○○)

　　　　　전주시 덕진구

　　　　4. 서○표(○○○○○○-○○○○○○○)

위 사건에 대해서 채권자에게 담보로 이 명령을 고지받은 날부터 7일 이
내에 채무자 이○분을 위해서 140만 원을, 채무자 서영○, 채무자 서경
○, 채무자 서○표를 위해서 각 90만 원을 공탁할 것을 명한다.

채권자는 위 금액을 보험금액으로 하는 지급보증위탁계약을 체결한 문서를 제출할 수 있다.

2014. ○○.○○

판사 김○○

---

* 위에서 정한 기일 안에 공탁하거나 지급보증위탁계약을 체결한 경우 그 정보가 전자적으로 법원에 제출되므로 공탁서 등을 제출하지 않아도 됩니다.

위와 같이 지급보증위탁계약 체결 문서로 제출하라는 결정이 나올 수도 있고 그 결정 없이 현금 공탁을 명할 때도 있다. 보정명령대로 담보를 제공하면 며칠 이내에 다음과 같은 가처분 결정이 떨어진다.

전주지방법원

결정

사건 : 2014카단○○○부동산 처분금지 가처분

채권자 : ○○○(○○○○○○-○○○○○○○)

경기도 성남시 분당구

채무자 : 1. 이○분(○○○○○○-○○○○○○○)

전주시 덕진구

2. 서영ㅇ(ㅇㅇㅇㅇㅇㅇ-ㅇㅇㅇㅇㅇㅇㅇ)

전주시 덕진구

3. 서경ㅇ(ㅇㅇㅇㅇㅇㅇ-ㅇㅇㅇㅇㅇㅇㅇ)

전주시 덕진구

4. 서ㅇ표(ㅇㅇㅇㅇㅇㅇ-ㅇㅇㅇㅇㅇㅇㅇ)

주문

채무자들은 별지기재 부동산에 대해서 매매, 증여, 전세권·저당권·임차권의 설정 기타 일체의 처분행위를 해서는 아니 된다.

피보전권리의 내용 공유물분할을 원인으로 한 소유권 이전등기 청구권.

이유

이 사건 부동산 처분금지 가처분 신청은 이유 있으므로 담보로 공탁보증보험증권(서울보증보험 주식회사 증권번호 제 ㅇㅇㅇ-ㅇㅇㅇ-ㅇㅇㅇㅇㅇㅇㅇㅇㅇ1호)을 제출받고, 공탁보증보험증권(서울보증보험 주식회사 증권번호 제 ㅇㅇㅇ-ㅇㅇㅇ-ㅇㅇㅇㅇㅇㅇㅇㅇㅇ2호)을 제출받고, 공탁보증보험증권(서울보증보험주식회사 증권번호 제 ㅇㅇㅇ-ㅇㅇㅇ-ㅇㅇㅇㅇㅇㅇㅇㅇㅇ3호)을 제출받고, 공탁보증보험증권(서울보증보험주식회사 증권번호 제 ㅇㅇㅇ-ㅇㅇ-ㅇㅇㅇㅇㅇㅇㅇㅇ4호)을 제출받고 주문과 같이 결정한다.

2014. ○○.○○

판사 김○○

1. 이 가처분 결정은 채권자가 제출한 소명자료를 기초로 판단한 것입니다.
2. 채무자는 이 결정에 불복이 있을 경우 가처분 이의나 취소신청을 이 법원에 제기할 수 있습니다.

가처분 신청의 진행과정은 채무자에게 고지하지 않는데 가처분 결정이 나오기 전에 채무자가 가등기 등의 어떤 행동을 먼저 해버리면 가처분 자체가 무의미해질 수도 있기 때문이다. 결정 이후 가처분 결정 사실은 다음과 같이 공시송달로 처리된다.

진행내용		명령 ✔ 선택
일자	내용	결과
2014.03.06	담보제공명령	
2014.03.11	결정	
2014.04.28	공시송달명령	

아무것도 하고 있지 않는 채무자에게 금지를 명하는 것은 사족을 다는 것일 따름이고 또 어떤 행위를 하라고 명하는 것도 아니므로 반드시 채무자가 알아야 할 이유가 없기 때문에 그런 것이 아닌가 싶다. 그런데 공유자들에게 '너희 지분은 가처분으로 내가 묶어놨으니 내가 너희보다는 힘이 좀 세다'라는 사실을 알림으

로써 협상의 우위를 차지하려는 목적으로 가처분을 하는 채권자도 있다. 그의 입장에서 보면 가처분 결정이 떨어지자마자 그 사실을 곧바로 공유자에게 알려주는 것이 효율적이라는 생각이 들기도 한다(노골적이고 염치없는 생각이긴 하지만 말이다).

5 불편한 공유자가 선택할 수 있는 답안은 별로 없다

가처분 결정이 난 이후 공유물분할 소송을 제기했는데, 어느 날 공유자에게서 전화가 왔다. 건물 소유자인 공유자다. 전화를 받자마자 헐레벌떡 상대방의 하소연이 이어졌다. 건물에 세를 놓으려 했지만 어떤 연유에서인지 다른 집들은 세가 잘 나가는데 자기 집만 안 나갔다고 한다. 그러던 중 어렵게 세입자 한 명이 들어오겠다고 해서 계약을 하려는데 토지에 가처분이 달려 있어 세를 놓을 수 없다는 것이다. 그래서 세를 놓을 수 있도록 토지에 붙어 있는 가처분을 풀어 달라는 것이었다. 가처분을 한 이유가 바로 세를 놓을 수 없게 하려고 하는 것인데, 그 가처분을 푸는 것은 말이 안 되는 일이라고 답했다. 이후 몇 번의 대화가 오간 끝에 듣고 싶은 말이 나왔다. 자기한테 지분을 파는 게 어떻냐는 것이었다. 세입자가 들어 있는 건물에 언젠가는 새로운 세입자가 들어올 것이고 그것 때문에 변화가 있을 것이라고 생각했는데, 낙찰받은 물건에 결국 변화가 생긴 것이다. 급한 것은 상대방이었으므로 가격 흥정은 순조로웠다. 계약을 하고 잔금을 받을 때는 물건을 파는 사람이 사는 사람이 있는 곳으로 가는 것이 흔한 일이다. 그런데 이 건물주인 공유자는 먼 길을 달려 파는 사람이 있는 곳으로 와서 계약과 잔금을 일시불로 넘겨주며 콩 볶듯 일처리를 하고 가버렸다.

가처분을 걸어놓고 있지 않았다면 언제 해결될지 알 수 없었던 사건이고, 해결과정까지 여러 가지 절차가 필요한 사건이었다. 모든 사건이 이와 같지는 않지만 담보제공의 문제만 해결된다면 그리 큰 비용이 들지 않기 때문에 지분 물건의 해법 마련 과정에서 활용해볼 만한 방법이다. 게다가 전자소송 사이트를 이용하면 누구나 편하고 쉽게 신청절차를 마무리할 수도 있으므로 더욱 할 만한 것이 아닐까 싶다.

REAL ESTATE

소액 19

공유물분할
청구의 소

1 공유지분 물건의 다양한 해법

법정지상권 물건의 이해관계인은 건물 소유자 하나인 반면,
공유지분 물건의 이해관계인은 대부분의 경우 다수다. 가장 먼저
떠오르는 이해관계인으로는 공유자가 있고, 지분 토지 지상에 건
물이 있는 경우 그 건물 소유자도 이해관계인에 속한다. 이해관계
인이 많을수록 상대할 대상이 많으므로 해법은 다양하다. 공유자
들 지분에 처분금지 가처분을 걸 수도 있고, 공유물분할 청구소송
을 제기할 수도 있다. 또한 토지만 경매에 집어넣는 것을 두고 건
물 소유자와 협의도 할 수 있다.

소 재 지	경기 안산시		도로명주소		
경매구분	강제경매	채 권 자	카드 ㈜		
용 도	전	채무/소유자	정다 /정다 외1	매 각 기 일	14.04.24 (17,680,000원)
감 정 가	40,920,000 (13.08.27)	청 구 액	4,797,826	종 국 결 과	14.07.08 배당종결
최 저 가	14,036,000 (34%)	토지면적	전체 330 ㎡ 중 지분 165.0 ㎡ (49.9평)	경매개시일	13.08.13
입찰보증금	10% (1,403,600)	건물면적	0.0 ㎡ (0.0평)	배당종기일	13.11.04
주 의 사 항	·지분매각 ·입찰외 ·농지취득자격증명 특수件분석신청				

수도권 외곽의 접근성 좋은 섬인 대부도에 밭이 하나 나왔다.
전체 330㎡ 중 이분의 일 지분 165㎡만 매각대상이다. 특이한 점
은 과거에 경매 물건으로 올라왔다가 취하가 됐다는 것이다.

순위번호	등 기 목 적	접 수	등 기 원 인	권리자 및 기타사항
8	8번강OO지분강제경매개시결정	2012년11월30일 제115089호	2012년11월30일 수원지방법원 안산지원의 강제경매개시결정(2012 타경OOOO)	채권자 OOO자동주식회사 110111-OOOO 서울특별시 중구 OOOO
9	2번일OO기분압류	2013년3월7일 제18507호	2013년3월7일 압류(안산구세무과-5706	권리자 안산시
10	8번강제경매개시결정등기말소	2013년4월17일 제34070호	2013년4월15일 취하	
11	8번강OO지분강제경매개시결정	2013년5월13일 제73513호	2013년5월13일 수원지방법원 안산지원의 강제경매개시결정(2013 타경OOOO)	채권자 OO은OO주식회사 110111-OOOO 서울특별시 중구 OOOO (인천 포인 안양지점기업)

　　카드사에서 경매 신청을 했지만 매각기일 바로 전날 카드사의
신청취하로 강제경매 개시 결정등기가 말소됐다. 그런데 또 카드
빚을 지었는지 어쨌는지 이번엔 다른 카드사가 경매를 신청해서
매각대상이 된 것이다. 다시 경매에 들어간 것으로 볼 때 처음의
카드빚을 본인이 갚아서 취하했던 것은 아닌 것 같고, 이 지분이
경매로 매각돼서는 안 될 이유를 가진 어떤 사람이 돈을 대신 갚
아준 것이 아닌가 싶었다. 얼마나 중요하면 돈을 대신 갚아주기까
지 했겠는가.

　　한편 지분 매각인데다가 지상에 건물까지 자리 잡고 있어 법정
지상권 성립 여지가 있는 특수물건이다. 게다가 지목이 전이므로
농취증까지 발급받아야 한다. 그러나 행정청은 건물이 그 지상에
들어서 있는 농지에 농취증을 발급해주지 않을 때도 있다. 이쯤
되면 귀찮은 조건들이 제법 많이 붙은 축에 속하는 물건이라고 할
수 있다. 그래서 그런지 한참 유찰돼 감정가의 34%까지 가격이 떨

어졌다. 그리고 법원은 다음과 같은 현황조사서를 제공하고 있다.

가. 본 토지상에는 경매 외 건물인 경량철골조 판넬 위 아스팔트 싱글지붕
단층 주택 1동 및 부속건물인 조립식 판넬지붕 단층 주방 및 다용도실 1동,
조립실 판넬지붕 단층 화장실 1동이 소재함(별지 사진 참조).

나. 경매 외 건물인 주택은 2003년 4월 24일자로 '창고'로 신축허가(신청인:
신창ㅇ) 돼 착공됐으나, 용도 불일치 등으로 미준공 상태임.

다. 본 토지는 2인 공유지분으로서, 매각지분은 정다ㅇ 공유지분 2분의 1 전
부이며, 공유지분의 위치가 특정되지 않아 전체 토지 가격의 평균 단가에 지
분비율을 승해서 가격산정했음.

건물 소유자는 이에 따르면 신창ㅇ으로 볼 수 있는데, 그는
1987년부터 2004년까지 이 토지를 소유하다가 증여로 넘겨줬다.

【 갑 구 】 (소유권에 관한 사항)			
순위번호	등 기 목 적	접 수	등 기 원 인	권 리 자 및 기 타 사 항
1 (전 1)	소유권이전	1987년12월30일 제26339호	1987년12월24일 매매	소유자 신창ㅇ 330420-2****** 안산시 **

순위번호	등 기 목 적	접 수	등 기 원 인	권 리 자 및 기 타 사 항
				부동산등기법 제177조의 6 제1항의 규정에 의하여 1999년 12월 07일 전산이기
2	소유권이전	2004년10월19일 제109665호	2004년10월15일 증여	소유자 임희ㅇ 530110-1****** 안산시 **

이를 통해 건물을 착공할 당시인 2003년에는 토지 소유자와 건물 소유자가 신창ㅇ으로 동일했음을 알 수 있다. 토지와 건물 소유자가 한 번이라도 일치한 적 있으면 관습상 법정지상권은 성립한다. 그러나 법정지상권을 문제 삼아 해결을 볼 시점은 한참 후가 될 것이고, 그 안에 해결을 볼 여지가 충분히 있는 물건이므로 성립 여부는 크게 중요하지 않다.

이 물건의 장점으로는 이전 사건에서 취하된 흔적이 있다는 것과 수회 유찰이 돼 감정가에만 팔아도 수익은 충분하다는 것, 그리고 바닷가가 멀지 않고 임대용 펜션들이 인근에 줄지어 있어 좋은 입지조건을 가졌다는 것이다. 반면 단점으로는 채권총액이 700여 만 원으로 최저가보다 적어 취하의 가능성이 있는 것과 공유물인 탓에 공유자 우선 매수가 우려된다는 것이다.

2 지분 매각물건의 답사 시 유의점

어찌된 영문인지 취하도 되지 않았고 공유자 우선 매수도 들어오지 않았다. 토지를 낙찰받은 후 관할 행정청으로 가서 농취증을 발급받았는데, 토지 지상에 건물이 있었으므로 건물을 철거해서 원상태로 복구하겠다는 원상복구계획서를 작성한 다음에야 얻을 수 있었다. 그리고 잔금 지급명령에 따라 잔금을 내고 등기 이전까지 마친 후 물건의 답사를 위해서 현장에 갔다. 현장답사는 물건을 입찰하기 전에 하는 것이 보통이다. 그러나 이 사건의 경우에는 공유자도 있고 채권총액도 많지 않다. 사전답사를 가서 들쑤시고 다니다가 공유자나 채무자의 눈에라도 뜨이면 별 생각 없이 있던 채무자나 공유자를 자극할 수도 있고 자극받은 그들이 다시 취하를 시키거나 아니면 공유자 우선 매수를 할 수도 있다. 그런 부작용이 있는 답사는 가지 않는 것만 못하다.

현장에서 건물 소유자인 신창ㅇ을 만날 수 있었다. 길 건너 펜션을 큰아들과 함께 운영하고 있었다. 펜션이 근사한 게 생활이 그리 궁핍해 보이지는 않았다. 이 토지는 큰아들에게 줬는데 그 며느리가 굳이 지분을 넣겠다고 해서 반을 갈라줬지만 며느리가 빚을 자주 얻어 써서 갈등이 심하다고 했다. 과거에는 빚을 갚아줘 경매를 취하했지만 이번에는 돈이 없어서 그러지 못했다는 말도 한다. 그 말이 그리 진실해 보이지는 않았지만, 돈이 없다는 말을 받아 "그렇다면 후히 쳐 드릴 테니 큰아들한테 이야기해서 나머지 지분을 파세요"라고 했더니 집까지 다 가져가라고 한다. 그래서 얼마에 팔 것인지를 물어보니 평당 100만 원이면 팔 것이라고 했다. 집값을 빼고 계산하면 토지의 감정가와 비슷한 가격이다. 그 가격이면 팔겠다는 것은 사들이는 것도 그 가격에 할 수 있다는 말 아닐까.

이 정도면 팔아넘길 가격의 기준은 정해졌다고 보면 된다. 그런데 돈 없다는 사람에게 사가라고 할 수도 없고 누구에게 팔 것인가. 대상과 단서를 찾기 위해서 이런 저런 질문을 던졌는데 그에 대한 대답 중에는 좋은 법무법인에 다니는 아들이 있다는 말도 끼어 있었다. 법무법인에 있으니 법도 알고 여유도 있음 직했다. 그렇다면 이 사건해결의 단서는 그 아들이 될 것이다. 그에게 대화를 시도하다 보면 해결 윤곽이 잡힐 것도 같았다. 상대방의 연락처를 알 수 있으면 좋겠지만 알려주지 않아 아쉬웠다. 직접 만날 수 없으면 법원의 중개를 통해서 만나야지 별수 있겠는가. 이에 공유물분할의 소를 제기했다.

3 공유물분할 소송의 제기, 현금분할의 경우

공유물분할 소송을 제기하기 전에 내용증명우편물을 보냈고 상대방 지분에 처분금지 가처분도 신청했다. 내용증명과 처분금지 가처분에도 별다른 반응이 없어 공유물분할 소장을 다음과 같이 적어서 제출했다.

공유물분할 청구의 소

원고 : ○ ○ ○(주민등록 번호 :   —   )

　　　경기도 성남시

피고 : 임 희 ○

경기도 안산시

청구취지

1. 별지목록 기재의 부동산을 경매해서 그 대금에서 경매 비용을 공제한 금액을 2분해서 원고에게 2분의 1, 피고 임희○에게 2분의 1을 배당할 것을 명한다.

2. 소송비용은 피고가 부담한다.

3. 위 1항은 가집행할 수 있다.

라는 판결을 구합니다.

청구원인

1. 별지목록 기재 부동산(이하 '이 사건 토지') 중 지분 2분의 1에 대해서 원고는 수원지방법원 안산지원 2013타경 ○○○○호 부동산 강제경매 사건에서 매각대금 전액을 납부하고 2014.○○.○○. 수원지방법원 등기소 접수번호 제2○○○○호로 공유지분 이전등기를 경료함으로써 소유권을 취득했고, 피고와의 사이에 분할하지 아니한다는 특약은 하지 않았습니다(갑제1호증 – 부동산등기부등본).

2. 이후 원고는 피고에 대해서 공유물분할 및 분할면적에 대한 명도를 요구했으나, 피고는 이에 응하지 아니한 채 이 사건 토지 전체를 점유해서 사용, 수익하고 있습니다(갑제2호증 – 내용증명우편물).

3. 위와 같이 피고는 아무런 권원 없이 이 사건 토지에 관해서 원고 소유 토지의 2분의 1을 점유함으로써 원고로 하여금 그 소유권 행사를 방해하고 있는바, 피고는 이 사건 토지의 2분의 1에 해당하는 면적을 인도할 의무가 있다 할 것입니다. 또한 앞에서 말씀드린바와 같이 원고와 피고 간에 분할하지 아니하기로 한 특약이 없는 이상 원고의 청구에 의해서 언제든지 분할을 해야 할 것이나 이 사건 토지는 위 경매 사건 절차에서 귀 원이 의뢰한 감정평가서(감정평가서번호○○○○-○○○-○○○○ ○○ 감정평가사무소)의 지적개황도에 따르면 현재 이 사건 토지 지상에 건물이 있으므로 물리적으로 분할할 수 없고 또한 분할을 한다 하더라도 건물의 위치와 진입로 등을 감안하면 이 사건 토지의 효용가치는 현저히 감소될 수밖에 없습니다(갑제3호증 - 감정평가서 지적개황도).

4. 이에 부득이하게 이 사건 부동산을 경매로 매각해서 그 대금에서 경매 비용을 공제한 금액 중 원고와 피고의 지분에 따라 2분의 1을 원고에게 2분의 1을 피고 임희○에게 배당해서 지분별로 현금으로 분할하는 것이 가장 합리적인 방법으로 사료돼 청구취지와 같은 판결을 얻고자 본소 청구에 이른 것입니다.

입증방법

1. 갑제1호증 부동산등기부등본 1통.
2. 갑제2호증 내용증명우편물 1통.
3. 갑제3호증 감정평가서 지적개황도 1통.

첨부서류

1. 토지대장

2014. ○○. ○○

원고 ○○○

수원지방법원 안산지원 귀중

별지목록

1. 경기도 안산시 ○○○동 ○○○㎡

공유물의 분할은 현물분할이 원칙이나 그 원칙대로 분할 판결이 나오면 절차도 복잡해지고, 또 분할한 이후에는 건물 소유자나 공유자들에게 무엇인가 해볼 만한 게 별로 없어 불만이다. 그에 따라 현금분할을 요구한 것이고, 그에 대한 이유로 건물의 존재를 들었다. 실제 행정청은 건축법 위반 사항이 있는 건물이 지상에 자리 잡고 있는 경우, 국토의 계획 및 이용에 관한 법률 시행령을 통해서 분할을 허가해주지 않고 있으므로 전혀 근거가 없는 요구는 아니다. 그 사항에 대해서 법원의 소명요구가 있으면 인터넷 국민신문고(https://www.epeople.go.kr) 사이트에 접속한 후 해당 행정청에 분할이 가능한지 여부를 질의해서 그 얻은 결과물을 제출하면 된다.

피고를 공유자인 큰아들로 했어도 건물 소유자가 소송제기 사실을 알게 되고, 결국은 그 집안의 이슈가 돼 모두가 알게 될 것이다. 그렇게 되면 그 중 법을 제일 잘 아는 법무법인 다닌다는 아들이 총대를 멜 수밖에 없고 언젠가는 연락이 올 것임을 알 수 있다.

과연 소장이 피고에게 도달됐음을 확인한 지 얼마 안 돼 법무법인 다닌다는 아들에게서 만나자는 연락이 왔다. 약속을 정한 장소에서 만나자마자 형식적인 인사말이 몇 마디 오간 뒤 현금분할말고 간단한 현물분할이 어떻겠느냐고 상대방이 제안했다. 현물분할은 피고 입장에서도 그리 좋은 결정은 아니다.

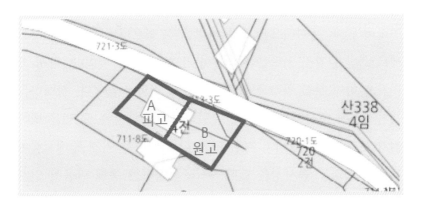

1/2을 자르려면 길에 붙은 건물의 앞마당을 몽땅 내줘야 하는데 앞마당이 없으면 이만저만 불편한 게 아니기도 하고 건물의 현관 출입문 부분은 원고의 토지를 침범해서 잘라내야 하는 문제도 있기 때문이다. 그렇다고 건물의 반쪽도 잘라야 하고 어느 한편

은 무조건 맹지가 될 수밖에 없는 대안인 길과 평행하게 자르기를 할 수 있는 것도 아니다. 그럼에도 상대방이 그걸 제안하는 이유는 원고 쪽에서도 현물분할은 별로 유리한 것이 없다는 것을 이미 알기에 '현물분할이 싫다면 지분을 싸게 넘겨라' 하는 말을 꺼내기 위한 사전절차로 쓰기 위한 것에 있다. 그 속을 대강 짐작하고 시원하게 그 말에 동의했더니 오히려 현물로 분할하면 안 되는 이유를 상대방이 스스로 설명한다. 건축 허가가 나오지 않아서 나눠봤자 소용없다는 말이 그 핵심이었다. 결국 지분을 얼마에 팔겠느냐는 본론이 나온다. 제시한 가격을 두고 상대방은 가족들과 상의해서 결정을 보겠다고 한 뒤 연락을 끊어버렸다.

상대방은 한참을 연락하지 않다가 재판기일이 지정되자 다시 연락이 왔다. 통화내용은 돈을 마련할 수 없으니 현물분할로 하되 세로로 반을 갈라 서쪽은 자기들이 가져가겠다는 것이다. 다시 그러자고 하며 분할 일정을 정하는 것으로 전화를 끊었다. 상대방은 재판기일에 출석하지 않았다. 분할하자던 상대방은 꿀 먹은 벙어리가 된 것이다. 그리고 며칠 뒤에 한참을 깎은 가격을 제시하며 거래를 하자고 통사정을 했다. 하도 사정하는 통에 마음이 일시 흔들렸으나 어금니 꽉 물고 거절했다. 또 전화가 왔다. 이번에 제시하는 조건은 일시불이었다. 내일이라도 당장 계약하고 끝낼 분위기다. 상대방은 협상의 달인이 아닌가 싶었다. 강약을 조절하며 사람의 마음을 움직이는 힘이 대단했다. 게다가 지극한 정성은 하늘도 움직인다는 말이 있다면 상대방은 그 말처럼 하늘도 움직일 사람이었다. 틈나는 대로 정성을 다해 흔들어대니 하늘도 아닌 사람이 견딜 재간이 있겠는가. 결국 다음 날 거래를 끝냈다.

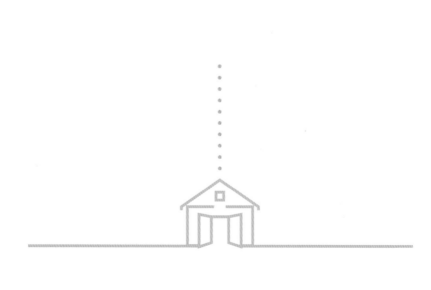

REAL ESTATE

소액 20

공유지분과 법정지상권이
뒤섞인 물건해결법

1 발상의 전환

경매 정보 사이트에서 토지 검색 조건을 법정지상권 또는 지분으로 설정한 후 검색 버튼을 누르면 지분과 법정지상권이 함께 얽혀 있는 물건들을 많이 볼 수 있다. 공유지분 물건이라는 특별매각조건이 붙어 있는 물건은 나머지 공유자들 중 한 명 또는 다수가 매각물건 지분에 대해서 특히 욕심을 내지 않는 이상 낙찰받은 후 그 해법 자체가 수월하지 않을 수 있다. 공유자 중 누군가가 내 지분을 필요로 하게 될 때까지 하염없이 기다려야 하거나 또는 이도 저도 안 되면 개발 호재 등 여타 세상의 변화를 끝없이 기다리는 수밖에 없다. 그처럼 해법이 녹록지 않은 공유지분 물건에 법정지상권 여지 있는 물건이라는 특별매각조건까지 더해지면 그 해법의 마련이 더더욱 쉽지 않을 것이라는 것은 깊이 생각하지 않아도 알 수 있다.

해법 자체도 녹록지 않지만 한편으로 소유권 행사 측면에서도 어려움이 더한다. 공인중개사 사무실에서도 특별한 경우 이외에는 지분 토지 같은 것은 취급하지 않는다. 온전하지도 않은 물건을 누가 사갈 것인가. 게다가 그 위에 법정지상권 여지 있는 건물이 있어 토지를 분할한다 하더라도 지료를 받는 것 이외에 특별히 어떤 행위를 할 수 없다면 그 누구도 쳐다보지 않을 것이 뻔하다.

그러나 그러한 물건일지라도 유찰이 거듭된 이후 또는 유찰이 되지 않더라도 언젠가는 매각이 된다. 입찰자들이 아무 생각 없어서 입찰한 건 아닐 것이고, 해결책이라든가 필요한 어떤 이유가 있어 입찰했을 것이다. 그것이 사건관계상 물건이 필요한 이해관계인이 아닌 일반적인 투자 목적의 입찰자라면 그 입찰자는 어떤 발상의 전환이 있었기 때문에 입찰에 참여했음을 짐작해볼 수 있다.

복잡함은 단점이지만 그 단점은 곧 수익의 극대화라는 발상의 전환이 있어야 한다. 복잡하게 얽힌 실타래는 한꺼번에 풀 수 없다. 얽힌 부분을 하나씩 풀어 나가야 한다. 시간은 걸리겠지만 언젠가는 풀린다는 것을 누구나 알고 있다. 지분과 법정지상권이 얽혀 있는 물건의 해법도 이와 다르지 않다. 지분의 해소를 위해서 단계적으로 진행하고, 지분이 해소됐다면 그다음 절차로 법정지상권의 문제를 풀어내면 모든 것이 해결된다. 단계는 길지만 그만큼 경쟁자가 없어 유찰이 많이 돼 수익을 내기에는 유리하다. 아주 저렴한 물건을 샀는데 갑자기 개발계획이 잡힌다거나 사놓고 봤더니 '알박기 토지'였다는 등의 얻어걸린 운 좋은 경우의 물건을 제외하고, 경매에서 가장 많은 수익을 기대할 수 있는 게 지분과 법정지상권이 얽혀 있는 물건이 아닌가 싶다.

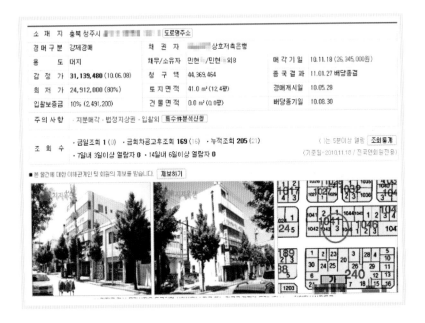

충북 청주시에 있는 물건으로 토지의 지분 매각물건이며 법정지
상권 성립 여지 있는 물건이다. 전체 토지 307㎡ 중 105분의 14인 민
현○ 지분이 매각대상이고 지분의 면적은 41㎡다. 평으로 환산하면
12.4평이다. 법정지상권 성립 여지 있음에서 알 수 있듯 대상 물건
토지 위에는 건물이 올라가 있다. 지분과 법정지상권이 섞여 있더
라도 일차적으로 살펴볼 것은 법정지상권 성립 여지 있는 토지 위
에 어떤 건물이 들어서 있는지를 봐야 한다. 그리고 들어선 건물
의 상태에 따라서 입찰여부와 입찰가격 등이 결정된다.

토지의 지분을 낙찰받은 후 다른 공유자들을 상대로 공유물을 분할하자는 요구를 할 수 있고, 그 요구가 받아들여지지 않을 때는 공유물분할 소송을 제기할 수 있다. 건물이 있더라도 분할 소송을 제기하는 것은 문제되지 않는다. 한편 내 지분이 녹아 있는 전체 토지 위에 올라가 있는 건물의 건물주를 상대로 건물 때문에 토지의 정당한 소유권을 행사할 수 없다는 이유를 들어 그 방해의 배제, 즉 건물 철거의 소를 제기할 수 있다. 물론 토지 지분 위의 건물이라는 특수성 때문에 그런 소의 제기를 위해서는 몇 가지 보완 절차가 필요하다. 보완 절차로는 전체 토지 중 내 지분이 어디에 있는지를 특정하는 현물분할이다. 현물분할을 받은 내 토지 위에 건물이 있다면 그 철거를 요구할 수 있다. 또 현물분할이 불가능할 때는 현금분할 판결을 받은 후에 토지 전체를 경매에 넣을 수 있다. 그리고 경매로 나온 그 토지를 낙찰받아서 전체 건물 철거를 요구할 수 있다. 토지의 일부를 가지고 있다고 하더라도 종국에는 건물 철거를 통해서 건물주를 압박할 수 있다는 말이다. 따라서 지분 물건일지라도 전체 토지 위에 상태가 좋은 건축물이 있어야 하는 것은 무시할 수 없는 입찰 조건이다. 그런 측면에서 이 물건은 비록 지분만의 매각이지만 수익 발생의 가능성이 엿보인다. 전체 토지 위에는 다음과 같이 지하 1층부터 지상 4층까지 근사한 건물이 올라가 있다.

　토지의 평당 감정가격은 250여 만 원이었으며, 1회 유찰해서 최저가는 2,500만 원이 채 되지 않았다. 수익의 발생 시까지 다양한 변수가 있을 수 있고, 오랜 시간이 걸릴 수도 있는 지분 물건이라는 점에서 최저가는 다소 부담스러웠다. 하지만 가치 높은 건물이 들어서 있다는 점과 1회 유찰했다는 점은 이 물건이 매력적이라는 것을 입증해준다. 건물의 존재 덕에 크게 욕심만 내지 않는다면 비교적 단기간 내에 토지를 되넘겨주며 수익을 얻을 수 있을 것이고, 1회 유찰했으므로 감정가 정도에 넘겨도 상대방은 큰 저항을 하지 않고 수긍을 할 수 있을 것 같았다. 열어 본 토지등기부에는 307㎡밖에 안 되는 토지임에도 많은 공유자가 기재돼 있었다. 등기부 마지막 장에는 주요 등기사항 요약이 있는데 그 안에 소유지분현황이 있다.

1. 소유지분현황 (갑구)

등기명의인	(주민)등록번호	최종지분	주　　소	순위번호
김경□ (공유자)	630927-1******	105분의 6	충청북도 철주시 ⋯⋯⋯⋯	6
김운□ (공유자)	940314-1******	105분의 4	충청북도 철주시 ⋯⋯⋯⋯	6
김기□ (공유자)	961129-2******	105분의 4	충청북도 철주시 ⋯⋯⋯⋯	6
민미□ (공유자)	670421-2******	105분의 14	전라남도 순천시 ⋯⋯⋯⋯	6
민영□ (공유자)	630625-2******	105분의 14	충청북도 철주시 ⋯⋯⋯⋯	6
민영□ (공유자)	630625-2******	105분의 14	충청북도 철주시 ⋯⋯⋯⋯	6
민진□ (공유자)	590615-1******	105분의 14	충청북도 철원군 ⋯⋯⋯⋯	6
민현□ (공유자)	690726-1******	105분의 14	충청북도 철주시 ⋯⋯⋯⋯	6
이재□ (공유자)	360105-2******	105분의 21	충청북도 철주시 ⋯⋯⋯⋯	6

　　소유지분현황은 공유자들이 대체로 어떤 사람들인지 가늠하
거나 또 누가 이 물건을 가장 필요로 할 것인지 파악하기 위해 살
펴볼 필요가 있다. 공유자의 대부분은 민 씨들이 주를 이루고 있
고, 그 외에 김 씨가 셋, 이 씨가 한 명임을 알 수 있다. 민 씨들은
1960년대생이고, 이 씨는 1930년대생, 그리고 세 명의 김 씨 중
하나는 1960년대생, 나머지는 1990년대생으로 그 김 씨들의 주소
는 동일하다. 등기부 갑구의 소유권 변동사항을 확인해보자.

【　갑　　　구　】　(소유권에 관한 사항)

순위번호	등 기 목 적	접 수	등 기 원 인	권 리 자 및 기 타 사 항
1 (전 6)	공유자전원의지분전부이전	1991년11월19일 제87021호	1991년11월13일 매매	소유자 민병□ 350111-1****** 철주시 □□□ □□ 부동산등기법 제177조의 6 제1항의 규정에 의하여 1999년 09월 16일 전산이기
2	가압류	2003년8월14일 제60360호	2003년8월12일 철주지방법원의 가압류 결정(2003카단□□□)	청구금액 금14,572,042원 채권자 □□캐피탈주식회사 110111-□□□□□ 서울 영□□ □□□

순위번호	등 기 목 적	접 수	등 기 원 인	권 리 자 및 기 타 사 항
				(을구파일)
3	2번가압류 등기말소	2003년10월8일 제73392호	2003년10월2일 해지	
4	압류	2009년9월9일 제111037호	2009년9월9일 압류(세제2징세무과-15…)	권리자 울구시…
5	4번압류 등기말소	2010년5월6일 제50677호	2010년5월6일 압류해지	
6	소유권이전	2010년5월13일 제53418호	2005년5월20일 상속	공유자 지분 105분의 21 이○○ 360105-2****** 충청북도 울구시 … 지분 105분의 14 민○○ 590615-1****** 충청북도 진천군 … 지분 105분의 6 김○○ 630927-1****** 충청북도 울구시 … 지분 105분의 4 김○○ 940314-1****** 충청북도 울구시 … 지분 105분의 4

순위번호	등 기 목 적	접 수	등 기 원 인	권 리 자 및 기 타 사 항
				김○○ 961129-2****** 충청북도 울구시 … 지분 105분의 14 민○○ 630625-2****** 충청북도 울구시 … 지분 105분의 14 민○○ 670421-2****** 전라남도 순천시 … 지분 105분의 14 민○○ 690726-1****** 충청북도 울구시 … 지분 105분의 14 민○○ 630625-2****** 충청북도 울구시 …
				채권자 주식회사○○상호저축은행 서울특별시 강남구 … 채무인 울구지방법인 2005차 신용카드이용대금 기습명령에 의한 양수금 울구개설
7	6번민○○기지분강제경매개시결정	2010년5월28일 제59315호	2010년5월28일 울구지방법원의 강제경매개시결정(2010타경…)	채권자 주식회사○○상호저축은행 110111-******* 서울특별시 강남구 …

1991년 11월에 1935년생인 민병ㅇ이 토지 전체를 공유자 전원의 지분 전부 이전으로 취득했고, 그 이후 가압류가 한 건, 압류가 또 한 건이 있었는데 2010년 5월에 해제했다. 그리고 해제한 지 며칠 되지 않아 부인인 이재ㅇ과 자식들에게 상속된다. 그리고 딸에게 돌아갈 상속분이 남편과 외손자들로 보이는 1990년대생에게 넘어가 있다. 다른 성씨들의 주소가 동일한 것으로 볼 때 남편과 외손자들로 추정해볼 수 있는 것이다. 그리고 이재ㅇ의 주소는 물건지의 주소와 동일하고, 이 토지 위의 건물 4층 용도는 주택으로 돼 있는 것으로 볼 때 그가 계속해서 이 건물에 살고 있음을 추측해볼 수 있다. 공유자 중의 한 명이 이곳에 살고 있어 낙찰 후 그 공유자를 상대로 무엇인가를 해볼 수 있을 것이라 비빌 언덕은 충분히 있다.

다음으로 살펴볼 것은 건물 소유자가 과연 누구인가 하는 것이다. 건축물 대장이 있다. 건축물 대장상의 건축주가 최초 토지 소유자라면 법정지상권은 성립할 것이지만 만일 다른 이라면 법정지상권은 성립하지 않는다.

건축물 현황				소유자 현황			
층별	구조	용도	면적(㎡)	성명(명칭) 주민등록번호 (부동산등기용등록번호)	주소	소유권 지분	변동일자 변동원인
지1	라멘조	다방	144.34	민원●	청주시 ●●●●●●●●●●●●●	/	
1층	라멘조	점포	102.69	590615-1●●●●●●			소유자등록
2층	라멘조	사무실	172.55		-이하여백- ※ 이 건축물대장은 현 소유자만 표시한 것입니다.		
3층	라멘조	제2층근린생활시설(사무소)	172.55				
4층	라멘조	주택	172.55				
	-이하여백-						
				이 등(초)본은 건축물대장의 원본내용과 틀림없음을 증명합니다. 담당자 : 건축과 전화번호 : 043-●●●-●●●● 2010년 10월 7일			
					충청북도 청주시 ●●구청장		

건축주의 이름은 민원○로서 토지가 상속되기 이전의 토지 소유자와는 다름을 알 수 있다. 허가일자와 착공일자는 1992년 중순이다. 법정지상권 여부를 판단할 때 크게 세 가지 경우를 나눠 볼 수 있다. 첫째, 토지 소유자와 건물 소유자가 원시적으로 다른지 여부, 둘째, 토지와 미등기 건물을 함께 매입한 이후 경매로 토지만 매각됐는지 여부, 셋째, 토지에 근저당권설정을 한 이후 건물을 지었는지 여부다. 경매 물건으로 등장하는 법정지상권 성립 여지 있는 물건의 법정지상권 성립 여부를 판단할 때 대부분 이 세 가지 기준을 적용하면 그 여부를 알 수 있고, 이를 벗어나 성립 여부를 판단해야 하는 경우는 거의 없다고 보면 된다. 위 세 가지 경우 중 어느 하나에 해당하면 법정지상권은 성립하지 않는다.

이 물건의 경우 미등기 건물이기는 하지만 토지를 매입한 이후에 건립한 것이므로 토지와 미등기 건물의 동시 매입 후 매각으로 성립 여부를 따지는 두 번째 기준의 적용이 마땅하지 않다. 그리고 토지에 근저당권설정 등이 없으므로 근저당권설정 시에 건물이 있는지 여부로 성립 여부를 살펴보는 세 번째 기준도 적용하기 어렵다.

따라서 그 둘은 판단의 기준이 되지 못해서 배제할 수밖에 없고 첫 번째 경우에 비춰 토지 소유자와 건물 소유자의 동일성을 파악해보자면, 건축 행위를 할 당시 건물 소유자는 민원○이고, 토지 소유자는 민병○이다. 그는 현재 건축주로 돼 있는 민원○의 아버지다. 결국 아버지의 토지에 아들이 건축 행위를 했다는 것이 된다. 아버지와 아들 사이일지라도 법적으로는 서로 다른 인격주체로 볼 것이고 결과적으로 타인의 토지 위에 건축물을 지은 것이기 때문에 특별한 사정이 있지 않는 한 법정지상권은 성립하지 않는다. 결론은 건물과 토지 소유자의 동일성을 기준으로 그 둘이 원시적으로 다르므로 이 물건에 법정지상권은 성립하지 않는다는 것으로 내릴 수 있다.

비록 공유자가 많고 그 지상에 건물까지 들어서 있는 지분과 법정지상권이 얽혀 있는 복잡한 물건이지만 ① 지상건물의 상태가 깔끔하다는 점, ② 공유자 중 하나가 그곳에 살고 있어 대상을 확정 지을 수 있다는 점, ③ 건물 소유자는 공유자 중 한 사람이라는 점, ④ 토지에 대한 법정지상권이 성립하지 않는 건물이 있어 협의 진행에 무리가 없다는 점 등은 장점 중의 장점에 속한다.

3 공유지분과 법정지상권이 뒤섞인 물건의 해결 순서도

세상에 음과 양이 있듯 경매 물건에도 좋은 물건이 있고 나쁜 물건이 있다. 공유지분 매각물건도 마찬가지다. 수익이 많이 나는 것은 좋은 물건이고, 나쁜 물건은 보기에는 좋아 보여도 낙찰자를 함정에 빠뜨리는 물건이다. 전자의 징후 중 하나는 공유자가 공유자 우선 매수 신청을 하는 것이고, 그다음은 공유자 우선 매수를 하지 않더라도 낙찰을 받자마자 공유자가 낙찰자를 쫓아와서 해결책을 타진하는 것이다. 얼마나 욕심이 나면 공유자가 가져가거나 낙찰자를 쫓아오겠는가. 그 반면 후자의 징후는 공유자 우선 매수도 없으며, 법원 어디에서든 공유자의 흔적 하나 찾아볼 수 없고, 덧붙여 입찰 경쟁자도 없는 것이다. 그리고 낙찰자를 호명하는 순간 낙찰자에 대한 비판의 십자포화가 떨어지는 물건이다.

이 물건을 그 기준에 대입시키자면 정말 나쁜 물건에 속했다. 공유자 우선 매수도 없었고, 공유자가 쫓아오는 것도 아니었으며, 경쟁자가 있는 것도 아닌데다가 십자포화도 맞았다. 그러나 지분 매각물건에 있어서 좋은 물건은 공유자가 가져가는 경우가 많을 것이므로 입찰 자체도 불가능할 뿐더러 낙찰을 받더라도 잔금을 내기 어렵다. 그 점에서 보자면 예외는 있겠지만 낙찰자는 나쁜 물건을 가져갈 수밖에 없지 않을까라는 생각도 든다. 장점이 많은 물건이라는 결론을 내려놓고 낙찰받은 물건이다. 객관적 결과로는 나쁜 물건이 됐지만 주관적으로는 좋았던 물건이라고 할 수 있다. 주관적으로 마음에 들었던 이 물건을 객관적으로도 훌륭한 물건으로 만드는 것은 낙찰자의 몫이다. 낙찰자가 어떻게 물건을 요리하는지에 따라서 모든 결과가 달라진다. 어떤 일이든 매뉴얼이 있다. 복잡한 물건이고 어려운 일일수록 그것은 더 필요하다. 기준을 정해서 움직이다 보면 해법은 나오기 마련이다. 이 사건의 매뉴얼인 공유지분·법정지상권 물건의 해결 순서도는 다음과 같다.

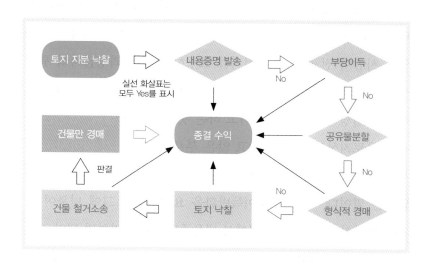

토지 지분을 낙찰받고 소유권 이전등기를 완료한 후에 이 토지를 사줄 만한 사람에게 내용증명을 발송하는 것이 첫 번째 순서다. 토지를 사줄 만한 사람은 공유자 중에 한 사람이거나 건물이 대상 토지 위에 올라가 있는 경우라면 건물주도 그에 속한다. 이 물건은 건물이 올라가 있는 상태이고, 토지 공유자 중 한 사람이 건물의 소유주로 돼 있어서, 그를 집중 공략하는 것을 고려한다. 내용증명의 주 내용은 건물이 이 사건 토지 위에 올라가 있어서 낙찰자의 소유권 행사에 제한을 주고 있으니 제한을 줘서 얻는 만큼의 부당이득금을 지급해줄 것의 요청이다. 그리고 일반적으로 토지 위에 건축물이 올라가 있을 때 건물의 철거를 구하는 것이 원칙이겠지만, 이와 같은 공유지분 사건에 있어서는 토지의 어느 부분에 어떤 건물이 올라서 있다는 근거자료를 제출해서 대상 토지와 철거해야 할 건물의 일부분을 특정한 이후에 철거를 구해야 한다. 공유지분 토지 위에 건물이 올라서 있다고 해서 일정 지분만 있는 사람이 전체 건물의 철거를 요구하는 것은 과잉금지의 원칙상 문제가 되지 않겠는가. 63빌딩 귀퉁이가 자기 땅을 침범한다고 해서 63빌딩 전체를 철거하라고 하는 것과 다르지 않다. 결론은 아직 공유토지상의 건물이 깔고 앉은 부분이 특정되지 않아서 어느 부분을 철거하라는 요청 자체가 불가능하므로 철거까지 요구할 수 없다는 말이다. 일단 부당이득반환을 요청하면서 그에 덧붙여 토지를 팔아서 나눠 갖자는 선에서 내용증명을 마무리하면 된다.

내용증명에 대해서 무응답이거나 답변이 오더라도 부정적이라면 부당이득반환 청구의 소를 제기하면 된다. 그 소를 제기해도 원하는 답이 나오지 않는다면 공유물분할 청구의 소를 제기하는 것으로 다음 단계를 밟을 수도 있다. 공유물분할 청구의 소를 제기하기 전에 보전 절차로서 부동산 처분금지 가처분을 신청할 수도 있다.

공유물분할은 현물분할이 원칙일 것이나 예외적으로 몇 가지 조건을 만족하게 되면 현금분할도 가능하다. 이 물건의 경우는 토지 위에 건물이 있어서 현물분할은 여러 가지 여건상 곤란할 것이므로 현금분할 판결이 나올 가능성이 농후하다. 그에 따라 현금분할을 하자는 주장을 계속해서 토지를 빼앗기고 싶지 않은 상대방이 지분을 사가게 되면 그것으로 종결하면 되고, 이에 응하지 않고 계속 강하게 나오면 현금분할 판결을 받아서 토지 전체를 경매 신청한다. 현금분할 판결에 의한 경매는 형식적 경매다. 그렇게 되면 건물은 매각대상이 포함되지 않는 상태에서 토지 전체만 매물로 나오게 될 것이고, 그 토지는 지분 매각이라는 특별매각조건은 제외되고 법정지상권 여지 있는 물건이라는 매각조건만 달려 있는 상태로 등장한다.

그렇게 등장한 토지만 매각물건을 적절한 가격에 입찰해서 낙찰받고, 낙찰을 받은 후에 건물주에게 이 토지를 되사갈 것을 요청한다. 물론 부당이득반환 청구와 이 토지 전체를 깔고 앉아 있는 건물에 대한 철거요구도 새롭게 한다. 철거를 원하지 않는 건물주가 토지를 제대로 된 가격에 사가게 되면 그것으로 수익을 올리며 종결될 것이지만, 만일 버티게 되면 법정지상권 여지 있는 물건의 일반적인 해법 절차의 한 가지로 활용할 수 있는 건물 철거소송을 법원에 제기한다. 건물 철거판결을 받았다면 그동안 쌓인 부당이득금 반환을 권원으로 해서 건물을 대상으로 경매 신청을 하면 된다.

철거판결 받은 건물이 경매 물건으로 등장하게 되면 수회 유찰되는 것이 일반적이다. 건물을 낙찰받아봤자 철거될 운명에 처해질 것이 뻔한 상황에서 그 누가 쉽게 입찰할 수 있을 것이며 낙찰 받아갈 수 있을 것인가. 그런 이유로 적절한 가격까지 떨어진 건물을 낙찰받는 것으로 건물과 토지 소유자를 일치시키고 그것으로 일단의 절차를 종결한다.

건물과 토지 소유자가 일치된 정상적인 물건으로 만들어 놓은 후 공인중개사 사무실에 내놓아서 매각을 하든지 아니면 세를 놓아서 월세를 받든지 하는 방법으로 수익을 창출하면 된다. 법정지상권 여지 있는 토지만 매각물건이어서 특별한 경우가 아니라면 그 토지를 저렴하게 낙찰받을 수 있고, 그리고 이후 건물 자체도 철거대상이라는 꼬리표가 붙어 있으므로 그 역시 저렴하게 낙찰받을 수 있다. 감정가에서 저렴한 낙찰가를 빼면 전체 수익금이 산출된다.

그리고 이 모든 과정에서 지분이든 형식적 경매 이후의 전체 토지이든 건물주가 적절한 가격을 제시하면 그에게 되팔아서 수익을 남기면 된다. 물건의 해결과정에서 해법 자체는 시간이 흘러갈수록 다양해질 것이고, 다양한 만큼 상대방에게 할 수 있는 것도 풍부해진다. 물론 단계를 밟아가면서 애초에 뜻한 대로 흘러가지 않을 수도 있고 새로운 변수가 생겨날 수도 있다. 그러나 그것까지 예측해서 준비하는 것은 어려운 일이다. 그것은 그때그때 임기응변으로 대처하면 될 일이다.

4 부당이득반환 청구의 소장 작성요령

잔금을 내고 내용증명을 보냈다. 내용증명은 다음과 같이 작성했다.

통고서

수 신 인 : 민원○

발 신 인 : ○○○

부동산의 표시 : 충청북도 청주시 대지 ○○○㎡

1. 본인은 청주지방법원 본원 부동산 강제경매 사건에 관해서 위 표시 부동산 중 ○○○ 지분 14/105 전부를 2010년 ○월 ○일 낙찰받아 같은 해 ○월 ○일 잔대금을 납부해서 소유권을 취득했습니다.

2. 본인은 이 사건 대지의 공유지분을 매수했으나 귀하 소유의 건물이 지상에 건립돼 있고, 귀하가 배타적으로 점유하고 있으므로 소유자로서의 권리행사를 전혀 하지 못하고 있는 실정입니다. 이에 따라 귀하는 이 사건 대지를 점유 및 사용해서 이로 인해서 임료 상당의 부당이득을 얻었고, 본인은 같은 금액 상당의 손해를 입었다 할 것이므로, 귀하는 본인에게 이 사건 대지의 점유로 인한 임료 상당의 금액을 부당이득으로 반환할 의무가 있습니다. 토지의 가격은 2010. ○. ○. 본건 감정가를

기준으로 하면 금 31,139,480원입니다. 부당이득금을 산정하기 위한 기준으로는 감정평가협회에서 감정사들이 참고로 하는 자료인 '토지보상평가지침'을 참고했습니다. 지침의 별표 7의 2 기대이율 적용기준율 표에 따르면 이 건은 인근 비교지를 감안해서 현재 '주택'으로 사용되므로 연 6%의 기대이율이 적용하는바 토지의 가격은 금 31,139,480원이며, 앞에서 살펴본 토지보상평가지침상 기대이율 연 6%를 적용하면, 부당이득금은 매월 금 155,697원이 됩니다. 따라서 귀하는 토지의 점유를 풀 때까지 매월 금 155,697원의 부당이득금을 지급해야 합니다. 만약 위 사항을 이행하지 않을 시에는 법에 따라 처리할 것이며 이로 인해 발생되는 모든 비용청구도 법에 따라 청구할 것이니 유념하시기 바랍니다.

3. 또한 주지하고 계신바 위 표시 부동산은 9인의 공유자가 소유하고 있어서 정상적으로 매매할 수 없을 뿐만 아니라 담보, 수익창출, 사용 등의 행위가 상당히 곤란한 상태입니다. 이에 본인은 다음과 같은 두 가지 대책을 제시하고 귀하가 선택하는 방향으로 발전적 협의를 하려 하니 2010년 ○월 ○일까지 회신해주시기 바랍니다.

4. 만약 회신이 없는 경우 본인은 귀하가 협의에 응할 생각이 없다고 판단할 것이며, 이에 민법 제268조에 의거 공유물분할을 법원에 청구할 예정이니 참고하시기 바랍니다.

다음

1) 토지 전부를 매매해서 매매 대금을 각자 지분대로 분배하는 방안.

2) 토지를 분할해서 지분을 해소하는 방안.

☞민법 제268조(공유물의 분할 청구)

① 공유자는 공유물의 분할을 청구할 수 있다. 그러나 5년 내의 기간으로 분할하지 아니할 것을 약정할 수 있다.

② 전항의 계약을 갱신한 때에는 그 기간은 갱신할 날로부터 5년을 넘지 못한다.

③ 전2항의 규정은 제215조, 제239조의 공유물에는 적용하지 아니한다.

☞민법 제269조(분할의 방법)

① 분할의 방법에 관하여 협의가 성립되지 아니한 때에는 공유자는 법원에 그 분할을 청구할 수 있다.

② 현물로 분할할 수 없거나 분할로 인하여 현저히 그 가액이 감손될 염려가 있는 때에는 법원은 물건의 경매를 명할 수 있다.

2010년 ○○월 ○○일

위 발신인 ○○○ (010-○○○○-○○○○)

토지 소유권 행사를 방해하는 건물이 있었으므로 그 건물주를 상대로 부당이득금을 달라는 내용을 적었고, 마침 그 건물주가 공유자 중의 한 사람인데다가 집안의 큰아들로 추정돼 공유자들 중에는 힘을 쓸 것 같아서 그를 대상으로 했다.

내용증명이라는 미끼를 달아 상대방이 걸려들기를 손꼽아 기다려 봤으나 상대방은 미동도 하지 않았다. 공유자 우선 매수도 하지 않았고, 입찰법정에 나타나지도 않았던 상대를 향해서 종이 한 장으로 입질을 기대하는 것 자체가 무모한 시도였는지도 모를 일이었다.

조자룡이 어려운 상황에 처했을 때 제갈량에게 얻은 꾀주머니를 열어 난국을 헤쳐 나갔던 것처럼 순서도에서 힌트를 얻어 상대방에게 다른 자극을 줘 보기로 했는데, 그것은 공유자들의 지분에 처분금지 가처분을 하는 것과 부당이득금 반환청구의 소 등의 활용이었다. 전자는 공유자들 지분의 이동이나 근저당권설정 행위 등을 방지하려는 주목적과 부수적으로 제한을 통한 압박의 의미가 있다. 후자는 낙찰받은 토지를 제대로 활용할 수 없게 된 것에 대한 보상 확보와 움직이지 않는 자를 법정에 불러 수면 위로 떠오르게 하자는 목적이다. 그러나 가처분은 주로 공유자들을 압박할 때 쓰는 무기라고 볼 것이므로 처음부터 건물주를 목표로 삼은 이 사안에 적용하기에는 적절하지 않았고, 또한 공유자들이 많아서 비용도 만만치 않을 것으로 보였다. 이에 오로지 한 사람만 잡는다는 마음으로 부당이득금 반환청구의 소를 제기했다.

토지만 낙찰받았을 때 건물주에게 금전적으로 요구할 수 있는 것은 지료와 부당이득금이 있는데 설사 같은 양의 돈을 받는다고 하더라도 그 의미는 하늘과 땅만큼 다르다. 지료는 토지의 정당한 사용료 지불요구이고, 부당이득은 부당한 사용으로 법률용어로는

법률상 원인 없는 사용에 대한 대가의 청구로 보면 되겠다. 법정
지상권이 성립한다면 지료, 성립하지 않는다면 부당이득이 될 것
이다. 소장의 내용은 다음과 같다.

부당이득금 반환청구의 소

청구취지

1. 피고는 원고에게 2010. ○. ○부터 별지기재 토지를 원고에게 인도할
때까지 월 400,000씩의 돈을 지급하라.

2. 소송비용은 피고가 부담한다.

3. 위 제1항은 가집행할 수 있다.

라는 판결을 구합니다.

청구원인

1. 당사자의 지위

원고는 별지목록 기재 대지 307㎡(이하 '이 사건 대지'라고 합니다)의 공유
지분 14/105(41㎡)를 2010. ○. ○ 청주지방법원 부동산 강제경매 절차
(2010타경 ○○○○)를 통해서 소유권 취득한 자입니다(갑제1호증 등기부등
본, 갑제2호증 대금지급기한통지서, 갑제3호증 법원보관금영수증서).

피고는 이 사건 토지 지상건물(건축면적 175.07㎡ 연면적 764.68㎡)의 (이
하 '이 사건 건물') 소유자입니다(갑제4호증 건축물 대장).

---

2. 피고의 부당이득금 반환 의무

원고는 이 사건 대지의 공유지분을 매수했으나 피고 소유의 이 사건 건물이 지상에 건립돼 있고, 피고가 배타적으로 점유하고 있으므로 소유자로서의 권리행사를 전혀 하지 못하고 있는 실정입니다.

원고는 피고에게 수차에 걸쳐 공유지분의 해소 및 토지 사용료 지급 등에 관해서 협의를 시도했으나, 피고는 전혀 협조하지 않고 있습니다(갑제5호증 내용증명).

따라서 피고는 이 사건 대지를 점유 및 사용해서 이로 인한 임료 상당의 부당이득을 얻었고, 원고는 이로 인해서 같은 금액 상당의 손해를 입었다고 할 것이므로, 피고는 원고에게 이 사건 대지의 점유로 인한 임료 상당의 금액을 부당이득으로 반환할 의무가 있다 할 것입니다.

귀 원의 감정결과에 따라 청구취지를 변경하기로 하고 일단 일부금으로 피고는 원고에게 2010. 11. 18부터 별지기재 대지를 원고에게 인도할 때까지 월 155,697원씩의 돈을 지급할 것을 구합니다.

3. 결론

이상에서와 같이 원고의 청구는 이유 있으므로 인용하여 주시기 바랍니다.

입증방법

1. 갑제1호증 등기부등본.
1. 갑제2호증 대금지급기한통지서.
1. 갑제3호증 법원보관금영수증서.

1. 갑제4호증 건축물 대장.

1. 갑제5호증 내용증명.

1. 갑제6호증 토지대장.

첨부서류

1. 위 입증방법 각 1통.

1. 소장부본 1통.

1. 납부서 1통.

2011. ○ ○ . ○ ○

원고 ○ ○ ○

수원지방법원 성남지원 귀중

별지목록

충북 청주시 흥덕구 ○ ○ ○ 대지 307㎡

금전적 청구에 관련 있는 소의 제기는 원고 주소지 관할 법원에 할 수 있으므로 집 근처 법원을 이용했다. 그것은 마땅히 좋을 것이 없는 재판을 받기 위해 먼 곳에서 땀 흘려 달려와야 하는 피고가 자괴감을 한가득 얻게 될 것이라는 것과 그 고통을 면하기 위해서라도 마땅한 요구를 들어줄 것이라는 기대감이 있었다.

솔로몬의 판결에서 알 수 있듯 유능한 판사는 원·피고 서로의 입장을 정확히 꿰뚫어 파악하고 있으며 그를 바탕으로 조정을 잘 한다. 특히 민사재판의 경우에 그런 것이 더 두드러지는 것 같다. 나이 지긋한 판사가 피고에게 '원고가 주장하고 있는 부당이득금 에 대해 답변서도 없는 상태에서 달리 할 말 있는지'를 물었다. 피 고가 왜 할 말이 없겠는가. 아무런 대응을 하지 않고 있다가 먼 길 을 달려온 의도는 부당이득금 청구의 부당함 내지는 금액의 과다 를 주장하려 함에 있을 것이다.

"능력도 없고 하루 벌어 하루 먹고사는 처지에 한 달에 15만 원 넘게 내는 것은 너무합니다. 그 돈을 다달이 어떻게 냅니까?"

분명 건물 소유주이고 세입자도 여럿 있어 월세도 적지 않게 받는 사람이 하루 벌어 하루 먹고산다고 한다. 대답하는 자세가 능청스러운 것이 보통 사람은 아닌 것 같다.

"피고가 청구액이 부담스럽다고 하는데 원고는 조금 깎아줄 수 있습니까? 금액 부분에 있어서 둘의 의견 일치가 이뤄지지 않 으면 감정평가를 해야 하는데 그렇게 되면 절차도 복잡하고 비용 이 더 들어갈 텐데 원고는 괜찮아요?"

부당이득금 산정이 정확한 데이터에 근거해서 이뤄진 것도 아 니고 추후에 감정까지 한다면 받을 금액이 깎일 가능성도 있다는 것을 예측하고 있었는데 판사가 그 점을 정확히 짚어서 물어보니 달리 할 말이 없었다. 그리고 금액 요구를 다소 크게 한 것에는 두 가지 이유가 있었다. 한 가지는 피고가 행여 법정에 나오지 않게 되면 이것으로 확정판결이 떨어질 것을 기대했던 것이고, 다른 한 가지는 금액에 발끈한 피고가 발바닥에 불이 나도록 달려올 것이라는 점이었다. 따라서 반드시 청구한 금액을 전부 받아내겠다는 마음은 없었다.

얼마가 적절하냐는 판사의 물음에 피고는 11만 원이면 괜찮다고 했다. 11만 원이면 그리 불만스러운 금액은 아니었고 사용료나 받자고 제기했던 소송이 아니기에 그 금액에 얼마를 더 붙여 받는 것으로 조정은 마무리됐다. 주차장으로 가는 피고의 뒤통수를 보고 열심히 달려가서 말을 던졌다. 수면으로 떠올랐으니 어떤 식으로든 두드려서 수익을 올려야 했다. 지료를 다달이 보내줄 것이냐는 질문에 그는 긍정도 부정도 아닌 애매한 태도를 보였다.

"그나저나 어떻게 하실 겁니까? 그 건물에 계시면서 평생 저한테 돈 부쳐 주실 거예요? 저한테 돈 보내는 걸 알면 다른 형제들도 돈 달라고 할 텐데 그러다가 의리 상하겠습니다. 그리고 사용료 한두 번 안 내면 바로 다른 조치를 취할 작정인데 그것도 부담스러울 거예요. 더구나 장기적으로 사용료만 받고 끝낼 것이 아니라 비록 작은 땅이지만 뭐라도 해야 하지 않겠어요? 결국은 건물을 상대로 해서 어떤 절차를 밟게 될 수도 있고요."

상대방이 유리한 점은 없고 불리한 점만 있다는 것을 약간의 과장도 섞어서 속사포처럼 쏘아붙였다. 지금 아니면 언제 이런 기회가 또 올까 하는 마음과 상대방의 능청스러운 반응에 대한 견제

차원에서 더 그랬다.

"우리 형제들은 의리가 남달라서 그런 일은 벌어지지 않을 것이고, 사용료는 약속대로 줄 테니 걱정 마세요. 나중에 뭐 어찌하겠다는 건 우리 집안이 법조인 집안이라 알아볼 만큼 알아봤으니 그런 씨알도 안 먹히는 소리는 안 하셔도 되고요. 주는 사용료나 잘 받으세요."

상대는 만나게 되면 이런 말을 해야겠다고 준비라도 한 듯 쏟아냈다. 씨알도 안 먹히는지 먹히는지는 우리가 판사도 아니고, 법정 안에 있는 것도 아니어서 깊게 논할 것까지는 없었다. 상대방에 대한 견적이 어느 정도 나왔으므로 그 정도로 마무리하고 명함을 건네주며 전화번호를 받았다. 사용료를 힘줘 말하는 행간에 '이 물건을 절대 되사가지는 않을 거야'라는 의지가 깊이 박혔음을 느꼈는데, 진정 그렇게 되면 애초에 의도했던 것과는 상당히 거리가 먼 것이라 낭패가 아닐 수 없었다. 또한 과장되게 말하는 자세가 그 사용료마저도 제때 주지 않을 것만 같았다.

시일이 지나 원고에게 매월 11여 만 원의 부당이득금을 지급해서 줄 것과 연체 시 연 15%의 이자를 물어야 한다는 것까지 덧붙인 판결문이 나왔다. 처음 몇 번은 정해진 지급기일에 맞춰 돈이 들어오기는 했는데 역시 예상대로 얼마 되지 않아서 몇 달에 걸쳐 한두 번 몰아서 오기도 하고, 그 이후는 가뭄에 콩 나듯 하다가 그마저도 끊어졌다.

여기서 한 가지 짚어 볼 것은 건물주를 상대로 계속 압박을 해서 그에게 매각하는 것을 지속할 것인지의 여부인데, 지금까지의 반응과 태도로 봐서 그것은 큰 의미가 없어 보였다. 앞으로 있을 자신의 운명에 큰 관심도 없는 것도 같고 이미 이런 식의 압박에는 익숙해져서 될 대로 되라는 식이라면 백약이 무슨 소용이 있겠는가.

경매로 전체 토지를 매각해서 수익을 올리거나, 그 와중에 뜻하지 않게 나타난 공유자 중 한 사람에게 물건을 파는 것으로 종결하거나, 이도 저도 안 되면 끝까지 건물을 낙찰받아서 큰 그림을 완성시키는 편이 더 나을 듯했다. 그러나 그것은 매우 긴 여정이어서 이만저만 귀찮은 게 아니었고, 그 과정에서 뜻한 대로 상황이 돌아갈 것을 기대하기도 힘들었다. 그렇다 해도 이미 내친 길이었고, 포기하고 돌아갈 길도 없었다. 마음가짐을 단단히 하고 정확한 목표를 정해서 달려가야 했다.

공유물분할의 방식에는 현물분할, 현금분할, 가액분할이 있다. 토지 등을 지분의 비율대로 잘라서 가져가는 현물분할이 원칙이며, 현금분할은 현물로 분할하는 것이 어렵거나 그로 인해 가치가 현저히 하락할 것이 염려되는 경우에 법원의 명으로 경매를 진행해서 그 돈을 나눠 가져가는 것이다. 가액분할은 공유자 중 한 사람의 단독 소유로 전환하고 탈퇴하는 공유자에게 지분 평가액을 물어주는 방식의 분할이다.

이 물건의 경우 건물이 토지 위에 자리 잡고 있고 또한 별로 크지 않은 토지를 아홉 명이 잘라서 소유하게 되면 아주 협소한 토지가 돼 그 효용가치가 현저히 하락할 것이어서 현물분할은 안 될 것이 뻔했다. 그리고 공유자 중에 그럴듯한 재산가가 있지도 않은 마당에 가액분할을 기대할 것은 더더욱 어려운 일이다. 그렇다면 남은 것은 현금분할밖에 없었다.

현금분할을 해 달라는 소장을 작성해서 제출했다. 소장을 제출하고 첫 기일이 잡혔지만 공유자들 중 누구도 그 기일에 관심을 가지는 이가 없어 출석한 법정에서 아무도 볼 수 없었다. 그리고 다시 기일이 잡혔지만 마찬가지였다. 공유물분할 소송 단계에서 관심 있는 공유자가 등장할 것을 은근히 기대했지만 쓸데없는 짓이었다.

5 공유물분할을 위한 경매 신청서의 작성(형식적 경매)

피고들이 불참해서 소송은 무변론으로 종결이 됐고 원고 승이라는 판결문을 받을 수 있었다. 판결문을 들고 법원 경매계로 달려가서 판결문대로 해줄 것을 요구했다. 말하자면 형식적 경매의 신청이다. 경매 신청서를 다음과 같이 작성했다.

공유물분할을 위한 강제경매 신청서

신청인 : ○○○(주민등록번호 :   –   )
     경기도 성남시 분당구
피신청인 : 1. 이재○
        청주시 ○○구

   2. 김○규

   3. 김○호

   4. 김○수

      피신청인 2. 내지 4. 주소 청주시 ○○구 ○○○

   5. 민○경
      전남 순천시

   6. 민○란
      충북 청주시

   7. 민○옥
      충북 청주시

   8. 민○기
      청주시 ○○구

소유자 : 1. ○○○(○○○○○○–○○○○○○○)

   2. 이재○
      청주시 ○○구

   3. 김○규

   4. 김○호

5. 김ㅇ수

   피신청인 2. 내지 4. 주소 청주시 ㅇㅇ구 ㅇㅇㅇ

6. 민ㅇ경

   전남 순천시

7. 민ㅇ란

   충북 청주시

8. 민ㅇ옥

   충북 청주시

9. 민ㅇ기

   청주시 ㅇㅇ구

청구금액

경매로 매각 후 신청인에게 실제로 배당될 금액.

매각할 부동산의 표시 : 별지목록 기재와 같음.

신청취지

청주지방법원 2000가단 ㅇㅇㅇㅇㅇ 공유물분할사건의 집행력 있는 정본에 기해서 위 표시의 부동산을 매도해서 분배해야 하나 2000년 ㅇ월 ㅇ일 현재까지 아무런 진행이 없으므로 위 부동산에 대한 강제경매 절차를 개시해서 주시기 바랍니다.

첨부서류

1. 강제경매 신청서 1통.

1. 부동산등기부등본 1통.

1. 집행력 있는 판결문 정본 1통.

1. 송달, 확정 증명원 1통.

1. 경매 관련인 목록 1통.

2ㅇㅇㅇ.ㅇㅇ.ㅇㅇ

위 신청인 ㅇㅇㅇ (인) 010-ㅇㅇㅇㅇ-ㅇㅇㅇㅇ

청주지방법원 귀중

관련인 목록

신청인 : ㅇㅇㅇ(주민등록번호 :   -   )

　　　　경기도 성남시 분당구

피신청인 : 1. 이재ㅇ

　　　　　청주시 ㅇㅇ구

　　　　2. 김ㅇ규

　　　　3. 김ㅇ호

　　　　4. 김ㅇ수

　　　　　피신청인 2. 내지 4. 주소 청주시 ㅇㅇ구 ㅇㅇㅇ

　　　　5. 민ㅇ경

　　　　　전남 순천시

6. 민○란

　　충북 청주시

7. 민○옥

　　충북 청주시

8. 민○기

　　청주시 ○○구

소유자 : 1. ○○○(○○○○○○-○○○○○○○)

　　　　2. 이재○

　　　청주시 ○○구

　　　　3. 김○규

　　　　4. 김○호

　　　　5. 김○수

　　　피신청인 2. 내지 4. 주소 청주시 ○○구 ○○○

　　　　6. 민○경

　　　전남 순천시

　　　　7. 민○란

　　　충북 청주시

　　　　8. 민○옥

　　　충북 청주시

　　　　9. 민○기

　　　청주시 ○○구

압류권자 : 1. 민○경 지분 압류

권리자 청주시 ○○구 세무과 - 129

2. 민○경 지분 압류

권리자 국민건강보험공단 111471-000○○○○

서울시 마포구 독막길 24(염리동 168-9)(순천지사)

3. 민○기 지분 압류

권리자 청주시 ○○구 세무과 - 222

4. 이재○ 지분 압류

권리자 청주시 ○○구 ○○구청 세무과 - 2339

가압류권자 1. 김○규 지분 가압류

권리자 주식회사신용회복기금 11-111-396○○○○

서울특별시 강남구 ○○동 814

별지목록

충청북도 청주시 ○구 대지 ○○○○㎡.

집행력 있는 판결문 정본은 공유물분할의 소에 관한 판결문인데 법원 민원실에서 발급받을 수 있고, 송달·확정 증명원은 당사자들에게 송달이 됐고 사건이 종결돼 확정이 됐다는 사실을 적시한 확인서로 이 역시 민원실에서 발급받을 수 있다. 그리고 근저당권자, 압류권자, 가압류권자, 가등기권자 등 경매로 매각이 됐을 경우 배당에 참여하거나 이의를 제기할 이해관계 당사자들을 정리해서 관련인 목록과 별지를 따로 작성한다. 서류를 준비해서 법원 경매계에 제출하면 담당자는 법원예납금을 지불하라는 문구가 적혀 있는 종이 한 장을 건네주는데 법원예납금은 경매를 진행할 때 쓰이게 될 돈으로 감정평가비용 등이 포함된다. 법원예납금 납입 영수증을 은행에서 받아 다시 경매계로 가서 제출하면 경매 사건번호를 발급해준다. 오프라인은 이렇게 해서 신청하면 되고 전자소송 사이트를 이용해서 온라인으로 신청할 수도 있다.

정리하면 법정지상권·지분 물건 해법의 흐름은 ① 낙찰, ② 내용증명 발송, ③ 부당이득금 반환청구의 소, ④ 공유물분할 소송, ⑤ 토지 전체 경매 신청, ⑥ 토지 낙찰, ⑦ 건물 철거소송, ⑧ 건물 경매 신청, ⑨ 건물 낙찰이며, 공유물분할 소송 전에 공유자를 상대로 소유권 이전금지 가처분을 제기할 수도 있다.

6 토지의 소수 지분으로 건물 철거판결을 이끌어내는 법

형식적 경매를 신청한 토지가 경매 정보지에 올랐다.

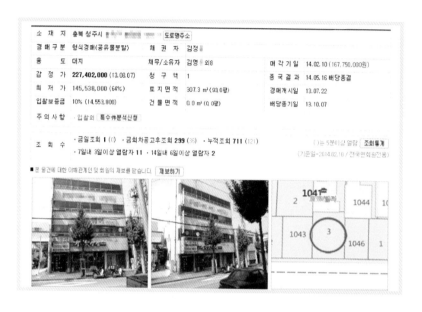

감정가는 2억 3,000만 원에 조금 못 미쳤는데 4년 전 105분의 14 지분이 나왔을 당시에 비해 손톱의 때만큼도 안 올라 있었다. 별로 관심은 갖지 않았지만 투자 지역으로서 미래가 그리 밝은 곳은 아니었던 모양이다. 첫 회 입찰가에 팔린다면 손해는 보지 않겠지만 부당이득금이 쌓인 것 정도만 겨우 받아내는 정도의 수익으로 종결될 것이었다.

물건의 등장과 함께 고민됐던 것은 이것을 언제 입찰할 것이며 입찰가격을 얼마로 할지에 대해서였다. 주변에 법정지상권 물건에 관심이 있는 사람들은 이미 이 물건에 대해서 분석이 끝나 있는 상태여서 언제든 경쟁자로 바로 치고 올라올 수 있고 그 이외에 보이지 않는 자들도 얼마든지 있었다. 그들을 물리치고 낙찰을 받아야 유종의 미를 거둘 수 있다. 부당이득금이나 받자고 그 기나긴 여정을 밟은 것은 아니었으므로 누군가가 낙찰이라도 받아간다면 그야말로 닭 쫓던 개 꼴이 될 수밖에 없었다. 물론 높은 가격으로 입찰을 하게 된다면 문제없이 소유권을 이전해올 수 있겠지만, 나머지 공유자들의 지분을 비싸게 사들이는 결과가 되기 때문에 그리 기분 좋은 일은 아니었다. 이런 것을 결정할 때가 제일 머리 아프고 답답하다. 중요한 시험을 보고 있는 중에 답안지의 반도 채우지 못한 상태에서 소변이 마려워 눈앞이 노랗고, 점점 더 어려운 문제들이 나와서 머릿속은 하얗게 되는 느낌이다. 빼앗기기도 싫었지만 안 뺏기려고 남 좋은 일을 해주기도 싫었다.

법정지상권 물건이고 금액도 가벼운 편이 아니었으므로 감정가에도, 그리고 일단 1회 유찰된 80% 이상의 가격에도 입찰할 이는 없을 것으로 예상했다. 2회 유찰을 기다려 최저가 64%일 때 입찰하기로 하고 입찰가격은 1억 6,500만 원을 넘기기로 했는데, 그 이유는 낙찰받으려는 가상의 경쟁자는 입찰가 1억 5,000만 원을 출발점으로 여러 변수를 근거 삼아 낙찰가를 붙여 나갈 것이고, '안정권은 1억 6,000만 원이다'라는 결론을 내린 후 결국은 1억 6,000만 원에 꼬리를 단 1억 6,300만 원 정도에 입찰할 것으로 봤기 때문이다. 1억 6,500만 원에 꼬리를 다는 것은 현장 분위기에 따르기로 했다.

시간이 흐르고 흘러 1회 유찰이 되고 2회 유찰이 된 이후 운명의 64% 기일이 다가왔다. 입찰가는 현장 분위기가 매우 좋아 의외의 경쟁자가 있을 것 같다는 느낌에 1억 6,700만 원으로 예정했던 금액보다 200여 만 원을 더 올려 썼는데 그 느낌이 적중해서 차순위를 200만 원 차이로 제쳤다.

잔금 지급기일이 지정됐으므로 잔금을 내고 등기를 마친 후에 건물주인 민원ㅇ에게 내용증명을 보냈다. 당연히 반응이 없었다. 민원ㅇ는 공유물분할 소송을 진행하기 이전부터 본인의 건물이 깔고 앉은 토지에 대해서 관심을 두지 않았던 인물이었다. 그랬던 사람에게 금액의 크기만 다를 뿐 부당이득금 얼마를 달라는 둥, 건물을 철거해야 한다는 둥의 요구를 해댄다 한들 그것이 가슴에 와닿을 리 없었다. 그동안 단련됐고 어쩌면 그 이전부터 어느 정도 단련이 된 탓에 감각 마비 상태에 이르러 사태의 심각성에 대해서는 모르거나 알더라도 애써 무시해버렸을 것으로 보였다.

따라서 법정지상권 물건의 정형화된 해법을 적용해서 문제를 풀어 나갔다. 통고서에는 콧방귀도 끼지 않았고 간간히 했던 통화의 주 내용은 늘 말하던 대로 그의 주변에 법을 잘 아는 사람들이 많아서 낙찰자인 너희들이 할 수 있는 것은 그리 많지 않다는 내용과 무엇을 하더라도 뜻한 대로 되지 않을 것이라는 거였다. 뭔가 느낀 것이 있는 상대방이 협의에 응할 것이라는 일말의 기대감과 그에게 다시 한 번 기회를 주자는 의미에서 해결 시도를 했던 것이었지만, 역시나 그 시도는 의미 없는 일이어서 계속해서 이어갈 필요는 없었다.

곧바로 상대방을 피고로 지정해서 건물 철거소장을 접수했다. 철거할 때까지 얼마간의 부당이득금도 청구했는데 그 금액은 월 100여 만 원에 달했다. 상대방의 입장에서는 점입가경이었을 것이다. 철거소장에 대응해서 답변서가 몇 장 날아왔고 부당이득금 산정을 위한 감정신청이 이뤄졌으며 결국은 판결 선고기일이 잡히고 부당이득금을 포함한 원고 승의 판결문이 떨어졌다.

철거판결이 나올 수밖에 없었던 이유는 대한민국 민법 체계상 법정지상권 분야의 어떤 최고 실력자가 나타나서 변론을 펼치더라도 빠져나갈 수 없을 만큼 사실관계가 정확했기 때문이었다. 건물을 위한 법정지상권에 관해 규정해놓은 민법 제366조의 조문을 보자면 건물의 보존을 위한 법정지상권이 성립하려면 건물 소유자와 토지 소유자가 같을 것을 요구하고 있는데, 이 사안의 경우 토지 소유자는 민병○이었고 건물 소유자는 민원○으로 서로 달랐다. 그리고 그 이후 토지를 상속받았다 하더라도 남의 땅에 건물을 지었다는 사실관계는 변함이 없으며 그 다른 상태에서 경매로 매각됐으므로 법정지상권으로 보호받을 수 없었던 것이다. 판결의 주문과 이유는 다음과 같다.

수원지방법원
판결

사건 : 2014가단○○○○○ 부당이득금

원고 : ○○○

　　경기도 성남시 분당구

피고 : 민원○

　　충북 청주시 ○○구

변론 종결 : 2015. 1. 22

판결 선고 : 2015. 2. 5

주문

1. 피고는 원고에게,

가. 별지목록 2기재 건물을 철거하고, 별지목록 1기재 토지를 인도하며,

나. 7,536,000원 및 이에 대해서 2014. 12. 25부터 다 갚는 날까지 연 20%의 비율로 계산한 돈을 지급하고,

다. 2014. 12. 11부터 위 가.항 토지에 관한 원고의 소유권상실일 또는 피고의 점유 종료일 중 먼저 도래하는 날까지 월 942,000원의 비율로 계산한 돈을 지급하라.

2. 소송비용은 피고가 부담한다.

3. 제1항은 가집행할 수 있다.

청구취지

주문과 같다.

이유

1. 기초사실

가. 원고는 2014. 4. 11 청주지방법원 2013타경○○호 강제경매절차에서 별지목록 1기재 토지(이하 '이 사건 토지'라 한다)를 낙찰받은 뒤 2014. 4. 23 그 명의로 소유권 이전등기를 마쳤다.

나. 피고는 원고가 이 사건 토지의 소유권을 취득하기 이전인 1992. 12. 19 이 사건 토지 지상에 별지목록 2기재 건물을 신축해서 소유하고 있다.

다. 이 사건 토지에 대한 2014. 4. 11부터 2014. 12. 10까지 기간의 임료 감정액은 합계 7,536,000(=월 임료 942,000원 × 8개월)이고, 그 이후인 2014. 12. 11을 기준으로 한 월 임료 감정액은 942,000원이다.

[인정근거] 다툼 없는 사실 갑제1 내지 5호증의 각 기재, 이 법원의 감정인 주인환에 대한 임료 감정 결과, 변론 전체의 취지.

2. 청구원인에 관한 판단

가. 위 인정사실에 의하면, 피고는 아무런 권한 없이 이 사건 건물의 소

유를 위해서 그 부지인 원고 소유의 이 사건 토지를 점유하고 있으므로, 특별한 사정이 없는 한 피고는 원고에게 위 건물을 철거하고, 이 사건 토지를 인도하며, 이 사건 토지에 대한 사용이익 상당의 부당이득금을 반환할 의무가 있다.

나. 나아가, 위 부당이득 반환의 범위에 관해서 살피건대, 통상의 경우 부동산의 점유 사용으로 인한 이득액은 그 부동산의 차임 상당액이라고 할 것인바, 위 인정사실에 의하면 원고가 이 사건 토지의 소유권을 취득한 날인 2014. 4. 11부터 2014. 12. 10까지 이 사건 토지의 임료는 합계 7,536,000원이고, 2014. 12. 11을 기준으로 한 이 사건 토지의 월 임료는 942,000원으로 이후에도 같은 금액일 것으로 추정된다.

다. 따라서 피고는 원고에게 이 사건 건물을 철거하고, 이 사건 토지를 인도하며, 원고가 이 사건 토지에 대해서 소유권을 취득한 날인 2014. 4. 11부터 2014. 12. 10까지의 임료 상당 부당이득금 7,536,000원 및 이에 대해서 이 사건 청구취지 및 청구원인 변경신청서 부본이 피고에게 송달된 다음 날임이 기록상 명백한 2014. 12. 25부터 다 갚는 날까지 소송 촉진 등에 관한 특례법 소정의 연 20%의 비율로 계산한 지연손해금을 지급할 의무가 있고, 위 임료계산 기간의 다음 날인 2014. 12. 11부터 이 사건 토지에 관해서 원고가 소유권을 상실한 날 또는 피고가 점유를 상실한 날 중 먼저 도래하는 날까지 월 942,000원의 비율로 계산한 임료 상당의 부당이득금을 지급할 의무가 있다.

3. 피고의 주장 및 판단

이에 대해 피고는, 이 사건 토지는 피고의 부인 망 민병○의 소유였는데, 피고는 위 민병○과 이 사건 건물 건축 및 소유를 위한 무상의 사용대차계약을 체결했으므로 이 사건 토지를 점유할 권리가 있다고 주장하나, 피고가 제출한 증거들만으로는 이를 인정하기 부족하고 달리 이를 인정할 증거가 없을 뿐만 아니라, 설령 망 민병○과의 사이에 그와 같은 사용대차계약을 체결했다고 하더라도 원고에 대한 관계에서 위 사용대차계약의 효력을 주장할 아무런 근거도 없으므로, 피고의 위 주장은 받아들이지 않는다.

4. 결론

그렇다면 원고의 이 사건 청고는 이유 있으므로 이를 인용하기로 하여, 주문과 같이 판결한다.

판사 박○○

한편 소송 진행 중에 몇 번의 협의 시도가 있었으나 상대방은 철거요구는 부당하고 지료 정도만 내면 충분할 것임을 계속해서 주장했다. 하지만 그 주장은 예전의 그것에서 크게 벗어나지 않았고, 누가 보기에도 안이한 생각은 그 끝을 알 수 없었다. 그러나 이제는 조그마한 지분 소유권을 가지고 전체를 흔들어댈 때와는 그 무기 자체의 크기와 위력이 같을 수가 없었다. 철거권이라는 강력한 한 방이 있는 것이다. 철거집행을 하는 것으로 모든 것이 끝나는 것은 아니고, 철거비용이라는 혹이 피고에게 하나 더 붙는다. 피고가 자기 돈을 들여 철거해야 함은 당연한 것이고, 어찌어찌 회피해볼 요량으로 피고가 건물을 철거하지 않는 경우 원고가 피고를 대신해서 철거를 한다. 그 대체집행에 대한 집행비는 누가 대겠는가. 국가가 공짜로 집행해줄 것은 아니고 피고가 물어내야 한다. 피고 입장에서는 건물을 잃는 것도 화나는 일인데 그에 덧붙여 건물 철거를 위한 돈까지 날리는 참으로 황당한 상황에 빠지는 것이다. 특히 지하 1층부터 지상 4층까지 있는 이 건물의 경우 그 자체 철거비용도 만만치 않지만 폐기물 처리비용도 무시하지 못해서 수천만 원이 들어간다.

판결문은 원고에게만 주는 것이 아니고 피고에게도 주어진다. 철거판결이 나오지 않을 것이라고 철석같이 믿었건만 결국은 그것이 오고야 말았음을 알게 될 것이다. 그리고 그에 따라 협의를 제안할 것을 예상할 수 있었다. 그러나 예상과는 달리 판결문이 떨어지고도 상대방은 움직이지 않았다.

그동안 쌓인 부당이득금이 적지 않았으므로 그것을 권원으로 건물에 대한 경매를 신청했다. 이 사건 토지 지상의 건물주는 미등기 상태였던 건물을 어떤 이유에서인지 등기를 내서 그 명의로 소유권 이전등기를 마쳤다. 건물 철거판결까지 이르게 될 때 건물주의 대부분은 등기를 하지 않아 경매 신청을 하려면 따로 대위등기를 해야 했는데, 이 건의 경우는 스스로 등기를 냈으므로 미등기 건물의 등기절차는 생략할 수 있어서 좋았다.

미등기 건물에 대한 집행방법

만일 경매 대상 건물이 미등기 건물이라면 다음과 같은 절차를 거쳐 경매를 신청하면 된다. 미등기 건물에 대한 집행의 필요서류는 민사집행법 제81조에 규정돼 있다.

제81조(첨부서류)
① 강제경매 신청서에는 집행력 있는 정본 외에 다음 각 호 가운데 어느 하나에 해당하는 서류를 붙여야 한다.
1. 채무자의 소유로 등기된 부동산에 대하여는 등기사항증명서.
2. 채무자의 소유로 등기되지 아니한 부동산에 대하여는 즉시 채무자 명의로 등기할 수 있다는 것을 증명할 서류. 다만, 그 부동산이 등기되지 아니한 건물인 경우에는 그 건물이 채무자의 소유임을 증명할 서류, 그 건물의 지번·구조·면적을 증명할 서류 및 그 건물에 관한 건축 허가 또는 건축 신고를 증명할 서류.
② 채권자는 공적 장부를 주관하는 공공기관에 제1항 제2호 단서의 사항들을 증명하여 줄 것을 청구할 수 있다.

미등기 건물에 대한 집행에 관해서 두 가지 경우로 나눠 살펴볼 수 있다. 미등기 건물은 사용승인을 기준으로 첫째, 사용승인은 받았으나 채무자 소유로 소유권 이전등기만 돼 있지 않은 건물과 둘째, 사용승인조차 받지 않은 건물로 나눠 볼 수 있다. 사용승인을 기준으로 삼는 이유는 사용승인이 있으면 건축물 대장의 기재 및 관리 등에 관한 규칙 제12조 1항에 의해서 건축물 대장이 생성되고 사용승인이 없으면 건축물 대장조차 없게 되기 때문이다.

첫째의 사용승인을 받은 건물의 집행방법은 채무자 명의로 등기할 수 있다는 것을 증명할 서류를 붙여야 한다고 위 조항 2의 본문에 규정돼 있다. 사용승인을 받은 건물은 건축물 대장이 있으므로 증명서류로 건축물 대장 등본을 구비해서 첨부하면 된다. 그 밖에 소유권 확정판결, 수용증명서가 있으면 마찬가지로 구비해서 제출하면 된다. 그러나 두 번째 건축 허가나 건축 신고를 마쳤으나 사용승인을 받지 못해서 건축물 대장에 등재되지 못한 건물인 경우는 어떻게 할 것인가. 건축물 대장도 없는 미등기 건물은 어떤 방법으로 집행할 수 있을 것인가. 그 문제를 해소하기 위해서 민사집행법은 제81조 1항 2호에 단서를 붙여 놨다. 단서에서 요구하는 서류는 ① 채무자 소유임을 증명할 서류, ② 건물의 지번, 종류, 구조, 면적을 증명할 서류, ③ 건축 허가 또는 건축신고 증명 서류다. 그러나 일반적인 채권자는 이 서류들을 확보하기 곤란한 경우가 적지 않다. 이에 민사집행법은 제81조 2항에 ② 채권자는 공적 장부를 주관하는 공공기관에 제1항 제2호 단서의 사항들을 증명해서 줄 것을 청구할 수 있다고 해서 그 서류의 확보방법에 관해서 적시하고 있다. 건물의 지번 등을 증명하지 못하겠으면 경매 신청과 동시에 그에 관한 조사를 집행법원에 신청하면 된다. 신청을 받은 집행법원은 그 구조와 면적 등을 조사하게 해야 한다고 해서 강행규정으로 신청자를 보호하고 있고 조사명령은 신청일로부터 3일 이내, 조사기간은 2주 내에 해야 한다고 규정하고 있다. 보통 감정평가사에게 위임하는 형식을 취하기도 하고 집행관은 조사 시에 관련인에게 문서의 제출을 요구할 수도 있고 잠긴 문을 열 수 있는 등의 처분도 할 수 있다. 건축 허가 또는 건축 신고 증명서류는 주소지 관할 구역 행정관청에 그 관련서류의 발급을 요청해서 얻을 수 있다. 요청의 형식은 건축에 관한 정보공개청구서 등이다. 신청에 따라 발급된 건축 허가서나 건축 신고서를 제출하면 된다.

7 대항력 있는 세입자와 법정지상권

그와 더불어 전방위 공격차원에서 무기를 하나 더 만들었다. 철거를 진행하기 위해서 세입자를 내보내는 행동을 취하는 일이었다. 행동의 힌트는 '법정지상권이 성립하지 않아 철거위기에 처한 건물에 유치권을 주장할 수 있을까'라는 질문에서 얻었다. 토지만 낙찰받은 물건에 건물이 있고 유치권자도 있지만 철거판결 후 철거집행까지 이뤄졌다면 유치권자는 더 이상 유치권을 주장할 수 없는데, 새 둥지가 깨지면 그 안에 알이 온전하지 못한 것과 같은 이치인 듯하다. 날아간 건물로 인해 유치권자도 내보낼 수 있는데 세입자도 대항력이 있든 없든 내보낼 수 있지 않겠는가. 세입자와 법정지상권에 관련된 판례는 다음과 같다.

【판시사항】

건물이 그 존립을 위한 토지 사용권을 갖추지 못해서 토지 소유자가 건물 소유자에 대해서 당해 건물의 철거 및 그 대지의 인도를 청구할 수 있는 상황에서 건물 소유자가 아닌 사람이 건물을 점유하고 있는 경우, 토지 소유자가 건물 점유자에 대해서 퇴거청구를 할 수 있는지 여부(적극) 및 그 건물 점유자가 대항력 있는 임차인인 경우 위 퇴거청구에 대항할 수 있는지 여부(소극).

【판결요지】

건물이 그 존립을 위한 토지 사용권을 갖추지 못해서 토지 소유자가 건물 소유자에 대해서 당해 건물의 철거 및 그 대지의 인도를 청구할 수 있는 경우에라도 건물 소유자가 아닌 사람이 건물을 점유하고 있다면 토지 소유자는 그 건물 점유를 제거하지 아니하는 한 위의 건물 철거 등을 실행할 수 없다. 따라서 그때 토지 소유권은 위와 같은 점유에 의해서 그 원만한 실현을 방해당하고 있다고 할 것이므로, 토지 소유자는 자신의 소유권에 기한 방해배제로써 건물 점유자에 대해서 건물로부터의 퇴출을 청구할 수 있다. 그리고 이는 건물 점유자가 건물 소유자로부터의 임차인으로서 그 건물 임차권이 이른바 대항력을 가진다고 해서 달라지지 아니한다. 건물 임차권의 대항력은 기본적으로 건물에 관한 것이고 토지를 목적으로 하는 것이 아니므로 이로써 토지 소유권을 제약할 수 없고, 토지에 있는 건물에 대해서 대항력 있는 임차권이 존재한다고 해도 이를 토지 소유자에 대해서 대항할 수 있는 토지 사용권이라고 할 수는 없다. 바꿔 말하면, 건물에 관한 임차권이 대항력을 갖춘 후에 그 대지의 소유권을 취득한 사람은 민법 제622조 제1항이나 주택임대차보호법 제3조 제1항 등에서 그 임차권의 대항을 받는 것으로 정해진 '제3자'에 해당한다고 할 수 없다.

건물 철거판결을 받고 철거 및 대지의 인도를 청구할 수 있는 상황에서 세입자가 건물을 점유하고 있는데, 그 세입자의 퇴거를 청구할 수 있는지에 관해서 판례는 적극이라는 표현을 써서 긍정의 답을 주고 있다. 그렇다면 그 세입자가 대항력이 있다면 어떻게 할 것인가 하는 의문을 품을 수 있는데 이에 관해서도 대항력 있는 임차인인 경우 퇴거청구에 대항할 수 있는지에 관해서는 소극이라는 표현을 써서 부정의 답을 주고 있음을 알 수 있다. 그에 따라 세입자가 대항력이 있더라도 모조리 퇴거청구를 할 수 있다. 지하부터 3층까지 여러 명의 세입자, 그리고 4층의 건물주 가족인 점유자 모두에게 퇴거를 청구했다. 한 손에는 건물 경매 신청과 다른 한 손에는 세입자 퇴거청구권을 들고 건물주를 흔들었더니 과연 얼마 지나지 않아 그동안의 반응과는 다른 움직임이 있었다. 물론 그것이 없다 해도 이 정도까지 왔으면, 건물을 낙찰받아서 부동산에 내놓고 팔아서 수익을 올리거나, 나대지 시세가 감정가를 월등히 능가하므로 철거를 해서 땅으로 팔아도 적지 않은 이익이 있어 아쉬울 것은 없었다.

8 코딱지는 파면 팔수록 안으로 들어간다

퇴거절차가 진행되면서 무일푼으로 쫓겨날 운명에 처한 세입자들이 하나둘씩 건물주를 찾아가자 상대방은 급해지기 시작했다. 하루가 멀다 하고 전화가 왔다. 통화량이 많아질수록 그가 제시하는 토지의 매입 호가는 점점 올라갔다. 그 와중에 건물의 경매 기일 지정은 불타오르는 호가에 기름을 퍼부은 격이 됐다. 급기야 상대방은 그 먼 청주에서 찾아와서 호가를 불렀다. 이후 만족할 만한 선까지 올랐다고 봤을 때 계약서를 작성하고, 소유권을 이전시켜주는 것으로 사안을 종결했다.

이 사건 전반에 대해서 생각을 해봤다. 참으로 황당한 일이었다. 호미로 막을 수 있는 일에 대형 포클레인을 써서 막은 격이었다. 최초에 지분을 낙찰받고 적당한 가격에 사갈 것을 제안했으나 상대방은 일언지하에 거절했다. 잔금 낸 지 얼마 되지 않은 상태에서 불러봤자 얼마나 큰 가격을 부를 수 있겠는가. 고작해야 몇백 정도였을 것이다. 그 돈을 들여서 막으면 될 일이었고, 결과가 이처럼 될 것을 경고까지 했지만 상대는 코웃음 한 방으로 날려버렸다. 그리고 여기까지 오는 과정에서 기회를 많이 줬지만 모두 무시했고, 발등에 불이 떨어져서 활활 타오르게 되니 쫓아와서는 몇 억의 돈을 날려버렸다. 물론 기간이 오래된 만큼 다양한 수익을 얻을 수 있어서 좋기도 하고 고맙기도 했지만, 한편으로는 어떤 숨은 목적이 있었을지는 모르겠으나 결과적으로 얻을 것 하나 없었던 상대방의 그 고집스러운 대응방식은 이해할 수 없는 것이어서 안타까웠다.

에필로그

정주영은 돈을 벌기 위해 인천 부두에서 막노동을 했다. 아침부터 저녁까지 등짐을 지고 쉴 틈 없이 배에 있는 물건을 내리거나 땅에 있는 물건을 배 위에 올려야 하는 고된 일이었다. 일을 마치고 잠을 자기 위해 간 숙소에서 기다리고 있는 것은 빈대였다. 그는 잠들만 하면 빈대가 물어뜯어 고단해도 잠을 잘 수 없었다. 고민하다가 이불을 깔고 바닥에서 잤기 때문에 빈대가 쉽게 올라오는 것으로 생각해서 밥상 위에서 자기로 했다. 며칠간은 편히 잘 수 있었다. 그런데 언제부터인가 밥상다리를 타고 올라온 빈대들이 다시 물어뜯기 시작했다. 이에 꾀를 내어 네 군데 밥상다리 밑에 그릇을 받쳐 놓고 그 그릇에 물을 한가득 부었다. 밥상다리를 타고 올라오려면 빈대들은 그릇에 담겨진 물을 건너야 하는 이른바 '도하작전'을 펼쳐야 하기 때문에 빈대에게서 안전할 것이라 생각했던 것이다. 그 이후 그는 빈대들의 습격으로부터 무사했을까. 천만의 말씀이다. 빈대들은 밥상다리를 타고 올라오지 못하게 되자 이번에는 벽을 타고 천장에 올라가서 누워 있는 사람의 몸에 정확히 뛰어내렸다고 한다. 이른바 '공수작전'을 펼쳤던 것이다. 정주영은 여기에서 큰 교훈을 얻었다고 한다. 하찮은 빈대 따위도 궁리에 궁리를 거듭해 결국은 그 뜻을 이루려 하는데 만물의 영장이라는 인간이 못할 게 무엇이 있겠느냐는 것이다.

이후 정주영은 사업이 난관에 부딪히면 기발한 아이디어를 구사해서 그것을 헤쳐 나갔다. 한번은 잔디를 구할 수 없는 한겨울에 수만 평의 유엔 묘지에 잔디를 깔아야 하는 거의 불가능한 공사를 맡았다. 그는 고민 끝에 잔디 대신 그 시절에는 흔했던 보리를 떠다가 심어 공사를 마쳤다. 서산 간척지 공사에서 바닷물을 막기 위해서 수천 톤의 흙과 돌을 부어넣어도 거센 조류 때문에 그것이 모두 떠내려가버려 더 이상 공사를 진행할 수 없는 구간에는 거대한 유조선을 가라앉혀 공사를 완공시켰다. 또한 부하 직원들이 종종 "그것은 불가능한 일입니다"라고 할 때 "이봐, 해보기나 해봤어?"라는 반문을 해서 해보지도 않고 불가능을 언급한다는 것은 있을 수 없는 일임을 강조하기도 했다.

우리는 돈을 벌고 싶어 한다. 그래서 법원 경매에 관심을 갖는다. 관심을 가진 이후에 하는 것은 법원 경매에 대한 이론 지식이나 정부의 국토이용계획이나 개발계획 등에 관한 정보 지식의 습득이다. 지식이 쌓이면 쌓일수록 그에 따라 벌어들이는 돈도 많을 것이라는 생각에 읽고 또 읽고, 새로운 지식을 찾고 또 찾는다. 그

걸 반복하다가 결국은 포기한다. 경매에 관심을 갖고 눈빛을 초롱초롱 빛내며 열정적으로 입문했던 열 명의 사람 중 예닐곱은 일 년이 지나지 않아 그 자취를 감추는 것이 현실이다. 그 이유는 재미가 없기 때문이다. 돈을 벌기 위해서 관심을 가졌으나 배워야 할 것만 방대하다. 그러나 법원 경매는 작게 보면 장사꾼의 활동이요, 크게 보면 사업의 한 가지다. 빈대가 낙하 지식과 이론을 가지고 천장에 올라가서 뛰어내렸던 것은 아니다. 겨울철에 잔디를 구할 수 없으면 보리를 캐다가 심으면 된다는 이론이 있었던 것도 아니다. 더군다나 조류가 거센 지역에는 유조선이 특효라는 매뉴얼이 있는 것도 아니다. 결국 중요한 것은 '궁리'함에 있고 '행동'함에 있다. 장사꾼이나 사업가나 물건을 사들이는 행동이 있어야 팔 수도 있어 수익을 얻는다.

법원 경매는 크게 보면 낙찰과 수익, 이 두 가지가 전부다. 낙찰받는 법만 알고 수익을 내는 법만 알면 더 이상 배우거나 익힐 것은 없다. 낙찰을 받으려면 입찰표를 어떻게 작성하는지 정도만 알면 되고, 낙찰받은 물건을 필요로 하는 사람에게 팔면 수익을 낼 수 있다. 골프를 잘 치고 싶은 사람은 프로 골프 선수의 자세를 보고 따라 하며 실력을 향상시킨다. 그와 마찬가지로 돈을 많이 벌고 싶어 하는 사람은 돈을 많이 번 사람이 어떤 마음가짐을 가지고 무엇을 중요시했는지를 보고 따라 하면 될 것이다. '기술의 혼다(Honda)'라는 말이 있다. 오토바이와 연비 좋은 차로 유명한 그 혼다다. 혼다의 창업주는 어린 시절부터 지식에 의존하지 않고 경험에 의존해서 습득한 기술을 갈고닦아 세계적인 오토바이와 자동차를 만들었다. 경험을 통한 기술을 중시한 혼다는 심지어 학교에서 배운 지식은 경험이 수반되지 않은 가짜 지식이라고 해서 무시하기까지 했다. 여기서 우리는 정주영이든 혼다든 크게 성공한 사람은 경험과 행동을 무엇보다도 중시했음을 알 수 있다.

행동이 중요한 것임을 알았으면 당장 법원으로 달려가서 입찰하고 낙찰받을 일이다. 물론 어떻게 하면 수익을 얻을 수 있는지에 대한 사전조사는 있어야 한다. 수익에 대한 사전정보의 습득 역시 지식을 통해서 알 수 있는 것은 아니다. 현장으로 달려가서 조사해서 파악해야 한다. 그리고 이론을 쌓는 것도 중요하지만 유사한 사건에서 어떻게 낙찰받고 수익을 올렸는지에 대한 사례들을 많이 보고 응용해보는 것도 중요하다. 좋은 물건은 권리분석이나 입지분석 등 다양하고 머리 아픈 분석 속에 있는 것이 아니다. 많은 수익을 주는 물건이 좋은 물건이다. 부딪히다 보면 해법이 생기고 그 해결 속에 수익이 발생한다.

사람은 본능적으로 처음 하는 일에 대한 두려움을 가지고 있다. 법원 경매라는 세상도 만만하지 않은데 그 안의 법정지상권·지분 등 특수물건이라 일컬어지는 물건은 얼마나 어렵게 느껴지고 입찰하는 것이 두려울까. 그 두려움을 해소할 수 있는 것은 특수물건에 대한 깊고 깊은 이론이나 책상머리에서 얻을 수 있는 지식이 아니다. 벽에 부딪혔을 때 해결을 하려고 궁리하는 노력과 미리 경험한 사람의 경험담이나 벽을 함께 부술 수 있는 동료들이다. 서울에서 부산까지 가는데 반드시 운전면허를 따고 자동차를 구입해 직접 운전해서 가야만 하는 것은 아니다. 운전을 잘하는 사람의 옆에 붙어서 그 사람이 운전하는 차를 얻어 타고 갈 수도 있는 것이다.

법원 경매를 통해서 수익을 올린다는 것은 '행동'과 '동료'라는 두 가지 단어로 표현할 수 있다. '행동하는 부자'라는 말이 있다. 부자가 되기 위해서는 행동하는 것이 매우 중요함을 새삼 일깨워 주는 말이다. 그 말을 모토로 삼고 있는 곳(조재팔 경매 카페)도 있다. 모토가 그러하니 그곳에서 활동하는 사람들의 기본 생각도 그렇지 않을까 싶다. 지식보다는 행동이다. 모르는 것이 있으면 물어서 가고, 가다가 힘들면 힘 좋은 사람 등에 업혀서 갈 수도 있는 것이다. 이 책을 읽은 모든 사람이 행동하는 부자가 되기를 바라 마지않는다.

본 책의 내용에 대해 의견이나 질문이 있으면
전화 (02)333-3577, 이메일 dodreamedia@naver.com을 이용해주십시오.
의견을 적극 수렴하겠습니다.

청년, 주부, 퇴직자를 위한
한 방으로 끝내는 부동산 소액 경매

제1판 1쇄 인쇄 | 2018년 6월 22일
제1판 1쇄 발행 | 2018년 6월 29일

지은이 | 김정규
펴낸이 | 한경준
펴낸곳 | 한국경제신문*i*
기획제작 | (주)두드림미디어

주소 | 서울특별시 중구 청파로 463
기획출판팀 | 02-333-3577
영업마케팅팀 | 02-3604-595, 583 FAX | 02-3604-599
E-mail | dodreamedia@naver.com
등록 | 제 2-315(1967. 5. 15)

ISBN 978-89-475-4361-3 03320

책값은 뒤표지에 있습니다.
잘못 만들어진 책은 구입처에서 바꿔드립니다.

한국경제신문 *i* 부동산 도서 목록

당신도 1% 가 될 수 있다
김코치 경🏠매
김코치(김도윤) 지음

부자가 되기 위한 코치이면서 동시에
실천하는 멋진 또는 성공하는 경매 스토리

경매로 인생 역전하는 노하우, 김코치가 알려준다!

한국경매협회

정철우가 알려주는 성공하는 NPL 레시피
이것이 진짜 성공 NPL 이다
Non Performing Loan
정철우 지음

위기를 기회로 만드는 비즈니스,
부실채권을 알면 수익이 보인다!

한국경매협회

방패장군의 실패하지 않는 부동산 실전 투자 X-파일
방패장군 박상현 지음

★★★★★

한국경매협회

부동산 외문점 100문 100답
내집마련 슈퍼리치
SUPER RICH
이홍락 외 10인 지음

SRC
Super Rich Club

어제는 세입자, 오늘은 집주인, 내일은 슈퍼리치

한국경매협회

나 혼자 고수가 되는 경매의 블루오션 3
이것이 진짜 소송 경매다
이주철 지음

한국경매협회

월세 부자 첫걸음 프로젝트
부동산 경매로 365일 월세를 꿈꾸는 사람들
경제적 자유를 위한 경매 투자의 모든 것

한국경매협회

구만수 박사 3시간 공부하고 30년 써먹는 부동산 시장 분석 기법
구만수 지음

한국경매협회

빚없이 오피스텔과 자취자, 수백억 원의 부동산 자산가 되다
제주도 경매왕
한지훈 지음

부자가 되려면 학교, 가족, 친구를 떠나라!
경제적 자유를 위한 경매사관학교

한국경매협회

경매 성공의 지렛대가 되어줄
법정지상권, 분묘기지권 깨트리는 법
유지찬 지음

경매에서 절대 줄의 황제인 법정지상권!
안전하게 올라리를 두드리며 쉽게 건너는 비법

한국경매협회

나 혼자 고수가 되는 경매의 블루오션 2
이것이 진짜 도로 경매다
이주철 지음

토지 경매에 성공하려면
반드시 도로를 알아야 한다!

한국경매협회

건물주보다 월세 많이 받는
연 200% 수익을 임대사업 프로젝트
셰어하우스
정정구 지음

한국경매협회

직장인이 경매로 투잡하는 성공 노하우
사건번호 속 사연을 알면 답이 보인다!
mystery auction
추리 경매
정수연(가마) 지음

탐정처럼 추리로 경매하라!

한국경매협회

코알라아트로 임대로 상위 1% 부자 되기
갭 투자 슈퍼리치
이종주 지음

쉽게 살아 부동산 부자를 꿈꾸시키는 황금 법칙

부동산 싸게 사는 법, 무작정 따라하기
월급보다 월세 부자
정인무(강민서) 지음

실전 고수의 부동산 싸게 사는 핵심 노하우

싸게 살 수 없다면
절대로 사지 마라!

평범한 월급쟁이를 경매 부자로 만드는
미친 경매력
조병학 지음

경매 투자로 누구나 돈 걱정 없는 부자가 될 수 있다
한 권으로 끝내는 실전 경매 가이드북

월세 부자를 이룬 인터 주부의 부동산 경매 분투기
억척 주부 부富 테크
평범한 주부도 부자가 될 수 있다!

REAL ESTATE PROJECT BIBLE
부동산금융 전문가를 위한 미래 설계 로드맵
부동산금융 프로젝트 바이블

대학생, 취업 준비생, 미래 희망자를 위한 핵심 가이드북

나 홀로 고수익 내는 경매의 블루오션
이것이 금맥 캐는 놀지 경매다
이종길 지음

"토허가구가 배앴어? 사기라는 해보았다?"
500만 원으로 시작하는 놀지 경매의 모든 것

경매로
장기 미집행시설 일몰제 와 그린벨트 해제를
활용하라
정은엽 지음

나는 경매로 노숙자에서 억대 연봉자가 되었다

빈털터리에서
경매 전문가로 우뚝 선
천지인의 리얼스토리

위기의 시대,
사야 할 **부동산**
팔아야 할 **부동산**

부동산 폭락론자들의 마지막 유혹이 시작된다!

대박땅꾼 전은규
훔쳐서라도 배워야 할
부동산 투자교과서
소액 편

나는 적금통장보다
부동산 투자가 좋다

리노 이종민의 리모델링 바이블
단독주택 리모델링
무조건따라하기

재개발 재건축
투자의 모든 것
이강제 지음

한국경제신문 *i* 부동산 도서 목록

㈜두드림미디어에서는
여러분의 참신한 원고를 기다립니다.

Tel : (02)333-3577

E-mail : dodreamedia@naver.com